[개정판]

SOCIAL WELFARE AND CULTURAL DIVERSITY

사회복지와 문화다양성

개정판

사회복지와 문화다양성

SOCIAL WELFARE AND CULTURAL DIVERSITY

김보기 · 곽호경 · 김기명 · 석지현 · 양준의 · 이기원

동문사

개정판에 즈음하여

먼저, 학습자 여러분들에게 감사의 말씀을 드린다. 사실 초판이 발행되던 2020년에는 교과과정의 변경으로 새롭게 진입한 '문화다양성' 교과목 자체가 학습자 대부분에게는 생소하고 어렵게 느껴졌을 것이다. 그래서 초창기에는 학자들 역시 교재 집필이 주춤하고 눈치를 볼 수밖에 없는 입장이었다. 당시 필자는 동문사의 권유로 용기를 내어 도전해 보았다. 사실 필자 역시 소싯적에 박사과정에서 문화연구라는 과목으로 수강한 적이 있었다. 그때 기억을 떠올리자 반갑기도 했지만, 한편으로는 20세기 사회학 분야의 가장 난해한 학문 가운데 선두의 자리가 문화연구이기에 오히려 과거 경험이 불편한 입장이었다. 그렇지만 집필하고 나서 학습자들의 폭발적인 성원으로 순식간에 초판 인쇄물량이 매진되는 일이 벌어졌다. 정말 기쁘고 감사한 일이었다.

하지만 출판사측의 개정판 요구에 쉽게 응하지 못한 것은, 문화다양성 분야의 급격한 변화 때문이었다. 흔히 다문화로 일컬어지는 문화다양성은 어느 분야 못지않게 하위영역의 분화가 활발하게 진행되고 있었다. 그렇지만 더 이상 주저할 수도 없어 개정판 집필을 시작하여 완료할 수밖에 없었음을 학습자 여러분들에게 말씀드린다.

이 책은 우선적으로 실태분석을 위한 최신 통계자료를 인용하고 있음을 밝혀둔다. 그러나 통계란 그 특성상 발표되면 옛것이 되어버리기 때문에 학습자 여러분들이 수고가 필요할 것이다. 이에 조금이라도 도움을 드리고자 필자는 인용처를 자세히 적시하였다. 또한 북한이탈주민에 관한 논의는 정부에서 다문화에 속하지 않는다고 발표했기 때문에 굳이 이 책에 언급할 필요가 없어서 개정판에서는 제외했음을 알리고자 한다.

개정판에서 새롭게 추가한 특이할 만한 구성은, 9장 외국인 이주민과 사회통합이다. '사회통합'은 실제 어려운 것처럼 이론적으로도 그러하다. 특히, 사회통합을 이해하기 위해서는 사회적 배제에 관한 이론을 학습해야 하는 데, 사회적 배제는 사회복지 분야에 도입된 지 얼마 안 되는 주제어이다. 사회복지의 궁극적 목적을 사회통합이라고 본다면, 문화다양성 분야에서는 외국인 이주민과의 통합이 중요함은 새삼 말할 필요도 없다. 각종 문화다양성 정책이 집행된다고 해도 그 결과가 사회통합을 이루지 못한다면 문화다양성 정책은 의미가 없다고 할 수 있다. 학습자 여러분들도 사회복지 분야를 학습하는 도중에 항상 사회통합에 대한 컨센서스가 이루어질 수 있도록 노력해 주었으면 하는 바람이다.

이제 우리나라는 우리가 원하던 원하지 않던 다문화·다인종 사회가 될 수밖에 없다. 즉, 전체 인구 대비 체류 외국인의 비율이 5%를 넘어섰고, 정부가 공식적으로 외국인 가사노동자를 허용하기 이르렀다. 산업현장은 물론 가정에도 외국인 이주민들이 노동이라는 이름으로 투입되기에 이르렀다. 이주노동자에 대한 수요는 계속 증가할 수밖에 없고, 결혼이민자 역시 마찬가지이다. 이런 상황 속에서 외국인 이주민들과 함께 살아가야 함은 물론, 그들에게도 사회복지서비스가 제공되어야 사회통합으로 갈 수 있다.

이 책의 집필을 완료하고 보니, 벌써 새로운 내용이 밀려온다. 학습자 여러분들의 응원과 사랑으로 3판을 준비해 보고자 하는 마음이 벌써 앞선다. 계속하여 질책과 관심을 기대해 본다. 올해와 같은 폭염에도 불구하고, 이 책의 출판을 위해 수고를 아끼지 않으신 이중수 사장님과 임직원 여러분들에게 심심한 위로와 감사의 말씀을 드린다.

2025년 새아침에
남전마을 시산재에서
대표저자 김보기 박사

초판 머리말

21세기의 화두는 단연 '문화'이다. 이런 추세에 발맞추어 2020학년도부터 '사회복지와 문화다양성' 교과목이 사회복지사 2급 선택과목으로 편입, '다문화'라는 용어에서 벗어남으로써 문화다양성에 대한 인식전환이 이루어짐은 매우 고무적인 현상이다. 문화다양성은 다문화보다 포괄적이고 학문적으로 진일보한 개념이라고 할 수 있다. 한국사회에서 다문화라는 용어가 가지는 여러 가지 부정적인 요소를 제거하고, 탈북민 같이 다문화로만 설명할 수 없을 경우 문화다양성이라는 용어는 매우 시의적절하다고 볼 수 있다.

한국사회는 다문화와 관련한 용어와 개념들이 무분별하게 사용되고 있는데, 대개 다문화는 다민족·다인종적 문화와 여러 개의 다양한 문화로 혼용하여 사용하고 있어 따가운 시선을 받고 있다. 즉, '다문화'라는 용어가 가지고 있는 복잡성과 한계성, 심지어 천박성 등을 고려할 때 이제는 '문화다양성'으로 표기하는 것이 바람직하다. 이미 학문적으로도 문화다양성이 다문화와 차별화되어 쓰이고 있다.

이 책은 '사회복지와 문화다양성'이라는 교과목 개설에 맞추어 선구적인 입장에서 집필했음을 밝히고자 한다. 따라서, 문화다양성의 각 분야에서 사회복지와 연관된 부분을 서술하고 있다. 그중에서도 문화다양성에 관한 이론적 논리 전개에 상당한 지면을 할애하고 있다. 사실 20세기 신학문 가운데에서 '문화연구'는 난이한 학문들의 앞자리를 차지하고 있다. 그만큼 '문화'는 어려운 분야이며, 그 응용학문인 '문화다양성' 또한 학습하기에 용이하지 않다. 그럼에도 불구하고, 학습자들에게 보다 많은 정보와 활용도를 감안하여 학습에 도움이 되도록 내용구성을 하고자 하였다. 구체적인 내용을 살펴보면 다음과 같다.

〈개요〉

국제화시대에 살고 있는 한국사회는 이미 세계화에 앞장서고 있다. 즉, 결혼이주여성에 국한했던 다문화시대를 지나 UN 등 국제사회는 물론 국내에도 많은 수의 외국인들이 몰려드는 문화다양성의 시대를 경험하고 있다. 따라서, 이제는 문화다양성에 초점을 맞추어 사회복지와의 접목이 필요한 시점이다. 이 책은 사회복지 측면에서 어떻게 문화다양성을 수용해야 할 것인지에 대한 학문적 욕구를 충족시켜 주고자 한다.

〈학습목표〉

1. 문화다양성에 대한 이론적 성찰
2. 사회복지와 문화다양성의 연계적 탐구
3. 사례연구

〈학습내용〉

Part Ⅰ. 문화다양성의 기초

Chapter 1. 문화

Chapter 2. 다문화

Chapter 3. 다문화주의

Chapter 4. 문화다양성

Part Ⅱ. 문화다양성 실태와 대상 분석

Chapter 5. 문화다양성 실태분석

Chapter 6. 결혼이주여성

Chapter 7. 이주노동자

Chapter 8. 다문화가족정책

Part Ⅲ. 문화다양성 정책

Chapter 9. 외국인 이주민과 사회통합

Chapter 10. 다문화 관련법

Part Ⅳ. 문화다양성의 실천영역

Chapter 11. 문화다양성과 문화적 역량

Chapter 12. 문화다양성과 교육

Chapter 13. 문화다양성과 상담

이 책이 나오기까지 공동저자들로서는 힘든 고통의 여정이었지만, 이제 출판을 눈앞에 두고 보니 부족한 부분이 너무 많이 눈에 어른거린다. 학습자 여러분들께 감사하면서 따뜻한 질책을 청하는 바이다.

이 책의 출판을 위해 수고를 아끼지 않으신 동문사 이중수 사장님과 관계자 여러분들께 심심한 사의를 표하고자 한다.

2020년 8월 31일

남전마을 시산재에서

대표저자 김보기

차례

Part Ⅲ. 문화다양성 정책

Part Ⅳ. 문화다양성의 실천영역

I

PART

문화다양성의 기초

CHAPTER 01 문 화

개 요

문화는 개인을 비롯하여 가족, 집단, 조직, 지역사회에 영향을 미치는 거시체계로써, 세대 간에 전승되면서 사회의 모든 구성원에게 영향을 미치는 것이기에, 이 문화의 영향을 간과하고 인간의 행동, 가족, 집단, 조직, 지역사회를 이해한다는 것은 불가능하다. 여기에서는 문화의 원론적인 의미를 학습하고자 한다.

학습목표

1. 문화의 원론적 이해 충실
2. 문화와 사회와의 관계성
3. 문화의 적용 사례

학습내용

1. 문화의 개념
2. 문화의 구성단위
3. 문화의 유형
4. 문화의 다양한 변화

1 문화의 개념

1) 문화의 정의

문화(culture)는 사전적 의미로 볼 때, 사회의 개인이나 인간 집단이 자연을 변화시켜 온 물질적 · 정신적 과정의 산물, 또는 인간이 사회구성원으로서 습득한 지식, 신념, 예술, 도덕, 법률, 풍습, 능력, 습관 등을 포괄하는 복합체로, 사회구성원들에 의해 습득, 공유, 전달되는 행동양식 또는 생활양식의 과정 등으로 정의할 수 있다(김양미, 2020: 29).

문화의 어원은 라틴어의 '(밭)을 경작하다, 가꾸다' 또는 '(신체를) 훈련하다' 등을 의미하는 라틴어 *colo*(동사 *colere*, 형용사 *cultus*, 명사 *cultura*)에서 유래한 것이다. 즉, 문화는 원래의 자연을 가꾸어 만든 산물 또는 그러한 행위양식을 의미한다. 문화는 인류가 오랜 유목적 생활을 끝내고 정착적인 농경생활에 접어들었을 때 형성되기 시작했다. 주어진 동물적 생활에 만족하지 않고 각종 도구를 사용하여 자연을 변형하고 개량하여 만들어진 인간적 세계가 문화이다(정태석 외, 2023: 203).

문화는 세대에서 세대로 지속되고 보존되어야 의미 있는 것이기 때문에 일정한 문화적 공간이 확보되어야만 수립될 수 있다. 이렇게 자연으로부터 경계 지어진 문화는 점차 '가치적인' 의미에서도 경작된다. 인간은 사회공동체 속에서 좋은, 올바른, 아름다운, 존경받는 여러 제도, 관습, 의식, 작품 등을 가꾸고 유지시켜 나간다. 여기서 인간 자신이 경작되어야 할 필요가 생기는 것이다. 이렇게 본래 물질적인 의미에서 사용되던 *colo*는 이제 가치적 · 정신적 의미에서의 도야나 교양 등의 의미로 사용되기 시작했다. 문화는 점차 물질적인 쪽보다는 정신적인 쪽의 말로 정착되어 오늘에 이르고 있다. 따라서, 어원으로 볼 때, 문화란 자연을 그대로 두지 않고, 거기에 사람이 의식적으로 손을 대는 행위 및 그 결과물들을 지칭한다고 볼 수 있다(박화상 외, 2023: 16-17).

18세기 후반 프랑스에서 '문화는 자연상태이며, 교양이 없는 정신'이라는 의미가 강했고, 이성, 문명 등과 같은 계몽주의의 키워드 속에서 이차적 위치에 불과했다. 반면에, 같은 시기에 독일에서 문화 개념은 프랑스나 영국의 '문명'과 같았으나, 점차 변화하기 시작했다. 우선, 독일 고전주의 시대 작가와 철학자에게서 공통적으로 문화는 반야만, 편견에서의 해방, 세련된 매너 등 세 가지 함의를 지닌다. 그리고 민족적 우월과 연결되지 않은 상태에서 물질적·정신적 진보의 개념이 작동했다. 칸트(Immanuel Kant, 1724~1804)에 따르면, '문화'는 인위적인 것이며, 야만에 대항하는 것이었다. 루소(Jean Jacques Rousseau, 1712~1778)가 토로한 문명의 타락, 또는 문명과 자연상태의 모순, 인간과 동시에 시민을 육성하지 않으면 안 된다는 어려움이라는 문제를 칸트는 문화의 궁극적인 목표인 '완성된 공민적 조직'을 통해 해결하려 했다(권재일 외, 2010: 96-97).

임마누엘 칸트

『주제어들』
(Williams 2014)

문화의 정의는 다양하게 논의되고 있다. 그 내용은 다음과 같다.

윌리엄스(Raymond Williams)는 문화를 "영어 단어 중에서 가장 난해한 몇 개 단어 중의 하나"라고 하면서 문화를 넓은 의미에서 정의하고 있다(Williams, 2014: 87-90).

첫째, 문화는 '지적·정신적·심미적 계발의 일반적 과정'을 일컫는다. 예를 들어, 서유럽의 문화발전에 대해 이야기하면서 그중 지적이고 정신적이며 미학적인 요소들, 즉 위대한 철학자나 화가, 시인들에 대해서만 언급하게 되는데, 이는 충분히 이해할 만한 발상이다.

둘째, '한 인간이나 시대 또는 집단의 특정한 생활방식'을 가리킨다. 이 정의를 가지고 서유럽 문화의 전개를 논한다면, 지적이고 미학적인 요소만이 아니라, 교육 정도나 여가, 운동과 종교적 축제까지 포함하게 된다.

셋째, 문화는 '지적인 작품이나 실천행위, 특히 예술적인 활동을 일컫는 영어로 사용될 수 있다.'고 하였다. 바꾸어 말하면, 이는 의미하거나 의미를 생산하거나 의미생산의 근거가 되는 것을 그 주된 기능으로 하는 텍스트(text)나 문화적 실천행위를 말한다. 이 경우 문화는 시나 소설, 발레, 오페라 그리고 순수미술을 생각할 수 있다.

타일러(Edward Burnett Tylor)에 따르면, 문화는 사회의 한 성원으로서의 인간에 의해 습득된 지식 · 신념 · 기술 · 도구 · 도덕 · 법 · 관습 및 그 밖의 능력과 습관 따위를 포함하는 '복합체(complex whole)'이다(Tylor, 2012). 따라서, 문화는 음악 · 미술 · 건축물 등과 같은 예술뿐만 아니라, 인간이 믿고 준수하는 가치관, 규율, 선과 악의 관념과 언어, 종교, 그리고 물질을 이용하거나 물질적 장치를 만들고 사용하는 기술 및 능력을 포함한다. 즉, 넓은 의미에서 문화는 인간이 배워서 아는 모든 것을 포함한다.

『문화와 제국주의』
(Said, 1994)

사이드(Edward W. Said)에 따르면, 첫째, 문화는 마치 묘사나 커뮤니케이션이나 재현의 기술처럼 경제적 · 사회적 · 정치적 영역으로부터 비교적 독립되어 있는, 그래서 때로는 그 주목적이 즐거움인 심미적 형태로 존재하는 모든 형태의 실천행위를 의미한다. 거기에는 물론 머나먼 지역에 대한 대중적 지식과 인종학, 사료 편찬, 문헌학, 사회학, 문학사 같은 학문 분야에 대한 지식도 포함된다. 둘째, 문화란 거의 감지할 수 없을 만큼 세련되고 고양된 요소를 포함하는 개념이다(Said, 2002: 22-24). 다시 말해서 오늘날 문화란 여러 가지 정치적·이념적 명분들이 서로 뒤섞이는 일종의 극장이라고 할 수 있다.

그러므로 문화란 인간에게만 있는 생각과 행동 방식 중 사회구성원들로부터 배우고 전달받은 모든 것들, 즉 의식주, 언어, 풍습, 종교, 학문, 예술, 제도 등을 모두 포함한다.

문화의 정의를 정리하면 다음과 같다.

첫째, 문화는 땅을 가꾸고, 식물을 경작하고, 동물을 키우는 행위와 사회를 번성하게 하는 모든 활동을 말한다(신학적 접근: 문화창조, 창세기 1장 28절).

둘째, 문화란 마음을 가꾸는 것이다(심리학적 접근).

셋째, 문화란 사회의 발전과정을 의미한다(사회학적·정치학적 접근).

넷째, 문화란 특정 집단에 의해서 공유되는 의미, 가치, 그리고 삶의 방식이다(이데올로기적 접근).

다섯째, 문화란 언어를 통해서 의미를 만들어내는 의미화의 실천이다(기호학적 접근).

그러므로 위의 정의 가운데 어느 것이 옳고 어느 것이 그르다고 말할 수는 없다. 각 정의들은 나름대로 타당성을 지니고 있으며, 유효하게 쓰이고 있다.

2) 문화의 특성

문화가 가진 공통된 특성들은 다음과 같다.

첫째, 문화는 인간의 산물이다. 모든 문화는 이미 존재하는 자연과 관련이 있지만, 자연 그대로가 문화는 아니다. 인간은 세상을 살아가면서 자연을 탐구하고 응용하고 활용하여 다양한 산물을 만들어 내는데, 이것을 '문화'라고 한다.

둘째, 문화는 공유적 속성과 보편성을 가진다. 일반적으로 개인적인 취향을 문화라고 하지는 않으며, 여러 사람들이 함께 공유하는 것을 문화라고 한다. 즉, 어떤 가치관이나 규범, 관습, 사회제도, 예절, 전통놀이, 의복, 음식 등 공동체를 이룬 사람들이 함께 인식하고 인정하며 지키고 즐기는 '한 사회의 주요한 행동양식과 상징체계'를 문화라고 한다(박화상 외, 2023: 22).

셋째, 문화는 다양성을 가진다. 각 시대와 공동체마다 삶의 터전이 되는 자연환경, 가치관, 문명과 정보통신의 발달, 정치적 · 경제적 · 종교적인 요소 등에 따라 다양하고 독특한 문화를 가지고 있는데, 이를 우열(superiority and inferiority)이 아니라 다양성(diversity)으로 이해해야 한다(정태석 외, 2023: 207).

넷째, 문화는 일정한 과정을 거쳐서 변화되어 간다. 어느 한 시대에 생성된 문화는 사회구성원들에게 학습되고 공유된다. 그러는 사이에 일정한 틀을 갖추어 양식화되고, 오랜 세월을 거쳐 전통이 되기도 한다. 이러한 '일정한 과정'을 거치는 동안, 각 문화들은 약간 다른 형태로 변형되기도 하며, 쇠퇴하거나 소멸되기도 한다(김윤배, 2024: 16).

다섯째, 문화는 학습되고 축적된다. 문화는 복사하듯이 '있는 그대로' 전승되지는 않는다. 모든 문화는 다음 세대로 전승되어 가면서, 그들이 가진 새로운 삶의 방식들이 더해져서 그 내용이 점점 복잡해지고 다양해진다.

(양춘 외, 1990: 116).

여섯째, 각 문화들이 유기적으로 통합되어 공동체의 특성을 규정짓는 독특한 문화가 된다. 즉, 문화를 이루고 있는 각 부분들은 통합되어 있으며 연결되어 있다. 이러한 이유로 한 부분이 변화하면 필연적으로 다른 부분도 변화하거나 수정되게 마련이다. 따라서, 문화의 한 부분이나 단편적인 몇 개의 부분만을 가지고는 전체 체계를 이해할 수 없게 된다(양춘 외, 1990: 115).

3) 문화의 기능

문화는 개인들에게 의식주를 포함하여 사회생활의 적응에 필요한 일련의 생활양식을 제공하고, 가치 · 규범 · 신앙 등 일련의 관념체계를 통해 사회가 필요로 하는 자아와 인성을 형성하는 기능을 한다. 이처럼 개인이 자신이 속한 사회의 문화를 습득해 가는 과정을 '문화화(culturalization, enculturation)'라고 한다. 그런데 이처럼 문화를 습득해가는 과정은 동시에 인간이 자신이 태어난 사회 속에서 살아가면서 다양한 사회적 규범, 규칙, 행동양식들을 습득하는 과정, 즉 '사회화(socialization)' 과정이기도 하다. 이런 점에서 문화화와 사회화는 같은 의미를 지닌다고 할 수 있다. 다만, 사회화가 사회적 상호작용의 관계와 과정에 주목한다면, 문화화는 그 내용에 주목한다고 할 수 있다.

일반적으로 문화는 사회의 안정적 재생산을 위해 여러 가지 기능을 수행한다(정태석 외, 2023: 202).

첫째, 구성원들의 의식주 등 생리적 욕구를 비롯한 이차적 욕구를 충족하기 위한 사회제도와 행동양식을 제공한다.

둘째, 구성원 간의 지속적 상호작용과 사회통합이 이루어질 수 있도록 일련의 보편적인 규칙 · 규범 · 가치 등을 제공한다.

그러므로 개인들은 문화가 제공하는 이러한 제도 · 행동양식 · 규칙 · 규범 · 가치에 적응하면서 자아와 인성을 형성해나가고, 나름대로 사회현상의 의미를 해석하고 상황에 대처하면서 자신의 욕구를 충족하는 방법을 습득하고 실행하게 된다.

4) 문화와 사회복지

인간은 사회 속에서 태어나 그 사회가 가지고 있는 문화를 학습하고 그 사회의 구성원으로 사회화된다. 즉, 문화와 개인은 서로가 영향을 주고받으며 변화해 가는 상호의존적 관계이다. 문화에 따라 그 사람들의 공통된 성격유형이 나타나기도 한다. 자녀의 양육방식, 가정생활의 유형, 교육방법 등이 그 문화에서 비롯되며, 인간의 성격과 행동을 이해하는 데 있어서 문화는 매우 중요하다.

사회복지실천에서 문화는 인간환경으로서 중요한 의미를 지닌다. 아울러 문화는 인간에게 중요한 환경으로 작용하면서 인간에게 그의 고유한 특성으로서 또 다른 문화를 형성한다. 예컨대, 자신이 관계하는 지역의 풍속을 따르는 것은, 그 지역이 지니는 독특한 문화를 이해하여 풍요로운 생활을 꾀하기 위함이라는 맥락에서 문화가 환경으로서 중요함을 이해할 수 있다. 문화는 인간의 의식과 삶 속에 내재함으로써 개인의 행동을 결정하는 중요한 요인임이 밝혀졌듯이, 사회복지사는 클라이언트는 물론 사회복지실천이 참여하는 자원봉사자, 후원자, 동료 사회복지사와 같은 개인을 비롯하여 가족, 집단, 조직, 지역사회와 관련하는 문화를 이해할 필요가 있다(오창순 외, 2015: 414-415).

문화가 개인의 행동과 삶 속에 내재되어 있기 때문에 사회복지사는 클라이언트나 그를 둘러싼 사회체계의 문화를 이해하지 않고서는 적절한 문제해결을 위한 방안을 제시하기 어려우므로, 사회복지실천은 문화적으로 적합한 실천을 통해 이루어져야 한다. 사회복지실천에서 접촉하게 되는 개인, 가족, 집단, 지역사회 등은 다양한 문화를 지니고 있으며, 이들의 문화는 사회복지사 자신의 문화와는 다른 문화일 수 있다. 문화는 사회의 가치, 규범, 신념체계 등이 사회구성원에게 내면화되어 많은 영향을 미친다(이근홍, 2011). 따라서, 사회복지사는 지역사회의 문화를 정확히 이해하고 자신의 문화와 다른 문화에 대해서도 수용적 태도를 취할 수 있어야 한다(김향선, 2018: 349). 이때 비로소 사회복지사는 클라이언트의 문화적 특성을 클라이언트의 관점에서 이해할 수 있게 될 것이며, 문화적 차이에서 오는 윤리적 딜레마를 해결할 수 있다.

2 문화의 구성단위

문화의 구성단위는 다음과 같다(한상복 외, 2011: 88-92).

1) 체계로서의 문화

비교적 소규모의 단순사회들에 많은 관심을 두어 온 인류학의 전통 – 물론 오늘날의 인류학은 현대의 복잡한 사회들에도 크게 관심을 돌리고 있지만 – 에 따라, 인류학자들은 비교적 관찰하기 쉬운 작은 규모의 사회들을 대상으로 생활양식의 거의 모든 면을 다루려고 노력해 왔다. 그 사회의 역사, 자연환경, 가족생활의 조직, 언어생활, 취락구조, 정치와 경제체제,

종교, 예술 등 인류학자들이 현지조사를 하면서 관찰하고 민족지 노트에 기록되는 항목과 내용들은 극히 다양하다. 이 모든 것들이 그 사회의 문화를 전체적으로 이해하는 데에 필요한 항목들이다.

그러나 어떤 인류학자도 특정 문화의 모든 관습들 또는 모든 측면들을 다 밝혀낼 수는 없는 일이다. 다시 말해서 그 전체로 기술될 만큼 단순한 문화란 존재하지 않는다. 그 대신에 인류학자들은 그 문화의 성격과 내용을 대표할 만한 몇 가지 특질들에 관심을 두고 접근한다. 재산상속, 생계양식, 분가, 조상제사, 특정의 질병에 대한 치료방법 등 수많은 특질에 따라, 그 사회의 개개의 성원들이 어떤 식으로 반응하고 있는지를 추적한다. 어떤 것은 거의 모든 사람이 따르고 있는 관습이고, 또 어떤 것은 불과 몇 사람에게만 나타난다. 어떤 관습은 남녀 중 어느 한편에만 한정된 것이어서 보편적인 것은 아닐 것이다. 어떤 것은 남자가 전담하고, 어떤 것은 여자가, 또 어떤 것은 소년들만으로 수행될 것이다. 이런 식으로 특정 문화를 완벽하게 기술하려면, 엄청난 수의 관습들을 추적해야 할지도 모른다. 물론 이런 식의 기술은 불가능하다.

문화의 개념이 유용한 가장 중요한 이유 중의 하나는, 그것이 각 개인의 사회적으로 학습된 인성의 특질들을 완전하게 연구하지 않고도 그 사회의 많은 성원들을 다룰 수 있다는 점이다. 같은 사회의 수많은 성원들의 개인적인 습관들에 나타나는 고도의 유사성들은 인류학자들로 하여금 문화특질의 개념을 적용시키게 해 주고 있다. 만약 이런 유사성들이 나타나지 않는다면 – 또는 만약 각 개인들이 같은 사회의 다른 성원들과는 대체로 다른 식으로 행동하고 있다면 – 인간의 세계는 현재의 형태와는 완전히 달랐을 것이고, 인간의 행위를 연구하는 과제는 거의 불가능하다.

2) 문화특질

한 문화의 가장 작고, 가장 기본적인 요소를 문화특질(cultural trait)이라고 한다. 인류학자들이 특질이라고 부르는 많은 문화요소들은 문화적으로 의미 있는 더 작은 부분들 – 이것들도 또한 문화특질이라고 부르기도 한다 – 로 나누어질 수도 있다. 예컨대, 몇몇 인디언 사회들에서 나타나는 평화를 선언하는 하나의 상징으로, 의례적인 파이프 담배를 피우는 관습은 문화의 한 기본적인 단위인 것 같지만, 그것은 사람들이 원형을 이루어 둘러앉는 것, 파이프를 시계방향으로 돌리는 것, 담배를 피우는 도중에 노래하고 춤추기 그리고 또 많은 요소들과 같은 그 사회의 성원들에게 의미 있는 부분들로 나뉘어서 분석될 수 있고, 그 모두가 각기 독립적인 문화특질들로 간주될 수 있다. 조상제사도 하나의 문화특질이지만, 여기에 관련된 조상에 대한 태도, 제물, 제사 지내는 사람들이 입는 옷, 거기에 모이는 친척들은 모두 각기 하나의 문화특질로 본다.

이런 문제를 해결하는 하나의 방도는 '문화특질'이라는 용어를 그 사회의 성원들에게 의미 있는 부분들로 더 이상 쪼개질 수 없는 요소들에만 적용하는 것이다. 그러나 특정의 문화요소가 어떤 상황에서는 더 이상 쪼개질 수 없는 것으로 간주되지만, 다른 상황들에서는 여러 부분들로 나누어질 수 있는 것으로 간주되기도 한다는 점에서 위와 같은 방식도 별로 유용한 것 같지 않다. 예컨대, 오스트레일리아의 아룬타(Arunta) 족에서 사람들은 캥거루가 어떻게 살해되는지를 설명할 때, 그들은 더 이상 나누어질 수 없는 단위로 창을 지적할 것이다. 그러나 그들이 창은 어떻게 만들어지는지를 기술할 때, 그것을 창끝의 쇠, 화살대, 이 두 가지를 묶는 줄 등으로 나눌 것이다.

이와 같이 어떤 것이 문화특질이냐 아니냐는 관찰자가 특정의 상황에서 그것을 어떻게 보느냐에 따라 달려 있다. 범위의 측면에서 생각한다면 어떤 시기에, 어떤 맥락에서 사람들에 의하여 관습적으로 더 이상 나누어질 수 없는 하나의 단위로 간주되는 것을 문화특질로 규정하는 것이 가장 유용한 견해이다. 따라서, 한 특질의 범위는 그것 자체의 객관적 속성보다는 특정의 시기에 그것의 맥락에 의해서 좌우된다.

3) 문화복합

많은 문화특질들이 사실상 더 작은 범위의 특질들로 분석될 수 있는 복합체로 존재하고 있는 것이 분명하지만, 그런 관습을 따르고 있는 사람들에 의하여 보통 더 이상 쪼개질 수 없는 단위로 간주되고 있기 때문에 그것들은 특질로 불리고 있다. 많은 특질들은 어떤 의미에서는 복합을 이루고 있어서, 특질과 복합을 정확히 구분한다는 것은 거의 불가능하다. 이런 의미에서 위슬러(C. Wissler)와 같은 사람은 '특질복합(trait complex)'이라는 용어를 사용하기도 했다.

이런 어려움에도 불구하고, 인류학자들은 '문화복합(cultural complex)'이라는 용어가 상호 관련된 많은 특질들로 구성된 것이 분명한 문화적인 단위를 가리키는 데에 유용하다고 주장한다. 그 용어는 여러 상호의존관계에 있는 특질들이 하나의 복합으로서의 문화유형을 구성하고 있다는 사실에 특별한 주의를 환기시키는 데에 사용되어 왔다. 크로우(Crow) 인디언을 포함한 북미주 대평원의 인디언사회들에서 나타나고 있는 아메리카 들소사냥은 그런 복합의 한 예가 될 수 있다. 이 복합을 구성하고 있는

2009년 미국 오바마 대통령이 마지막 인디언 추장인 메디신 크로우(Joseph Crow Medicine)에게 미국 시민의 최고 영예인 '자유의 메달'을 수여하고 있다.

자유의 메달 수여

요소들 중에는 일 년 중의 특정 시기, 들소의 무리가 어디에 있는지를 확인하는 방법, 사냥무기들과 그것을 다루는 방법 등이 포함된다. 또한 '원주민 부족장회의'는 미국 연방정부로부터 공식적으로 지위를 인정받은 565개 인디언 원주민 부족장들의 연례회의로 대통령이 직접 참석하기도 한다.

자동차는 그 자체가 수많은 부분품으로 구성되어 있지만, 또한 넓은 의미에서 하나의 문화특질로 간주될 수 있다. 이는 다시 고속도로, 주유소와 자동차 정비공장, 자동차 제조산업, 자동차 판매업, 자가용차를 가진 사람들의 사회적인 위세와 사회적 지위의 상징, 자동차보험 그리고 관광산업 등 자동차와 관련된 여러 영역 또는 부분들을 포함하는 문화복합의 한 부분을 점하고 있다. 이런 문화복합의 개념은 인류학자들로 하여금 문화특질들뿐만 아니라, 특질들의 복합으로 구성된 문화체계를 기술하는 데에 유용한 유형을 제공해 주고 있다.

4) 하위문화

앞서(체계로서의 문화, 문화특질, 문화복합) 문화를 구성요소별로 나누어 보았지만, 지역과 계층별로 나타나는 생활양식의 차이에 따라서, 문화를 나누어 볼 수 있다. 이때 하위문화(subculture)의 개념을 사용한다. 한 사회집단의 특수한 부분 또는 영역에서 다른 것과는 구분될 만큼 특이하게 나타나는 생활양식을 하위문화라고 한다. 예컨대, 도시문화와 농촌문화를 이야기할 수도 있고, 연령집단에 따라 청년문화와 노인문화, 특정 사회집단의 것인 대학문화, 지역적으로 도서문화, 산촌문화 등도 이야기할 수 있으며, 호남문화, 영남문화 등과 같은 특정 지역의 문화를 거론하기도 한다.

그러나 비록 그 각각에 고유의 또는 지배적인 어떤 요소들이 있기는 하지만, 더 높은 수준에서 보면 그것들이 모두 한국문화라는 큰 우산 밑에 있으며, 한국문화의 일반적인 요소들, 예컨대 언어, 의식주 생활 등과 같은 전통문화요소들을 공유하고 있다는 점에서 그것들을 모두 전체로서의 한국문화 중 하위문화로 규정할 수가 있다.

이 하위문화의 개념은 인류학자들에게 한 사회집단의 각 부분들 또는 영역에서 특징적으로 나타나는 행위양식과 사고양식을 포함한 생활양식을 파악하고, 그것들 간에 각기 어떤 차이가 나타나며, 왜 그런 차이들이 나타나는지에 주의를 돌리게 하는 데에 유용한 전망을 제공해 주고 있다.

오랫동안 라틴아메리카 지역의 빈민지역들을 연구하고 많은 저작들을 남긴 인류학자 루이스(Oscar Lewis)가 제시한 개념인 '빈곤의 문화'도 사실은 '빈민들의 하위문화'를 가리키고 있는 것이었다. 그에 따르면, 빈민촌에서는 사회의 다른 부분에서와는 상이한 특유의 생활양식이 있다. 루이스는 그의 학문적인 생애를 통해 이런 빈민사회에서 나타나는 하위문화를 기술하고, 분석하며, 해석해내려고 노력하였다(Lewis, et al., 1978).

한국의 전통사회에서도 양반들의 생활양식을 보면, 손으로 하는 일에는 관심을 쏟지 말 것이며, 특히 남자들의 경우 오직 글을 읽어 벼슬하는 데에만 몰두할 것이 요구된 '양반문화'도 '상민문화'와는 뚜렷한 차이가 있었다. 그럼에도 불구하고, 역시 양자는 모두 한국문화의 테두리 속에서 존재하고, 이것은 중국문화, 일본문화 등과 같은 다른 문화와는 확연하게 구별될 만한 것이다.

3 문화의 유형

문화는 9가지 유형으로 구분할 수 있다. 그 내용은 다음과 같다(Wren, 2012).

1) 주제론적 관점

주제론적(topical) 유형에서의 문화에 대한 정의는 거의 교과서처럼 사용해 온 정의로서 '인간이 그 사회에서 만들어내는 모든 것들의 총합(complex whole)'이라고 한 타일러(E. B. Tylor, 2012)의 정의가 대표적이다. 또한 인간의 행동양식, 상징, 제도와 가치 그리고 인간이 사회에서 만든 모든 요소들(human-made components)이라고 한 다문화교육학자인 뱅크스(Banks, 2015)의 정의와, '사회적으로 계승시켜오는 행동패턴들, 세계를 바라보고 사고하는 방식들, 예술, 신념, 제도 그리고 인간이 일과 사고를 통해 만들어내는 모든 것'이라고 정의한 스프링(Spring, 2008)의 정의가 여기에 속한다.

프란쯔 보아스

2) 구조론적 유형

구조론적(structural) 유형에서는 문화를 하나의 공동체가 가지는 사회적 관습에 대한 총체적인 표현들로 본다. 이 유형은 문화를 한 사회구성원이 만들어가는 하나의 통합된 체계로 본 민속학자인 보아스(Boas, 1930)와 다문화적 인간으로 불리는 아들러(Adler, 2007)가 이에 속한다. 그들에 따르면, 문화는 주어진 사회 안에서 조상들로부터 배운 것을 다음 세대로 전달하는 대중들의 삶의 패턴으로, 개인에게는 그 사회가 수용하고 기대할 만한 패턴이라고 각인(imprinting)된 것이라 하였다. 그 밖에 또 구조론적 유형에 따르면, 문화는 사람들이 살면서 세상을 보고 반응하는 거름망(filter) 역할을 하는 신념과 태도, 관습, 가치와 관행들이 축적된 일종의 사회체계로 정의한다.

알프레드 아들러

3) 기능론적 유형

기능론적(functional) 유형은 구조주의와 밀접하게 연결되어 있으며, 문화의 기능성(functionality)을 부각시킨다. 즉, 굶주림이나 성과 같은 인간의 본능적인 욕구는 물론, 영적이고 궁극적인 가치와 같은 보다 높은 차원의 욕구도 충족시킬 수 있는 모든 문화적 관행(cultural practices)을 강조한다. 여기에는 문화를 '인간이 목적을 성취하는 데 사용되는 모든 도구화된 것들(instrumentality)'로 본 말리노프스키(Malinowski, 1941)가 있다. 또한 호주의 인류학자 벌리반트(Bullivant, 1993)에 따르면, 문화는 인간이 생존하고 환경에 적응해 가기 위한 '사회집단의 설계(social group's design)'라고 정의한다. 훕스와 퍼쉬(Hoopes & Pusch, 1979)에 따르면, 문화는 살아가는 '일체의 방식을 모아놓은 것(sum total of ways)'이다.

4) 역사론적 유형

역사론적(historical) 유형에서는 문화를 한 집단이 공유하고 있는 유산으로 본다. 디 수자(D'souza, 1991)에 따르면, 문화는 성스러운 주제(sacred texts)와 역사적인 내러티브를 아름답게 묶어놓은 것으로, 이는 위대한 사상가와 작가 그리고 리더들이 엮어 온 것이기에, 그들만의 독창적인 유산이자 일상생활에서는 권위 있는 지침이 된다. 아로노위츠와 지록스(Aronowitz & Giroux, 1991)에 따르면, 문화는 서로 다른 집단들이 역사적으로 통제된 권력관계 속에서 공통적인 기억과 지식, 사회적 관계와 가치들을 만들어내는 일련의 활동들이다. 웹과 쉐만(Webb & Sherman, 1989)에 따르면, 문화는 인간의 공통문제를 해결하는 것이긴 하나, 그것들을 서로 다른 방식으로 해결하는 것이다.

5) 규범론적 유형

규범론적(normative) 유형은 문화를 한 집단의 이상과 가치 또는 삶의 규칙으로 보는 관점이다. 여기에는 문화적 가치를 그 문화의 진수로 보는 팀(Timm, 1996)의 가치 지향적 개념화와 문화 또는 하부문화란 특정 사회집단에서 드러나거나 감추어진 기대들로 본 램지(Ramsey, 1987)의 정의와 문화를 특정 사회집단의 행위들을 매개하는 가치와 전통, 그리고 신념으로 본 타일러 등(Tylor et al., 2020)이 여기에 속한다.

6) 행위론적 유형

행위론적(behavioral) 유형에서 문화란 함께 공유하고 습득해 온 인간행위로, 공공연하게 관찰할 수 있는 삶의 방식으로 본다. 여기에는 1960년대 인류학자 골드스미트(Goldsmidt, 1963)의 정의를 근거로 재정의한 킹 등(King et al., 1994)의 정의가 있다. 그들에 따르면, 문화는 개개 유기체가 성장해

가면서 배워 습득한 행위로, 한 집단이 가지는 행동 특성이자 관습에 근거한 것이며, 문화란 단지 관습들을 묶어놓은 주머니가 아닌, 삶을 안내해주는 삶의 방향지침이다. 그 밖에 다문화교육학자인 로크(Locke, 2003)에 따르면, 문화는 사람으로 구성된 집단의 특징에서 나타나는 습관적인 행위유형으로 이뤄진 것이다. 켄달(Kendall, 1995)에 따르면, 문화는 사람들이 어떤 일을 하는 방식이다.

7) 인지론적 유형

인지론적(cognitive) 유형에서 문화는 여러 아이디어와 태도들의 복합체이다. 이 유형에서는 문화를 통해 사람들이 충동을 자제하게 되고, 공통의 의미와 목표를 갖고 하나의 사회체계 속에서 살아갈 수 있다고 보기에, 문화를 단지 어떤 물질적인 현상으로 보지 않는다. 문화는 단지 사물과 사람, 행위 또는 정서로 구성되는 것이 아니고, 사람이 사물을 마음에 새기는 바로 그 형태들로 사물을 인식하고 관련지으며 해석하는 모형으로 본다. 따라서, 인지적으로 접근할 때는 무엇을 조직하여 넣을 것인가에 대한 메커니즘을 강조하게 된다. 이 유형의 학자로는 문화 자체를 '경험을 만들고 범주화하며 해석하는 하나의 과정'으로 본 로빈슨(Robinson, 1988)이 있고, 문화를 세상을 보는 렌즈로 본 가르시아와 게라(Garcia & Guerra, 2006)가 있다. 이들에 따르면, 문화를 통해 삶에 대한 가치와 신념 인식과 이상, 기본 가정을 공유함으로써 특정 행위를 하게 된다는 것이다. 한편, 이러한 세계관은 우리들의 인격과 경험, 교육, 다른 요인들로 인해 특정 가치나 행동 그리고 아이디어가 강화될 수도 있고, 동시에 다른 것들 때문에 거절될 수도 있다.

8) 상징론적 유형

『다문화교육』
(Banks & Banks, 2019)

상징론적(symbolic) 유형에서 문화는 그 사회가 공유하고 구축해 온 표현과 의미들을 모아 놓은 것이다. 여기에는 인지적 정의와 상징적인 범주를 같이 사용한 뱅크스 부부(Banks & Banks, 2019)의 정의가 속한다. 그들에 따르면, 지식과 개념 그리고 가치는 집단구성원들이 의사소통체계를 통하여 공유하게 된다. 또한 문화 역시, 인간 집단 내에서 서로 공유한 신념과 상징, 그리고 해석으로 이루어진다. 그 외에도 페이지(Page, 1991)에 따르면, 문화는 하나의 상징적이고 사회적인 과정이다. 욘(Yon, 2000)에 따르면, 문화는 개방된 주제(text)이며, 그 주제로서 문화는 다양한 의미를 내포하여, 어떤 합의에 이르기보다는 논쟁을 더 유발하게 되는 것이다.

9) 비판론적 유형

비판론적(critical) 유형에서 문화란 상징들과 상징을 만들어내는 활동들로 이루어져 있으며, 그러한 상징이나 활동들은 전형적인 한 사회 속에서 통용되는 권력관계들을 반영하고 촉진시키는 것으로 본다. 비판적 유형에서 문화를 본 몬테시노스(Montecinos, 1995)에 따르면, 다문화사회에서 문화는 그 자체가 모든 것을 담고 있다(self-contained whole)고 볼 수 없고, 경계 안팎에 있는 네거리 교차로에 구멍이 뚫린 것으로 보아야 한다. 여기서 문화에 대한 정의는 다문화적 지식에 초점을 두고 집단 내 패턴을 아는 것을 넘어, 사회적 관계 속에서 집단 간 패턴을 아는 것으로 변화해 가는 것이다.

문화의 정의 9가지 유형은 표 1-1과 같다.

표 1-1 문화의 정의 9가지 유형

유형	정의 내용
주제론적 (topical)	문화는 '구성요소', '문화적 성향' 또는 '속성들'과 같이 주제나 일반적인 범주들을 구체적으로 목록화한 모든 것이다(E. B. Tylor).
구조론적 (structural)	문화는 하나의 공동체가 가지는 사회적 관습에 대한 총체적인 표현들로, 그들의 아이디어나 행위들이 통합된 하나의 패턴이다(F. Boas).
기능론적 (functional)	문화는 개인이나 사회가 환경에 적응하거나 함께 살아가면서 생기는 문제를 해결하는 방식이다(A. R. Radcliffe Brown, & R. Parsons).
역사론적 (historical)	문화는 한 집단이 공유하고 있는 유산이다(A. Kroeber & C. Kluckhohn).
규범론적 (normative)	문화는 한 집단의 이상, 가치 또는 살아가기 위한 규칙들이다(T. Parsons).
행위론적 (behavioral)	문화는 함께 공유하고 배워가는 인간행위로, 누구나 공히 관찰할 수 있는 삶의 방식이다(W. Goldschmidt).
인지론적 (cognitive)	문화는 충동을 자제하고, 의미와 목표를 공유하며, 한 사회체계 속에서 살아갈 수 있게 하는 아이디어와 태도의 복합체이다(W. Goodenough).
상징론적 (symbolic)	문화는 한 사회 속에서 함께 만들어서 공유하게 되는 모든 주장이나 의미들이다(C. Geertz).
비판론적 (critical)	문화는 한 사회 속에 나타나는 권력관계들을 나타내며, 이를 촉진시키는 일련의 상징들과 그것들을 만들어내는 활동들이다(R. Rosaldo).

자료: 강혜영(2020: 5) 재인용.

4 문화의 다양한 변화

1) 문화접촉

서로 다른 문화적 배경을 가진 인구 집단과 집단이 만나게 되는 상황을 문화접촉(cultural encounter)이라고 할 때, 이러한 접촉은 직접 접촉과 간접 접촉으로 나눌 수 있다. 직접 접촉은 지리적 이주에 의한 문화의 접촉 또는 신체의 물리적 이동이나 대면적 만남 등을 의미한다. 예를 들어, 이주 노동자, 결혼이민자, 외국인 기관 종사 외국인과 그 가족, 외국 유학생 등이 한국으로 이주 및 정주하는 경우를 포함한다. 간접 접촉은 직접적 지리 이동 없이 외국 문헌의 전달, 생활용품의 교류, TV, 라디오, 영화 등 문화적 매체의 교류, 전화, 휴대전화, 인터넷 등 통신수단의 발달에 의한 의사소통 매체를 통한 교류 등으로 이루어지는 것을 포함한다(최명민 외, 2015: 57).

2) 문화변용

문화변용(문화접변, acculturation)은 하나의 문화가 다른 문화와 접촉하는 과정에서 어느 한 쪽 또는 양쪽의 문화에 변용을 일으키는 현상을 말한다. 문화변용의 개념과 이론은 이주, 식민지화 또는 다른 형태의 문화적 교류의 결과로서, 한 가지 문화적 맥락에 익숙해진 개인이 어떻게 새로운 문화적 맥락에 적응하는가를 설명해 주는 것이다(이성순, 2003: 19).

문화변용은 이러한 경험에서 대개 집합적이거나 집단 차원에서의 문화적 변화를 의미하는 데 비해, 심리적 문화적응(psychological acculturation)과 적용(adaptation)은 문화변용의 경험으로 말미암아 일어나는 심리적 변화와 궁극적 결과를 설명하기 위한 개념이다. 문화변용의 고전적 정의에 따르면, '변용'은 이주민과 토착민 중 어느 한 쪽만의 사안일 수도 있고 양쪽 모두에 관련될 것일 수 있다(Redfield et al., 1936: 149). 즉, 문화적 변화는 양쪽 모두에서도 일어날 수 있는 것이다. 그러나 실제로 문화변용은 어느 한 집단에 더 많은 변화를 유도하는 경향이 있다(최명민 외, 2015: 55-56).

문화변용의 논의를 개인 차원으로 전개할 때, 학계에 익히 알려져 있는 문화적응전략(acculturation strategies)은 베리(J. W. Berry)에 의하여 구조화되어 있다. 베리는 두 가지 차원, 즉 고유한 문화정체성의 유지와 주류사회(mainstream society)의 문화수용 여부에 기반을 둔 이주민 문화적응의 상황을 네 가지 범주로 구분하여 설명하고 있다. 즉, 자국에서 가지고 온 문화적 특성과 문화 정체성을 유지하면서 주류사회의 문화를 수용하여 소화시키면 '통합'의 범주에 속하고, 두 가지 차원에서 모두 그렇지 않으면 '주변화' 범주로 매겨진다. 한편, 자신의 문화적 정체성을 유지하지 못하고 주류사회의 문제에 함몰되면 '동화'된다고 하며, 주류사회의 문화를 수용하지 않고 자신이 문화적 정체성만을 고집하면 '분리'의 범주에 속하게 된다고 한다. 베리는 자국의 문화적 정체성을 보존(cultural maintenance)하려는 노력과 주류사회에 접촉하고 참여(contact and participation)하려는 노력은 단절적인 것이 아니라 연속적인 것으로 보았으므로, 네 가지 범주가 분절적인 것은 아니다. 그리고 이러한 네 가지 범주와 관련된 태도와 그것을 실제로 표출하는 행동이 함께 합쳐져 개인적인 문화적응의 전략을 구성하게 된다. 이러한 네 가지 범주는 이주민의 상황과 이주 시기, 그리고 이주한 지역의 환경에 따라서, 결정되겠지만, 주로 이민자들은 통합의 범주를 가장 선호하는 것으로 보인다(Berry, 1980).

문화적응전략의 범주화는 표 1-2와 같다.

표 1-2 문화적응 전략의 범주화

차원2 \ 차원1		문화적 정체성과 특성의 유지: 그렇다	문화적 정체성과 특성의 유지: 그렇지 않다
주류사회 문화수용	그렇다	통합 (Integration)	동화 (Assimilation)
주류사회 문화수용	그렇지 않다	분리 (Segregation)	주변화 (Marginalizaticm)

자료: Berry(1980).

문화변용은 직접적 접촉으로 일어나는 직접 전파와 TV, 인쇄물 등 매개체를 통한 간접 전파로 구분할 수 있다. 이러한 전파를 통해 생겨나는 문화접변의 결과는 다양한 형태로 나타날 수 있다(정태석 외, 2023: 209-210).

첫째, 다른 문화를 적극적으로 수용하여 자신의 문화를 변화시키는 계기로 삼을 수 있다. 한 나라가 자국보다 발달한 나라의 과학기술이나 자본을 받아들여 경제발전을 이루거나, 다른 나라의 선진적인 민주주의 제도나 합리주의적 사고를 받아들여 민주주의를 발전시키거나, 문화를 합리화해 나가는 경우가 여기에 해당한다.

둘째, 전파된 문화에 동화(assimilation)되어 기존 문화가 해체되거나 소멸할 수 있다. 아메리카 인디언들이나 중남미 원주민들이 유럽인들에게 정복되어 전통문화를 상실하거나, 프랑스의 국민어정책 시행과정에서 소수 부족들의 언어가 사라진 경우가 여기에 해당한다.

셋째, 역행적 결과를 낳을 수 있다. 새로운 문화의 유입으로 기존 문화의 정체성이 위협받으면, 이에 저항하여 전통적 정체성의 확립을 강화하려는 움직임이 발생할 수도 있다. 이것은 일종의 복고적인 움직임이라고 할 수 있다. 조선 말기 대원군의 쇄국정책은 서양문화의 침투에 저항하여 조선의 전통적인 문화를 지키려는 움직임이었다.

그러므로 현실적으로 문화변용은 일방적이거나 기계적이지 않다. 그것은 다채로운 방식으로 나타나며, 그 결과도 다양하다. 외부문화를 수용하는 사회는 자기문화를 전적으로 버리지는 않으면서 외부문화를 나름대로 선별하거나 변형해 수용한다. 이 점은 한국에서 개신교 대부분이 제사를 용인하지 않지만, 천주교는 제사를 인정하고 무속적 요소도 흡수하고 있다는 사실에서 쉽게 확인할 수 있다.

3) 문화적용

적용(adaptation)은 문화변용을 경험하는 사람들이 일정 시간이 지난 후 새로운 문화에 어느 정도 익숙하게 되는 것을 의미하는데, 심리적 적용과 사회문화적 적용으로 구분하기도 한다. 심리적 적용은 일련의 내적 심리적 결과를 말하는 것으로서, 인성적·문화적 정체성의 명확한 감각을 갖추게 되는 것, 건전한 정신건강 상태, 새로운 문화에 개인적 만족을 얻게 되는 것 등을 포함한다. 사회문화적 적응은 외적 심리적 결과로서 일상적 문제, 특히 가족생활, 직장, 학교 등에서의 문제를 처리할 능력을 갖게 되는 것을 말한다. 그리고 심리적 적응은 스트레스와 정신병리적 접근에서 가장 잘 분석되는 반면, 사회문화적 적용은 사회기술의 유형(social skills framework)과 더 가깝게 연관되어 있다(최명민 외, 2015: 299).

문화변용의 과정에 대하여 이론적 틀(framework)을 구축한 베리와 샘(Berry & Sam, 1997)에 따르면, 그림 1-1과 같이 도식화할 수 있다. 즉, 한 개인의 이주 후 적용(adaptation)에는 출신사회의 요소와 정착사회의 요소가 영향을 미친다. 그리고 집합적 차원의 변화(정치, 경제, 사회적 구조)가 발생하고, 이러한 변화는 개인수준의 문화변용 경험에 영향을 미친다. 개인수준의 변화는 행동적 전이, 문화변용 스트레스, 그리고 정신병리적 현상으로 일어날 수 있다. 그리고 이러한 심리적 문화변용은 개인을 최종적인 적용으로 이끌고 간다. 적응에는 심리적 적용과 사회문화적 적용이 있다.

문화변용의 틀은 그림 1-1과 같다.

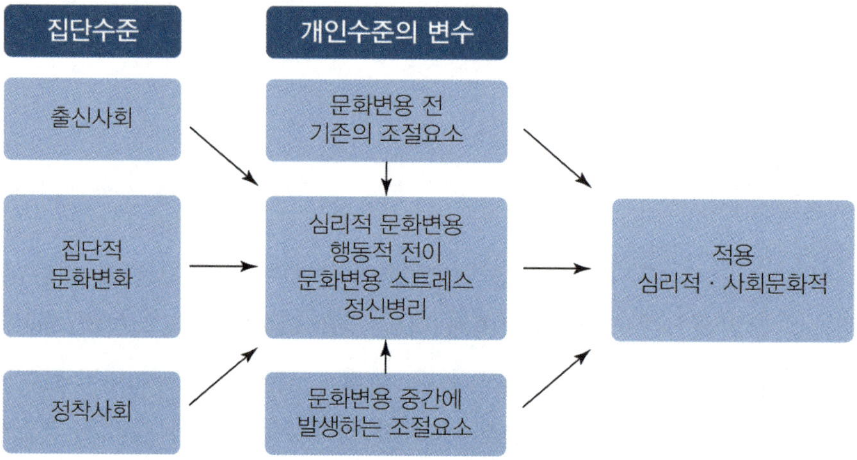

자료: Berry & Sam(1997).

그림 1-1 문화변용 과정의 틀

4) 문화변동

일정한 사회의 통합된 문화체계가 부분적으로 또는 전체적으로 중요한 변화를 맞는 경우, 문화가 변동 또는 변화했다고 말한다. 그러나 단일한 문화요소에 변화가 생겼을 경우에는 문화변동이라고 보기 어렵고, 어느 정도 문화 전체 또는 부분에 관계되는 변화를 일컬어 문화변동이라고 한다. 그러나 문화의 중요 요소라면 전체 또는 부분에 영향을 미치기 때문에, 한두 개의 중요 요소에 변화가 생기면 문화 전체에 얼마간의 동요가 발생하는 것을 볼 수 있다.

장기간에 걸쳐서 서서히 변화하는 인간의 생물학적 특성과는 달리, 인간 사회의 문화적 특성들은 빠르게 변화하고 있다. 이러한 문화변동의 원인은 크게 새로운 문화요소의 발명과 발전, 외부로부터의 새로운 문화요소의 전파로 나눌 수 있다. 발명은 두 가지 형태로 나눌 수 있다. 하나는, 그때까지 전혀 없었던 새로운 문화요소나 원리를 만들어내는 1차적인 발명이고, 다른 하나는 이미 존재하거나 알려져 있는 문화요소나 원리를 조합하거나 응용하여 새로운 문화요소를 만들어내는 2차적인 발명이다. 한편, 발견은 이미 존재하고 있지만 아직 세상에 알려지지 않은 어떤 것을 찾아내거나 알아내는 행위이다.

모든 문화는 고정불변한 것이 아니며, 일정한 과정을 거쳐 끊임없이 변화되어 간다. 이것을 문화변동(culture change)이라고 한다. 이러한 문화변동이 일어나는 요인은 다음과 같다(임신웅, 2020: 23-24).

첫째, 자연환경의 변화이다. 모든 문화는 각 사회가 형성된 지역의 자연환경과 매우 밀접한 관련을 맺는다. 예를 들어, 몽골에 비해 기온이 높은 필리핀의 경우, 몽골의 전통의상인 '델(Deel)'에 비해 상당히 얇은 천으로 된 '바롯사야(Baro't saya)'라는 전통의상을 입는다. 또한 드넓은 초원에서 유목생활을 하는 몽골인의 경우, 이동하기 편리한 천막형태의 '게르(Ger)'에서 살아가는 반면에, 베트남, 미얀마, 태국 등 열대지역에 사는 사람들은 강이나 바다에서 물고기를 잡으며 모여 살았기 때문에 주로 물 위에 집을 짓고 살았다. 그러나 각 지역의 자연환경에 따라 독특성을 가진 문화들도 기온 상승, 지형 변화, 오염 등으로 인해 자연환경이 바뀌어감에 따라 서서히 변화되어 간다. 이처럼 문화는 자연환경과 밀접한 연관이 있다.

몽골 전통의상 '델'

둘째, 문명의 변화이다. 모든 문화는 각 사회가 가진 문명에 따라 다양한 형태를 가진다. 예를 들어, 정보통신기기가 발달함에 따라, 이제는 만화를 책이 아니라 스마트폰으로 본다. 이에 따라, 불과 20여 년 전까지 동네마다 성행하던 만화방은 스마트폰의 등장으로 거의 사라졌다. 또한 줄넘기, 자치기, 사방치기 등을 하며 놀던 아이들은 스마트폰으로 게임을 한다.

셋째, 정치적인 변화이다. 프랑스의 구조주의 철학자인 푸코(Michel Foucault, 1926~1984)는 문화형성과 전파과정에서 권력을 충실하게 작동하고 유지시킬만한 지식이 당시의 지배적인 특정 양식의 지식, 즉 이데올로기(ideology)로 형성된다고 주장했다. 그에 따르면, 민주주의와 공산주의, 진보와 보수 등이 대립하는 상황에서 어떤 이데올로기를 가진 세력이 주도권을 갖느냐에 따라, 이데올로기와 지배적인 문화양식이 변할 수밖에 없다. 이밖에 전쟁, 정치, 종교적인 이유로 인한 난민, 제도의 개편(교육제도, 선거제도 등), 생활밀착형 정책의 변화 등 다양한 정치적인 요소들이 문화를 변화시키는 요인이 된다.

넷째, 이주와 세계화이다. '이주(migrate)'는 경제적 또는 사회적 이유 때문에, 개인이나 가족 또는 집단이 지역을 옮겨서 살아가는 것을 의미한다. 국제이주 현상은 정치적인 이데올로기가 쇠퇴하고, 정보통신과 대중문화산업이 발달한 20세기 후반에 들어서 더욱 증가되고 있다. 특히, 1970년대 이후에 시장의 자연성과 민간의 자유로운 활동을 중시하며, 초국가적 자본의 세계화를 강조하는 신자유주의의 성행과 함께 국제적인 이주현상과 세계화가 더욱 가속화되고 있다. 이로 인해 세계 곳곳에서 다문화현상이 급속도로 진행되고 있다.

모든 문화는 여러 가지 요인들에 의해서 다양한 모습으로 변화되어 가는데, 이러한 문화변동의 양상은 다음과 같다(임신웅, 2020: 25-26).

첫째, 변동 요인에 따라 '내재적 변동'과 '문화접변을 통한 변동'으로 나눌 수 있다. 내재적 변동은 문화체계의 내부에서 발명과 발견을 통해 변동이 이루어지는 것을 말한다. 예를 들어, 한자가 사대부들의 전유물로 여겨져서 사회적 불평등이 심화되어 있을 때, 한글을 창제하여 보급함으로써 서민들의 생활 전반에 변화가 일어났다. 반면에, 문화접변을 통한 변동이란 두 개 이상의 문화가 장기간 전면적으로 접촉함으로써 문화에 변동이 일어나는 것을 말한다. 예를 들어, 불교문화와 한국 전통신앙이 장기간 함께 접촉하며 공존함으로써 두 가지 신앙을 혼합한 형태의 '산신각'을 만들게 된 것이다.

둘째, 변동기간에 따라 '문화진화'와 '문화개혁'으로 나눌 수 있다. 문화진화는 어떤 문화가 장기간에 걸쳐 점진적으로 변동해 가는 것을 말한다. 예를 들어, 민주주의는 고대 그리스 아테네에서 시행했던 직접 민주주의 방식으로부터 시작되어, 오랫동안 각 국가의 상황에 따라 다양한 방식으로 수정을 거치며 변동되어 왔다. 반면에, 문화개혁은 비교적 짧은 시간 동안 강력한 인위적 행위에 의해 문화를 변동시킨 것을 말한다. 예를 들어, 동학농민운동 이후에 일본의 지지를 받은 개화파가 추진한 '갑오개혁(1894~1896)'을 들 수 있다. 이들은 청나라에 대한 전통적인 사대정책에 반대하고, 서양 및 일본의 문물을 모델로 하여 213건의 개혁안과 단발령을 시행했다.

셋째, 변동의 정도에 따라 '문화공존', '문화동화', '문화융합'으로 나눌 수 있다. 문화공존은 기존의 토착문화와 새로운 문화가 고유한 성격을 유지하면서 함께 공존하는 것을 말한다. 예를 들어, 미국 샌프란시스코, 인천, 부산 등에 위치한 화교들의 차이나타운은 다른 문화를 가진 사회에 위치해 있으면서도 화교들의 문화를 잘 유지하며 공존해 가고 있다. 또 캐나다는 영어와 프랑스어를 동시에 공용어로 사용하고 있다. 인도, 필리핀, 남아프리카공화국, 가나 등 오랫동안 영국의 식민지로서 지배를 받아 왔던 국가들은 모국어와 함께 영어를 공용어로 사용하고 있다. 반면에, 문화동화는 토착문화가 새로운 외래문화 체계에 흡수되거나 대체되는 것을 말한다.

예를 들어, 토착민인 미국의 인디언들이 원주민의 언어 대신 영어를 사용하게 되었다. 또한 한국에 서구식 복장이 유행하면서, 한국인들이 한복을 거의 입지 않게 되었다. 즉, 청바지, 티셔츠, 양복과 같은 서양식 의복을 입고 생활하게 되었다. 하지만 짧은 기간 동안 문화가 완벽하게 동화되는 경우는 거의 없으며, 구성원들이 기존의 토착문화를 얼마나 가치 있게 여기며, 토착문화가 얼마나 활성화되고, 유연한가에 따라서, 새로운 문화를 흡수하는 동화현상의 속도나 정도가 달라진다. **문화융합**은 서로 다른 문화가 접촉하여 새로운 문화가 형성되는 것을 말한다. 예를 들어, 토마토 김치, 두부 스테이크, 떡 케이크 등 퓨전 음식들이 있다. 또 연미복과 드레스를 입고 결혼식을 한 후, 전통 혼례복을 입고 폐백을 하는 것도 문화융합의 한 형태이다.

5) 문화지체

문화지체(cultural lag)는 급속히 발전하는 물질문화와 비교적 완만하게 변하는 비물질문화 간에 변동속도의 차이에서 생겨나는 사회적 부조화를 말한다. 즉, 물질문화의 급속한 변동에 비해 비물질문화의 완만한 변화가 상대적으로 뒤처지는 현상이다. 문화를 포괄적인 의미로 이해할 경우, 문화를 물질문화와 정신문화로 구분하여 양자가 서로 조응하거나 부조응하는 현실을 설명할 수 있다.

문화지체 이론은 미국의 사회학자 오그번(W. F. Ogburne)이 1922년 그의 저서 『사회변동론(*Social Change*)』에서 주장했다. 그에 따르면, 한 사회의 문화는 물질적인 것과 비물질적인 것을 모두 포함하고 있으며, 양자 간에는 그 변화의 속도에서 불일치가 생겨날 수 있다. 그래서 물질적인 영역의 변화는 앞서가는 데 비해, 가치관의 변화가 이를 따르지 못하는 현상을 문화지체라고 부른다(정태석 외, 2014: 156 재인용). 오그번의 문화지체론은 테크놀로지가 문화변동을 일으키는데, 변동과정의 복잡성 및 사회생활의 모든 영역들이 동시에 또는 같은 방식으로 변하지 않는다는 사실에 관심을 갖게 해 주었다.

한편, 문화지체와 대조되는 것으로 정신문화에 비해 물질문화가 뒤떨어지는 현상을 기술지체(technological lag)라고 한다. 예를 들어, 선진국에서 발전된 이념이나 지식을 도입하고 교육하여 널리 전파했지만, 이를 지원하는 기술체계가 뒤떨어져 있다면 사회적 부조화와 혼란이 생겨날 수 있다. 이런 현상은 주로 경제적 · 기술적 후진국에서 많이 발생한다.

6) 문화의 역동성

문화는 사회의 생활방식으로서 인간행동에 영향을 미치는 상위체계이다. 인간은 특정한 사회 속에서 태어나 그 사회가 가지고 있는 문화를 배우면서 사회구성원으로 사회화되며, 사회의 문화에 영향을 미친다. 즉, 인간은 독특하게 문화를 지니고 있는 사회적 존재로서 문화에 적응하면서 살아가며, 문화를 변화시킨다. 문화는 전체 사회 속에 존재하는 개인, 집단, 조직 및 지역사회에 영향을 미치는 거시체계로서, 세대 간에 전승되면서 직접적 · 간접적으로 사회의 모든 성원들에게 영향을 미친다. 한편, 문화는 가장 작고 기본적인 요소인 문화특질(cultural trait)로 나누어지며, 특질들이 모여 복합적인 형태인 문화복합(cultural complex)을 이루고, 다양한 하위문화들이 모여 전체 문화를 구성하고 있다. 하위문화는 한 사회 속에서 공존하며, 특별한 생활양식, 가치체계, 행동양식 등을 발전시키고, 사회의 문화적 내용을 이루어 다양한 집단에 영향을 미친다. 이와 같이 문화는 사회의 가치, 규범, 신념체계 등이 사회구성원들에게 내면화되어 그들의 행동에 중대한 영향을 미친다(이근홍, 2015: 345).

문화의 역동성은 문화가 고정되어 존재하는 것이 아니라, 특정 문화 내에서뿐만 아니라, 문화 간 움직임이 매우 강하게 이루어지고 있음을 의미한다. 문화의 역동성은 문화마찰(culture conflict), 문화변용(acculturation), 문화변화(culture change), 문화접촉(culture contact), 문화진화(culture evolution) 등과 같은 용어로부터 엿볼 수 있다. 문화는 시간의 흐름으로부터 영향을 받아 새로운 문제를 제기하며, 이 새로운 문제는 변화된 행동과 신념에 적응해야 하기 때문에 역동적일 수밖에 없다. 이런 맥락에서 문화는 모든 것을 시간 속에서 익숙하게 만들고, 문화가 동반하고 있는 엄청난 물질적 성장과 이윤의 잠재력을 선도하기도 한다(최옥채 외, 2015: 221-222).

지역사회는 주민이라는 측면에서 역동성을 띠게 되는데, 사회를 구성하고 있는 지리적 공간, 생활공간, 주민, 조직, 상호작용 등이 지역사회가 추구하고자 하는 목표를 달성하기 위해 움직이는 상태를 의미한다. 모든 지역사회는 지역사회의 구성요소들이 서로 다양한 수준과 방법으로 순환하면서 영향을 주고받는다. 이는 기능주의적 관점에서 이해할 수 있다. 즉, 사회는 다수의 상호 연관적이고 상호의존적인 부분들, 즉 경제, 종교, 가족 등으로 구성되면서, 동시에 각 부분들은 전체가 성공적인 기능을 발휘할 수 있도록 기여한다는 것이다(장수한 외, 2017: 332). 문화의 역동성을 대표하는 사례로서, 최근 한국사회에 밀려드는 일본문화의 유입에서 일어나고 있는 각계각층의 움직임을 들 수 있다.

CHAPTER 02

다문화

개 요

다문화 개념은 이미 한국사회에서 모두가 사용할 정도로 보편적인 용어가 되었다. 다문화는 하나 이상의 복수의 문화를 말한다. 즉, 한 나라 안에 몇 가지 문화가 공존하는 것을 말하는데, 여러 문화라는 의미를 가지고 있는 다문화의 의미는 언어와 문화, 관습, 종교, 인종, 계층, 직업 등의 차이에서 발생하는 문화를 의미하기도 한다. 여기에서는 다문화를 학습하고자 한다.

학습목표

1. 다문화, 다문화가족, 다문화사회의 개념 정리
2. 다문화에 대한 이론적 타당성 논의
3. 다문화 사례연구

학습내용

1. 다문화의 개념
2. 다문화 관점
3. 다문화가족과 다문화사회

1 다문화의 개념

1) 다문화의 정의

다문화(multiculture) 개념은 이미 한국사회에서 모두가 사용할 정도로 보편적인 용어가 되었다. 하지만 실질적으로 보다 구체적인 답변을 요구한다면, 각자마다 그 내용과 접근방법이 다르고 조금씩 차이가 있음을 부정할 없다(신재흡, 2024: 17).

다문화라는 용어는 1990년대 중후반에도 일부 지원단체에서 사용하기는 했지만 운동의 의제는 아니었다. 이런 '다문화'라는 용어가 정부정책과 이주노동운동 진영에서 광범위하게 사용되기 시작한 것은 2005년경으로, 결혼이주여성의 수가 급격하게 증가함에 따라 결혼이주여성의 처우가 주요한 사회적 이슈로 다루어지게 된 것과 관련이 깊다. 정부와 지원단체는 결혼이주여성의 문제를 해결하는 방안으로 '다문화'를 채택하였고, 2006년에는 정부, 학계, 이주노동운동 진영을 망라하여, 이 분야에 대해서 한국사회의 다양한 관심을 이끌어내게 되었다(김범수 외, 2010: 61).

오늘날 한국사회에서 '다문화'는 과거와는 달리, 부정적인 인식을 먼저 생각하게 한다. 이는 한국사회가 갖고 있는 다양한 배경요인들이 무의식적으로 영향을 미치고, 무의식중에 긍정적보다는 부정적인 방향으로 흐르게 하기 때문이다. 다문화라는 용어는 문화적 다양성의 가치를 주목하고 장려하는 다문화주의에 기초를 둔 긍정적인 의미를 함의하고 있었지만, 점차 이주민과의 차별적인 의미를 저변에 두고 사용하는 의미가 되고 있다. 또한 다문화는 이주가정을 배경으로 하는 가족과 자녀들을 대상으로 적용하는 용어로 바뀌면서 당초의 의미가 축소되고 있다. 관련 서적이나 논문 등의 자료에서 대부분 '다문화아동', '다문화자녀' 등의 관용어로서 과용되고 있고, 심지어 교육현장인 학교에서 학생이름 대신 '다문화학생'으로 호명되기도 하면서, 다문화아동과 그 가족들에게 수치심이나 모멸감을 경험하게 하는 용어로 변화하였다(이정은 외, 2023: 27).

그러나 다문화라는 용어는 단일문화주의에 대한 반성으로서, 그리고 그에 대비되는 개념으로서 복수의 문화, 다양한 문화를 가리킨다. 그런데 여기서 말하는 다문화는 세계 전체에 다양한 문화가 '존재하는' 현상을 가리키는 데 머무르지 않는다. 이미 세계에는 수천 년 전부터 다양한 문화가 존재하고 있었다. 다문화현상은 그저 원래대로 그 자리에 같은 모습으로 존재해 왔던 것이 아니라, 서로 다른 문화가 지속적으로 '만나고', '부딪치고', '교류하고', '갈등하는' 과정에서 '생겨나는' 현상이며, 전 세계보다는 '한 사회 내'에서 나타나는 현상에 초점을 두고 있다.

다문화는 하나 이상의 복수의 문화를 말한다(이종복 외, 2014: 18). 즉, 한 나라 안에 몇 가지 문화가 공존하는 것을, 여러 문화라는 의미를 가지고 있는 다문화의 의미는 언어와 문화, 관습, 종교, 인종, 계층, 직업 등의 차이에서 발생하는 문화를 의미하기도 한다. 기존의 단일문화에 대비되는 개념으로서 동일한 혈통과 문화를 추구하던 단일문화에 다른 문화들이 통합되어 여러 문화가 공존하는 상태를 말하기도 한다(김선녀, 2013: 6).

다문화는 단일문화주의에서 문화를 이해하던 방식에 생긴 변화를 반영한다. 그 변화의 양상은 다음과 같다(구정화 외, 2018: 16).

첫째, 대부분의 사회는 더 이상 동질적이지 않고 수직적 · 수평적으로 다양화되었다. 이에 따라, 다양한 계층과 하위문화가 나타났다.

둘째, 문화가 인종, 민족, 영토적 외연 등과 일치하지 않는 경우가 증가하고 있다. 이것은 활발한 이동과 관계가 깊으며, 역사적으로도 인류는 이미 오래전부터 뒤섞여 왔기 때문에 '(단일)민족'이라는 개념 자체가 허구적이기도 하다.

셋째, 외부와의 경계를 강조하는 '문화적 인종주의'는 문화 간 상호이해를 불가능하게 하고, 분리주의나 인종청소 등과 같은 비극으로 귀결되는 문제가 있었다. 이에 따라, 그와 같은 '경계 지음'에 대한 일대 반성이 제기되었다.

그러므로 다문화는 다인종, 다민족으로 구성된 사회와 국가에서 문화의 중심이 되는 주류문화에 대한 하위 개념으로, 위계관계 또는 다양성의 존중을 내포하는 개념이다. 다문화 공동체사회는 서로 다른 문화의 이해, 존중과 노력을 통하여 형성된다.

다문화는 세 가지의 관점을 가진다(이성순, 2023: 23 ; 이종복 외, 2014: 18).

첫째, 다문화는 다양성을 기반으로 세상을 새롭게 바라본다는 것에서 출발한다. 다문화의 다양성은 고정관념, 편견, 선입관을 내려놓는 일이다.

둘째, 다문화는 관계적이며 상호작용한다. 관계 개념으로서 다문화는 다수자인 주류만의 중심이 아니라, 소수자의 문화를 존중하고 상생을 기초로 하는 공동체성을 형성하게 된다.

셋째, 문화는 지속적으로 창조된다. 문화는 독립적이지 않고 상호교류, 충돌, 전이, 지배, 호환 등의 과정을 통해 발전한다. 한국사회는 서로 다름을 통해서 배우고, 이러한 다름의 문화적 교류가 한국사회를 풍요롭게 할 수 있다는 관점이다.

다문화에 대한 정의는 광의와 협의로 나눌 수 있다. 광의적인 측면에서 볼 때, 다문화란 단지 인종적 · 민족적 차원뿐 아니라, 성별, 장애 유무, 연령, 사회적 지위 등을 기준으로도 이해할 수 있다. 문화가 인간 삶의 전 영역을 아우르는 총체적 생활양식이라면, 남성과 여성, 장애인과 비장애인, 청년과 고령자, 부자와 빈자 사이의 삶의 경험 등과는 분명한 차이가 있으며, 각각에 해당되는 문화적 지평이 존재하기 때문이다. 다문화에 대한 개념을 이런 식으로 확장해서 포괄적으로 바라보면, 한국사회는 이주민의 유입에 따른 사회구성원의 변화 경험 이전에 이미 다문화사회에서 살고 있었다. 실제로 다문화 갈등은 민족적 문화 차이보다 오히려 사회적 지위와 경제적 자원, 권력의 위계 등에서 압도적으로 더 많이 나타난다. 다문화사회를 협의적으로 정의하면, 자기와 타자의 관계가 성립되는 곳으로부터 존재하는 것으로 볼 수도 있으나, 정치철학적 관점에서 보면 한 사회 내에 존재하는 하위사회집단 간 신념의 상대성을 똑같이 인정하고 존중해야 한다는 것을 의미한다. 따라서, 자신이 속한 집단의 문화를 넘어 타인이 경험하고 있는 특수한 문화적 특징을 이해하는 것은 사회구성원 개개인의 미시적인 측면뿐 아니라, 사회정의를 기초로 한 사회통합 차원에서도 상당히 중요한 문제이다(김양미, 2020: 40-41).

한국사회에서는 다문화의 의미를 다소 제한적으로 사용하고 있는 것이 일반적이다. 예를 들어, 한국에서는 장애인이 있는 가족, 성적 소수자가 있는 가족을 가리켜 '다문화가족'이라고 부르지는 않는다. 그와 같은 가족은 이민자의 유입에 의해 최근에 생겨난 것이 아니라, 다문화사회 이전에도 이미 존재해 왔다. 최근에 장애, 연령, 성, 계층, 성적 취향 등이 한국사회에서 부각되고 있는 맥락은 '다문화'보다는 '인권' 차원이라고 하는 것이 더 적절할 것으로 보인다. 물론 점점 더 다문화사회로의 진전이 빨라지고 깊어지는 과정에서 한국에서도 다문화가 가리키는 의미의 범주가 확대될 것으로 예상할 수는 있다. 그러나 적어도 현재의 한국적 맥락에서 다문화는 주로 다인종화, 다민족화 경향으로 인해 나타나는 문화적 현상의 다양화를 가리키는 것으로 이해할 수 있다(구정화 외, 2018: 16).

그러므로 한국사회는 이제 '다문화'를 넘어 '문화다양성'으로 진행되어야 한다. 그런 의미에서 '북한이탈'은 다문화현상이 아니다.

2 다문화 관점

다문화(multicultural)라는 용어는 너무나 광범위하고 다양하게 사용되고 있고, 그 대상과 범위도 사용하는 목적에 따라 달리 개념화되고 있다. 이런 이유로 '다문화'를 접두어로 사용하는 다문화사회, 다문화정책, 다문화교육 등의 개념에 대해서도 이해와 강조점이 달리 나타나고 있다. 특히, 한국사회는 다문화와 관련한 용어와 개념들이 무분별하게 사용되고 있으며, 대개 다문화는 다민족·다인종적 문화와 여러 개의 다양한 문화로 개념을 혼용한다고 지적한다. 다문화를 관점의 분류는 다음과 같다(천정웅 외, 2015: 15-18).

1) 다문화가족과 관련된 용어로 사용

다문화의 개념을 '다문화가족'과 관련된 것으로만 생각하는 것이다. 즉, 다문화라는 개념을 다문화가족, 특히 이주노동자나 결혼이민자와 관련된 것으로만 한정 지어 사용한다. 이는 한국에서 다문화사회 형성이 이른바 다문화가족의 증가와 관련되어 있기 때문이다. 다문화가족이란 용어는 이후 계속해서 다문화대상자, 다문화학생 등으로 새로운 용어를 만들어 냈으며, 다문화는 특정 사람들을 의미하는 형용사 또는 명사로 쓰이기도 한다.

이와 같이 다문화를 이주민과 관련된 것으로, 특히 '다문화가족'과 관련된 것으로 이해함으로써, 이후 다문화사회, 다문화정책, 다문화교육 등에 대한 개념은 종종 이들과 관련된 것으로만 좁게 이해되는 경우를 초래하였다. 따라서, 다문화가족이란 용어 자체에 대해 문제를 제기하는 학자들도 있다.

이러한 시각으로 '다문화'를 바라보게 된 이유는, 다문화정책이 한국사회 전체를 대상으로 하는 문화정책이 아닌 이주민지원정책으로 축소된 것이기 때문이다. 즉, 다문화정책이 문화다양성을 전제로 해야 함에도 불구하고, 동남아나 아프리카 등지의 개발도상국 출신 결혼이주여성이나 이주노동자를 대상으로 하기 때문이다. 이로 인해, 오늘날 한국에서 보통 다문화라는 말은 개발도상국 출신 이주민들과 그들의 가족들과 관련된 그 무엇을 가리키는 용어가 되었고, 이주민과 관련된 다민족적 또는 다인종적인 측면을 가장 먼저 떠올리게 만들었다.

2) 타 인종 문화로 해석

다문화의 개념을 서로 다른 인종과 민족을 중심으로 구분하여 다른 나라의 문화로 해석하는 경우이다. 즉, 문화를 다양한 문화로 이해하지만, 다양성을 주로 인종이나 민족으로 구분하여 다른 민족이나 인종이 지닌 문화, 다른 나라의 문화로 이해하는 경우이다. 이러한 관점은 그동안 한국의 다문화정책이나 다문화교육이 다문화가족에서 한국문화에 편입되도록 하는 것에만 집중되어 온 것에 대한 반성을 포함하고 있다. 이는 다문화정책이나 다문화교육이 동화주의가 아닌 다문화주의를 지향해야 한다는 것을 의미한다. 즉, 소수자를 포함한 다수자 모두가 한 사회를 이루는 구성원 모두가 세계에 있는 다양한 인종과 민족, 특히 한국사회에 이주해 온 사람들과 관련된 문화에 대해 알고 서로 이해하고 소통해야 한다는 것에 강조점을 두고 있다. 따라서, 다문화정책과 교육은 이주민과 다문화가족들이 한국사회에 잘 적응하도록 한국사회의 가치관과 문화를 가르치는 것뿐만 아니라, 이들이 정체성을 가지고 한국사회에서 당당한 구성원으로 살아갈 수 있도록 이들에게 역할을 부여하는 교육, 그리고 모든 사회구성원들이 다른 문화에 대해서 알고 이해하고 존중함으로써, 타 문화에 대한 고정관념과 편견을 없애는 교육을 해야 한다는 것이다. 이 관점은 다문화교육, 국제이해교육(education for international understanding) 또는 세계교육(global education)과 연관된 관점이다. 한국국제교류재단이나 유네스코 아시아·태평양 국제이해교육원 등의 문화기관은 문화예술분야의 국제교류에 중점을 두는 기관으로, 이곳에서 사용하는 '다문화'라고 할 때 주로 다른 나라의 문화를 의미하는 것으로 볼 수 있다.

3) '다'의 일반적 개념으로 인식

다문화라는 개념을 이주의 현상으로 발생한 특수한 것으로 보지 않고, 일반적으로 문화의 개념 앞에 접두어 '다(multi)'를 붙여 이해하는 경우이다. 즉, 일반적으로 문화의 개념을 '인간의 특정한 생활양식'이라고 이해할 때, 다문화는 민족이나 인종에 의한 구분뿐만 아니라, 계층, 지역, 성, 직업, 연령 등으로 구분되는 다양한 문화를 지칭하는 것이다.

다문화를 바라보는 이러한 관점은 교육적인 면에서는 반편견교육, 인권교육, 평등교육, 민주시민교육 등과 관련이 있다. 다문화와 다문화사회를 하나의 지배문화가 아닌 여러 다양한 문화, 소수자문화를 인정하고 존중하는 것으로 이해한다. 이러한 관점의 다문화교육은 사회적 소수자에 대한 다수자의 편견에 주목한다.

서로 다른 시각으로 '다문화'를 바라보는 것은, 이후 다문화를 접두어로 한 용어들, 즉 다문화사회, 다문화정책, 다문화교육에 대해 서로 다른 이해를 가져온다. 한국사회에서 다문화교육은 크게 다문화가정을 대상으로 하는 교육, 국제이해교육의 범주 안에 있는 타 문화이해교육, 그리고 문화적 다원주의를 강조하고 실천하기 위한 교육 등으로 이해되고 있다. 그리고 문화적 다원주의를 강조하는 교육은 다양한 문화집단의 권리를 인정하고 존중하고자 하는 문화다양성 교육의 개념과 유사하다.

위와 같이 다문화를 바라보는 세 가지 관점은 다문화교육에 대한 인식과 실행 측면에서 동시성을 띠고 있으면서도 전체적으로 흐름의 경향을 볼 때, 첫 번째 시각에서 두 번째 시각으로, 그리고 두 번째 시각에서 세 번째 시각으로 옮겨가고 있으며, 세 번째 시각은 다문화라는 용어에서 벗어나 '문화다양성'이라는 개념으로 사용되고 있다.

다문화 관점은 표 2-1과 같다.

표 2-1 다문화 관점

구분	이주민 관련	타 문화	다양한 문화
요소	다문화가족 구성원	인종, 민족, 국가	인종, 민족, 성, 계급, 나이, 계층 등
다문화	이주노동자, 결혼이주자, 북한이탈주민과 그 가족들과 관련한 것	인종, 민족, 국가에 의해 구분된 다양한 문화	한 사회의 다양한 하위 문화적 요소를 모두 포함
다문화사회	인구구성이 다인종, 다민족화되어 가는 것	다양한 나라의 문화가 공존하는 사회	인간이 살아가는 특정한 생활양식이 공존하는 사회
다문화주의	이주문제 해결책을 위한 접근	서로 다른 나라의 문화를 존중하며 이해	서로 다른 문화들이 공존하는 사회를 지향
다문화정책	이주민의 적응을 위한 정책	다른 인종, 민족의 문화를 존중하기 위한 장치를 마련하는 것	소수자들이 차별받지 않도록 정책을 마련하는 것
다문화교육	• 이주민들이 한국사회에 잘 적응할 수 있도록 한국어교육과 한국문화를 가르치는 것 • 이주민들이 자신의 문화적 정체성을 유지할 수 있도록 지원하는 것	• 다른 나라의 생활방식과 문화를 익혀 국제화 시대에 잘 적응할 수 있도록 하는 것 • 특히, 이주민들의 문화를 존중하고 이해하여 공존할 수 있도록 교육하는 것	• 반편견, 존중, 배려를 가르치며 사회정의를 실현하는 것에 중점을 둠. • 억압과 차별에 민감하며, 소수자의 문화적 권리가 보장되는 사회를 위한 교육

자료: 천정웅 외(2015: 18) 재인용.

4) 다문화와 사회복지실천

다문화 사회복지실천(Multicultural Social Work Practice)은 사회서비스 규정과 사회복지실천가의 원조역할과 관계가 있다. 다문화와 사회복지의 관계는 다음과 같다(이종복 외, 2014: 37-39).

(1) 원조역할과 과정

다문화 사회복지실천은 사회복지사가 적합한 문제해결 기술의 목록을 다양화하는 역할을 한다. 사회복지현장을 방문한 저학년 학생들에게 있어서 사회복지사란 한 가지 원조기술만 사용하는 수동적인 자로 생각하게 될 것이다. 임상적이거나 상담적인 역할과 달리, 다문화 사회복지실천의 실제는 효과적인 사회복지실천을 위하여 내담자 대상 수업하기, 조언하기, 자문하기, 옹호하기와 같은 활동을 포함하고 있다. 따라서, 교육자, 옹호자, 사례관리자, 조직가, 지역 고유의 치료체계 수행자, 지역사회 연결자 등과 같은 역할이 실천에 있어 매우 중요하다.

(2) 개인경험과 문화적 가치의 일치

효과적인 다문화 사회복지실천은 문화적으로 다양한 내담자를 위해 그들의 인종, 문화, 민족, 성별, 성적 지향의 배경에 부합하는 개입양식을 사용하고 목표를 설정하는 것이다. 예를 들어, 개입체계, 지역사회복지 프로그램, 지역사회 옹호활동, 힘의 차이를 최소화하기, 사회정책 권한 수행활동은 특정 내담자 집단에게 효과적으로 사용될 수 있다.

(3) 개인, 집단차원에서의 생활양식의 수용

다문화 사회복지실천은 한국사회의 생활양식과 정체성이 개인, 집단,

보편적 차원으로 구성되어 있음을 인정한다. 원조에서 이러한 차원의 정체성을 인식하지 못한다면, 인간 정체성의 주요한 측면을 놓치게 되기 때문이다.

(4) 보편적 · 문화 특수적 전략

다문화 사회복지실천은 인종적 · 민족적 소수집단과 사회인구학적 집단이 다르기 때문에, 다문화 사회복지실천에 있어 문화 특수적 전략이 요구된다. 예를 들어, 아시아계 미국인은 더 직접적 · 활동적 접근방법에 반응하고, 아프리카계 미국인은 자기노출 과정에서 신뢰할 만한 원조자를 선호한다. 제네랄(Surgeon General)은 그의 보고서 "정신건강 문화, 인종, 민족성(Mental Health: Culture, Race and Ethnicity)"에서 치료적 접근방법이 소수 인종 집단에게 다르게 작용한다는 것을 명시하였다.

(5) 개인주의와 집단주의의 접근에서의 균형 유지

다문화 사회복지실천은 가족, 의미 있는 타인, 지역사회, 문화에 내재된 집단주의 실재와 개인주의적 접근에 균형을 맞춤으로써 원조관계를 넓혀 나갈 수 있다. 내담자는 단순히 개인으로서가 아니라, 사회적 · 문화적 맥락의 산물로서의 개인으로 지각된다. 여기에서 생태학적 관점은 매우 중요하다. 미국문화에서 심리사회적 단위가 개인이라면, 문화적으로 다양한 집단은 집단주의적 성향을 가지고 있는 정체성이자 가족, 집단, 지역사회를 포함한 군집으로 정의된다.

(6) 사회정의와 사회변화의 촉진

다문화 사회복지실천은 내담자의 원조과정에서 이원적 초점을 가정한다. 예를 들어, 많은 사례에서 개별적 내담자에게 초점을 맞추고 그들을 격려하여 새로운 기능과 적합한 행동양식을 습득하는 것이 중요하다. 그러나 여성, 게이 및 레즈비언, 소수민족, 노인이 가진 문제인 경우, 종사자와 교육자 및 이웃, 학교의 정책 및 실천, 정신건강기관, 정부, 기업, 사회 안에 그들에 대한 편견, 차별, 인종차별주의, 성차별주의, 노인차별주의, 동성애 차별주의가 존재하여, 전통적 치료기능은 비효과적이고 부적절한 것으로 드러난다. 따라서, 사회복지는 내담자를 항상 개인, 집단, 가족, 지역사회, 기관, 더 큰 사회체계에서 정의해야 한다. 모든 사례에서 기준점이 되는 원칙은 사회정의이다.

(7) 다양성과 다원성을 중시

한국사회에서 합리적인 생활체계를 가로막는 불합리한 요소로서는 성·학연·지연·혈연 등에 의한 차별, 가족 및 지역이기주의, 가부장적 권위주의, 위계적 관계 등이다. 한국인의 정체성은 가족에서는 이기적 자아, 지역적 차원에서는 집단정체성, 정치공동체 차원에서는 민족정체성으로 형성된다. 즉, 혈연, 지연, 학연에 따른 차별이라는 굴레를 형성하는데, 이들은 모두 배타적일 뿐 공공성이 부족하다.

한국인의 집단 친밀성은 권리를 누리되 공공의 책임은 지지 않으려는 탈정치적 개인을 양성하고, 개인적 친분과 연줄에 따라 결정되는 전 근대적 속성, 즉 합리성과 공공성을 위협하고 있다. 한국사회는 합리주의보다 봉건적 질서와 신자유주의 질서가 교차하는 상태이므로, 현실에 대한 반성과 근대성에 대한 훈련 속에서 포스트모던의 가치로 전향해야 한다.

전근대, 근대, 탈근대의 사고 비교는 표 2-2와 같다.

표 2-2 전근대, 근대, 탈근대의 사고 비교

구분	전근대	근대	탈근대
주요 속성	개인의 의무, 비합리성 · 절대자의 신성, 권위주의, 신비주의, 특수성, 독재주의 · 직관	개인의 자유, 합리성 · 인간의 이성, 평등주의, 객관주의 · 과학주의, 보편성, 민주주의 · 성찰	개인의 가치 주관성, 거대담론의 거부, 억압으로부터의 해방, 불확실성 · 유동성, 상대성 · 다원주의, 낙인과 고정관념 탈피
주요 단위	연고주의의 공동체	합리적 이성의 개인, 협의체로서의 국가	다양한 주체
사회에 나타난 역작용	비합리적 연고주의, 공공성 · 차별의식, 권위주의와 순종주의	절차주의 무시한 결과주의의 팽배, 사대주의	계층에 따른 가치추구조건의 차등화

자료: 이종복 외(2014: 40).

3 다문화가족과 다문화사회

1) 다문화가족

'다문화가족'이란 용어는 2008년 보건복지부(현재 여성가족부)에 다문화가족과가 신설되면서 동시에, 그 해 「다문화가족지원법」이 제정, 시행된 후 사용되고 있다. 「다문화가족지원법」이 제정된 이유는, 결혼이민자 및 그 자녀 등으로 구성되는 다문화가족은 언어 및 문화 간 차이로 인하여 사회부적응과 가족구성원 간 갈등 및 자녀교육에 어려움을 겪고 있음에 따라, 다문화가족의 구성원이 한국사회의 구성원으로 순조롭게 통합되어 안정적인 가족생활을 영위할 수 있도록 하기 위한 가족상담 · 부부교육 · 부모교육 및 가족생활교육 등을 추진하고, 문화의 차이 등을 고려한 언어통역, 법률상담 및 행정지원 등의 전문적인 서비스를 제공하도록 하는 등 다문화가족에 대한 지원정책의 제도적인 틀을 마련하려는 것이다. 다문화가족 개념은 다양하게 규정된다. 넓은 의미로는 국민 사이의 결혼으로 구성된 가족 이외에 배우자 중 한 명이라도 한국국적 이외의 국적을 가지거나, 과거에 가졌던 사람이 포함되어 있는 가족을 지칭하는 개념으로 사용된다. 그러나 좁은 의미로는 한국인과 결혼한 또는 결혼한 경험이 있는 결혼이민자가 포함된 가족을 가리킨다. 국가정책은 좁은 의미의 다문화가족 개념을 준용하고 있으며, 넓은 의미의 개념 중 가족구성원 가운데 한국인이 포함되어 있지 않고, 외국 국적자만으로 구성된 가족은 현재 다문화가족 지원정책 대상에서 제외되어 있다. 즉, 다문화가족 지원정책의 핵심은 다문화가족구성원을 대상으로 하는데, 구체적으로 결혼이민자와 그 자녀, 한국인 배우자와 그 외의 가족구성원이 대상이 된다.

법률이 말하는 다문화가족이란 「재한외국인 처우 기본법」 제2조 제3호의 결혼이민자, 「국적법」 제2조에 따라 출생 시부터 대한민국 국적을 취득한 자로 이루어진 가족, 「국적법」 제4조에 따라 귀화허가를 받은 자와, 같은 법 제2조에 따라 출생 시부터 대한민국 국적을 취득한 자 등으로 이루어진 가족을 말한다. 한편, 「다문화가족지원법」의 다문화가족에 대한 사회적 지원에 관한 규정(제5조부터 제12조)은 사실혼 관계에서 출생한 자녀를 양육하고 있는 다문화가족 구성원에 대해서도 준용된다(제14조). 그런데 법률 적용대상에서 사실혼 관계에 있는 부부 중 사실혼 관계에서 출생한 자녀를 양육하고 있는 가족은 지원대상이 포함되지만, 사실혼 관계에서 출생한 자녀가 아닌 자녀를 양육하는 경우에는 지원을 하지 않고 있으며, 자녀가 없는 경우에는 지원대상이 되지 않는 것이 문제라는 지적이 있다. 또한 다문화가족에 대한 사회적 지원을 규정한 법률의 내용이 대부분 '노력규정'으로 되어 있다. 따라서, 다양한 형태로 존재하는 다문화가족들이 법적 혜택을 받을 수 없는 사각지대가 존재한다. 다문화가족이 인간다운 생활을 할 수 있도록 적용대상의 확대가 절실하다.

다문화가족이 국제결혼을 통해서 서로 다른 인종의 상대를 만나 결합한 가정을 의미한다고 해서 법률적 용어는 아니다. 오히려 국제결혼이란 용어가 법률적으로 더 많이 쓰이지만, 단순히 결혼당사자만을 의미하고 국적이 다른 사람과의 결혼을 의미하기 때문에 그 결혼으로 인해 형성된 가족구성원을 모두 지칭하는 데는 한계가 있다. 다시 말해서 다문화가족이란 단어가 그 가족 내 구성원의 인종 간 차별성과 가정 내에서 두 개 이상의 서로 다른 문화가 만난다는 특징을 지닌다는 것이 더 적절한 표현이라고 할 수 있다. 또한 다문화가족을 한국사회에서 거주하고 있는 외국인근로자, 국제결혼이민자, 탈북민, 그 밖에 외국인 거주자, 외국인과의 사이에서 태어난 자녀들을 비차별적으로 부르는 용어로 정의되기도 한다.

그러므로 다문화가족이란 국제결혼이라는 용어가 내포된 내국인 간의 결혼과 외국인과의 결혼으로 구분하는 국적에 따른 차별성 대신 한 가족 내에 다양한 문화가 공존하고 있다는 의미로 사용되고 있다.

다문화가족 유형은 표 2-3과 같다.

표 2-3 다문화가족 유형

가족 분류	내용
이주노동자가족	외국인근로자가 한국에서 결혼한 가족 본국에서 결혼하여 형성된 가족이 국내에 이주한 가족
결혼이민자가족	한국 남성과 외국 여성의 결혼 한국 여성과 외국 남성의 결혼
새터민가족	탈북하여 이주해 온 자

자료: 최선화 외(2014: 431).

2) 다문화사회

다문화사회는 이러한 다문화의 정의를 포괄하는 사회를 말하는 것이다.

다문화사회는 사회 구조와 제도가 다문화주의를 반영하고 구체화하여야 하며, 사회구성원들이 다양한 민족과 문화가 공존하는 사회임을 인정하는 사회이다. 이러한 다문화주의를 이끌어내기 위한 수단은 정치적 · 사회적 · 경제적 · 문화적 · 언어적 불평등을 시정할 수 있는 국민통합 또는 사회통합의 이데올로기로서 구체적인 일단의 정책을 유도해낼 수 있는 지도원리여야 할 것이다. 즉, 다문화사회란 불평등의 시정을 통해 자유민주주의의 기본 원리와의 정합성(matching)을 높이면서 다양성 증대에 따른 사회적 분절성을 극복하기 위한 새로운 국민통합의 이데올로기를 가지는 사회로 정의할 수 있을 것이다(국회입법조사처, 2009: 8-9).

현재 한국사회의 다문화정책은 비주류문화를 주류문화로 동화시키려는 것으로 평가되고 있다. 한 사회 내 다양한 인종이나 민족집단들의 문화를 단일한 문화로 동화시키지 않고 서로 인정하고 존중하면서 공존하는 사회, 특정의 소수자집단이 무시되거나 차별받는 것을 방지하고, 차이에 근거한 정치적 · 사회적 · 경제적 갈등을 해소하며, 인간으로서 보편적 권리를 향유하도록 함을 목적으로 하는 사회, 소수문화를 인정하고 존중하며, 차이에서 오는 차별을 시정하여 공존을 지원하는 정부의 제도적이고 집합적인 노력을 다문화라고 정의할 수 있다(신재흡, 2024: 25).

다문화사회는 동전의 양면과 같이 국가와 사회적으로 긍정적인 측면과 함께 부정적인 측면을 동시에 갖고 있다. 다문화사회로의 변화에 따른 긍정적 측면은 이주민으로 노동력 공급이 증가하고, 국내산업의 인력난이 해소되며, 국내총생산량이 증가한다는 것이다(Barro et al., 1992). 해외 노동인력의 유입으로 새로운 일자리가 창출되고 경제규모가 확대된다. 이민을 통한 인구증가는 조세기반을 확대하여 내수를 촉진하여 경제발전의 견인차 역할을 한다. 주류사회에 통합하기를 희망하는 이주민이 증가할수록 사회의 다양성과 개방성, 개인의 창의성이 증진된다(Florida, 2002). 다문화사회는 모든 문화를 무조건적으로 받아들이자는 것을 의미하는 것이 아니라,

문화적 차이에 따른 사회적 · 경제적 불평등을 극복하고, 사회가 효과적으로 유지 · 운영되는 데 필요한 지식, 기술, 태도 등을 제공하고, 학교, 병원, 법원 등에서 이를 제도적으로 보장하고(Inglis, 2009), 모든 장벽을 제거할 때 진정한 다문화사회가 되는 것이다.

그러므로 다문화사회는 다양한 문화를 의미하며, 21세기의 새로운 문화 양상으로, 다양한 문화적 배경을 가진 민족집단들이 하나의 국가 또는 지역사회에 함께 거주하므로 형성되는 사회를 의미한다. 또한 두 개 이상의 문화적 집단이 한 사회 안에 공존하여 문화적 특수성과 유사성을 동시에 경험하는 사회이다. 전 지구화 현상의 세계적 추세 속에서 이민, 노동, 결혼, 유학, 방문 등 다양한 목적으로 국가 간 인구이동은 일상화되고 보편화되어 가고 있다. 한국사회도 점차 이주노동자와 결혼이민자가 증가하며, 앞으로 다민족화와 다문화현상이 가속화될 것으로 전망할 수 있다(전숙자 외, 2009: 158).

한국 다문화사회의 특성은 다음과 같다(김경식 외, 2017: 61).

첫째, 경제규모의 확대와 국력의 신장으로 다문화사회가 빠르게 형성되고 있으며, 더욱이 외국인과 유학생이 급증하고 있다.

둘째, 이주노동자 집단의 형성이다. 저출산 · 고령화사회로의 진전과 더불어 한국경제의 세계화는 외국 노동력의 증가로 이주노동자 집단이 형성되었다.

셋째, 낮은 외국인력의 고용이다. 중소기업 인력의 평균연령 상승과 수요의 증대에도 불구하고, 주요국 대비 낮은 이주노동자의 비율을 보이고 있다.

넷째, 주요국과 비교해 보면, 다문화 여건이 여전히 저조한 수준이다. 국제경영개발원(International Management Development, IMD) 보고서에 따르면, 국가경쟁력 지수 중 외국문화에 대한 개방도 항목은 조사 대상국 중 여전히 낮은 수준을 벗어나지 못하고 있는 것으로 나타났다.

다섯째, 다문화가정이 출현하고 있지만, 국제결혼의 이혼도 급증하고 있다. 국제결혼의 급증으로 결혼이민자가 증가하고, 이에 따른 자녀 수의 증가로 인해 다문화가정이 보편화되고 있다.

여섯째, 다문화에 대한 내·외국인 간 이해의 격차로 사회갈등의 격화 가능성이 증대되고 있다. 특히, 외국인에 대한 차별이 지속되고 이주 외국인에 대한 사회적 포용이 지연될 경우, 더 큰 사회적 문제를 야기하여 사회적 비용이 발생할 가능성이 높다.

한국사회는 이미 급속도로 도래하고 있는 다문화사회적 물결에 적극 대응할 수 있는 대책이 요구된다. 특히, 한국적인 상황은 급격한 경제발전과 개방화된 사회 분위기 전환으로 인해 성큼 다가선 다문화사회를 인정할 수밖에 없으며, 그에 따른 즉각적이고, 지속적, 체계적인 프로그램이 필요하다. 또한 사회구성원들의 다문화사회에 대한 인식전환 역시 지속적인 교육을 통해 준비되어야 할 것이다. 따라서, 어떻게 하면 다문화사회에 대한 이해의 격차를 줄이고 더불어 살아가는 슬기로운 공동체사회를 만들 것인가에 대한 해결방법을 찾기 위해 다문화사회에 대응할 수 있는 대응전략 수립이 절실하다. 그 내용은 다음과 같다(김경식 외, 2017: 62).

첫째, 사회통합을 향한 정책적 방향에 대한 모색이 필요하다. 현재 한국사회는 다문화사회에 대한 논의를 시작하는 단계에 서 있음에도 불구하고, 정부의 다문화사회 관련 정책은 속도만 빠르게 추진되고 있다는 문제가 제기되고 있다. 즉, 현실과 향후 전개 방향에 대한 체계적 점검이 이루어지지 않은 상황에서 피상적 모토 이상의 의미를 지니지 못한 채, '다문화사회'만이 반복적으로 공표되는 수준에 그치고 있다는 것이다.

둘째, 다문화사회 정책 거버넌스 확립이 필요하다. 현재 한국사회는 이주민 집단이 가시화되고 사회적 관심사로 등장했다는 점에서는 다문화사회에 진입해 있다. 하지만 이들을 사회 주체로 인정하는 경향이 현저히 제한되어 있다는 점에서 진정한 다문화사회에는 이르지 못하고 있는 실정이다. 이런 상황에서 다양한 배경을 지닌 주체들이 함께 참여하여 생산적인 사회질서를 구현해 나가기 위해서는 정부정책에서 이주민의 사회적 위상을 정립하는 것이 중요하다.

셋째, 다문화교육이 확대되어야 한다. 다문화사회의 궁극적 지향은 일상을 살아가는 시민들이 생활 속에서 대면하는 다양한 민족적·문화적 배경의 주체들과 소통하면서 생산적 시너지를 구현하는 데 있다. 이런 점에서 문화적 다양성에 대해 관심을 갖는 기본적 소양과 지식, 그리고 다양한 배경의 주체들과 대면하고 소통할 수 있는 실천적 역량 등을 갖춘 다문화적 시민성의 함양이 정책적으로 다루어져야 한다.

CHAPTER 03

다문화주의

개 요

다문화주의는 미국, 캐나다, 오스트레일리아 등에서 1970년대 초부터 제창되기 시작하여 1980년대에 활발한 논쟁을 벌여 정책으로서 결실을 맺었다. 다문화주의는 사회와 인종적 · 문화적 다양성을 설명하기 위한 용어로, 한 나라 안에서 여러 문화가 공존하는 것을 의미한다. 여기에서는 다문화주의를 학습하고자 한다.

학습목표

1. 다문화주의의 이론적 연구
2. 다문화주의와 문화다양성 관계
3. 다문화주의의 적용

학습내용

1. 다문화주의의 개념
2. 다문화주의의 유형
3. 다문화주의 정책 모형
4. 다문화주의 논쟁과 방향

1 다문화주의의 개념

1) 다문화주의의 정의

다문화주의(multiculturalism)는 미국, 캐나다, 오스트레일리아 등에서 1970년대 초부터 제창되기 시작하여 1980년대에 활발한 논쟁을 벌여 정책으로서 결실을 맺었다. 조금 늦게 유럽국가에도 다문화주의적인 견해가 도입되었다. 초기에는 다수와 소수 인종, 민족 간의 문화갈등 문제와 관련하여 사용되었으나, 장애인 · 소수자집단의 문제까지 확대되어 사용되면서 다양한 의미를 가지게 되었다.

다문화주의는 사회와 인종적 · 문화적 다양성을 설명하기 위한 용어로, 한 나라 안에서 여러 문화가 공존하는 것을 의미한다(김용신, 2011: 17). 다문화에 대한 담론은 다양한 배경과 출신을 가진 사람들이 이주하면서 거주하게 된 국가들을 중심으로 형성되었다. 다문화정책은 거주국의 언어와 문화를 받아들이면서 함께 살아가기 위해 이주민 중심의 동화정책으로 발달하였다. 그러나 개별 인종과 문화적 특수성을 인정하지 않고 주류사회와 문화로 편입시키려는 다문화정책은 이주민과 원주민 사이의 갈등과 충돌이 해결되지 못하고 있다. 또한 다문화정책은 국내에 유입된 타 국가의 문화권과 인권존중 차원에서 논의가 진행되고 있기 때문에, 문화다양성 논의보다 정치적인 경향이 나타났다(천정웅 외, 2015: 27).

다문화주의는 학자에 따라 다양하게 정의되고 있지만, 일반적으로 학교, 기업, 도시, 국가와 같은 조직적 수준에서 인종의 다양성을 기초로 특정 장소의 인구학적 구성에 적용되는 다양한 인종문화를 수용하는 것으로 정의할 수 있다. 넓은 의미에서의 다문화주의는 현대사회가 평등한 문화적 · 정치적 지위를 가진 상이한 문화집단을 끌어안을 수 있어야 한다는 믿음으로 표현되기도 한다(유네스코, 2010: 89).

다문화주의는 민족마다 다른 다양한 문화나 언어를 단일의 문화나 언어로 동화시키지 않고 공존시켜 서로 승인·존중하는 것을 목적으로 하는 사상·운동·정책을 말한다. 특히, 서구에서는 교육과 관련하여, 현대사회의 생활이 점점 더 복잡한 비서구문화 등을 정규교육과정에 더 많이 포함시키려는 취지를 지칭하기도 한다(권재일 외, 2010: 89). 즉, 종래부터의 근대 보편주의를 서유럽 중심주의에 그친 것이라고 상대화한 위에 그것을 일부로서 포함한 다양한 여러 문화의 평등한 공존을 지향하는 점에 다문화주의의 특징이 있다. 종래의 보편주의가 사적인 다의성을 허용하면서 공적 영역에서는 단일의 공통문화가 있을 수 있다는 것을 전제로 한 것에 비해, 다문화주의는 공적 영역 내에 문화의 다양성·복수성이 내포되어야 한다고 보고, 극단적인 경우에는 단일의 공통문화의 가능성을 부정하기도 한다. 극단적으로 이념화된 다문화주의는 그 논리적인 귀결로서, 특정 민족의 분단이나 독립을 요구하게 된다. 즉, 모든 문화의 공존과 통합을 지향하는 '강화된 보편주의'로서의 다문화주의라기보다는, 오히려 모든 문화의 분리나 차별을 귀결한다는 역설로써 나타나는 경우도 있다(박화상 외, 2023: 38).

다문화주의는 이상적인 치원에서 상이한 국적, 체류자격, 인종, 문화적 배경, 성, 연령, 계층적 귀속감 등에 관계없이 모든 인간이 인간으로서의 보편적 권리를 향유하고 각각의 특수한 삶의 방식을 존중하며 공존할 수 있는 다원주의적인 사회, 문화, 제도, 정서적 인프라를 만들기 위한 집합적 노력을 의미한다. 협의의 제도적 차원에서는 자유민주주의에 대한 광범위한 협의와 지지가 선결된 조건에서 다양한 문화적 주체들의 특수한 삶의 권리에 대한 제도적 보장을 뜻한다. 다문화주의는 정치적, 사회적, 경제적, 문화·언어적 불평등을 시정하는 일종의 국민통합, 사회통합의 이데올로기로서 구체적인 일단의 정책을 유도해내는 지도원리이다. 즉, 다문화주의는 다문화의 보장, 주류사회와 비주류사회의 상호이해 촉진, 소수집단 간의 교류, 사회 전반적인 평등수준의 향상과 구조적 차별의 극복 등을 목적으로 하고, 국가, 사회, 개인수준에서 광범위한 이해와 합의를 통해 정책으로 구체화되어 실현된다(전숙자 외, 2009: 16).

다문화주의와 혼동되는 개념으로 문화적 다원주의(cultural pluralism)가 있는데, 이는 여러 집단이 고유한 문화를 유지하면서 전체 사회에 참여하는 것을 말한다. 이는 단지 여러 집단이 공존하는 것만이 아니라, 다른 집단의 문화가 지배적인 문화에서도 보유할 가치가 있다고 간주하는 것이다. 서구에서는 특히 교육과 관련하여 현대사회의 생활이 점차 복잡한 성향을 띤다는 인식 아래 여성문화, 비서구문화 등을 정규교육과정에 더 많이 포함시키려는 취지를 지칭하기도 한다(이정은 외, 2023: 55).

한국 다문화사회의 주요 구성원은 결혼이주가정이다. 물론 도시에 집단적으로 거주하는 이주노동자들의 수가 증가할 것으로 전제한다면, 그들의 문화적 요구를 존중하고 배려하는 다문화주의가 대안이 될 수 있다. 그러나 농촌의 결혼이주 다문화가정에 대해서는 한국사회에 빨리 적응할 수 있도록 인권적 · 문화적 · 복지적 지원을 해 주는 동화주의의 모형이 대안이 될 수 있다(장윤수 · 김영필, 2016: 52).

2 다문화주의의 유형

다문화주의는 한 국가가 처한 상황, 소수자의 종류, 이를 주장하는 이들의 사상 등에 따라 그 이론과 정책이 다를 수 있는 바, 이는 주로 다문화주의의 핵심이라고 할 수 있는 다양성을 어느 정도 또는 어떻게 허용하거나 인정할 것인지에 달려 있다. 곧 다양성의 인정을 현실사회에서 어떻게 수용할 것인가이다. 현실사회는 다양하고 논자들의 생각 또한 각기 다르므로 학자에 따라 다문화주의를 다르게 유형화하고 있다. 국내외 학자들이 제시한 다문화주의 유형은 다음과 같다(장인실 외, 2022: 33-38 ; 서범석, 2010: 19-23).

1) 자유주의적 다문화주의

자유주의적 다문화주의는 문화적 다양성을 허용하고 인종집단이나 민족집단의 존재도 인정하지만, 시민생활이나 공적생활에서는 주류사회의 언어를 사용하고 자유주의에 근거한 문화, 사회관습 등을 따를 것을 요구한다. 즉, 사적생활에서는 문화적 다양성을 인정하지만, 공적생활에서는 이를 인정하지 않는다. 따라서, 가정이나 각 인종집단, 이민자 집단 등 사적 공간에서는 어떤 언어를 사용하든지, 어떤 의상을 입든지, 무엇을 먹든지, 어떤 종교를 갖든지 상관치 않으나, 학교 등 공공기관, 직장, 정치영역 등의 공적 생활에서는 주류사회의 언어를 사용하고 생활규칙을 준수해야 한다.

이 유형은 공적영역에서는 자유, 평등, 개인주의, 민주주의, 능력주의, 신앙의 자유 등 보편주의적인 근대 시민적·합리적 가치와 규범, 기본적 인권이념의 준수가 강조되므로, 동화정책이나 공적영역에서의 차별행위는 금지되어 위반 시 처벌된다. 사적영역이라 하더라도, 남녀차별이나 불평등, 인권 무시 등은 자유주의 이념과 양립할 수 없으므로 허용되지 않는다. 이와 같이 차별을 금지하고 기회의 평등만 확보되면, 점차 다수자와 소수자의 차별 및 불평등 구조는 소멸할 것으로 기대하고 있다. 따라서, 소수자의 사회참가를 위한 공용어 교육이나 사회제도에 관한 교육 등에는 적극적이나 차별받는 사람이나 소수민족 공동체에 대한 적극적인 재정적 법적 지원은 없고, 있다고 해도 지배사회에의 적응을 돕기 위한 수준에 그치고 자조 노력이 기대된다.

자유주의적 다문화주의는 다문화주의를 궁극적으로는 문화융합사회로 가기 위한 일시적, 과도기적인 정책으로 간주하며, 다문화 상황을 영속적으로 보지 않는 경우가 많다. 그러나 문화다양성을 인정하고 멀티문화축제의 형태로써 민족무용, 민족음식, 민족축제 등 표상적인 것을 장려하는 경우가 많아 '상징적 다문화주의'라고도 한다.

2) 조합적 다문화주의

조합적 다문화주의는 기회균등이라는 자유주의적 다문화주의에서 좀 더 나아가 결과의 평등을 지향한다. 피차별자가 현실적으로 경쟁하는 데 불리한 입장에 있다는 것을 인정하고, 소수민족의 사회참가를 촉진하기 위해 적극적인 재정적 · 법적 원조를 한다. 언어적 · 문화적으로 열세에 있는 것을 극복하기 위해 공적 영역에서도 다언어방송이나 다언어문서가 사용되고, 다언어 및 다문화교육이 행해진다. 사적 영역에서도 소수민족학교나 단체에 대한 정부의 원조가 확대되는 바, 사회참가의 수단적 의미보다는 소수민족의 언어와 문화의 영속성을 보장하기 위한 것으로 인정된다. 소수민족공동체는 법인격을 부여받고 정부의 원조대상이 된다.

결과의 평등을 위해 취직이나 교육과 관련하여 적극적 차별시정조치 (affirmative action)가 실시되고, 소수자의 인구비례에 따른 쿼터제가 도입되기도 한다. 또한 공적기관에서 언어에 따른 차별 또는 불이익이 발생하지 않도록 통역이나 다언어 직원의 배치를 법적으로 강제하고, 국적을 취득하지 않는 정주자에 대해서도 공무원 등용이나 지방선거에의 참여를 인정하기도 한다.

이러한 제도화의 과정은 자칫하면 사회적 갈등을 초래할 수 있기 때문에, 국민 전체에 대한 교육과 홍보활동이 매우 중요시된다. 적극적 조치와 쿼터제는 소수민족의 입장에서는 평등과 인권보장 등의 사유로 정당화될 수 있을지라도, 다수민족의 입장에서는 역차별로 여겨 부당한 것으로 평가될 수 있기 때문이다. 이 유형에서는 민족정당의 형성이나 지역적 집단거주를 배제하지 않기 때문에 '구조적 다문화주의'라고도 한다.

3) 급진적 다문화주의

급진적 다문화주의는 다민족 다문화사회에 살면서 주류사회의 문화, 언어, 규범, 가치, 생활양식 등을 부정하고 독자적인 생활방식이나 생활을 추구하는 것을 말한다. 결과의 평등을 추구하는 조합적 다문화주의 사회에서도 공적 · 사적 영역을 불문하고 언어, 문화, 생활양식 등이 실질적으로 평등하게 다루어지는 사회는 좀처럼 어렵기 때문에, 소수문화, 소수언어를 가진 집단은 불만을 가지기 쉽다. 이러한 집단이 민권운동 등을 통해 차별을 시정하여 실질적인 평등을 추구하기도 하나, 이와 달리 분리주의를 채택할 수도 있는데, 이러한 사유로 '분단적 다문화주의'라고도 한다.

대표적으로 미국에서 흑인과 원주민에 의한 격리주의 운동이다. 흑인격리주의자들은 흑인의 역사를 백인이 가르치는 것을 부정하고, 흑인에 대해서는 흑인밖에 모른다는 시각으로 분열적이고 격리적인 소수민족집단의 형성을 주장하여 주류국민으로부터 반발을 사기도 한다.

급진적 다문화주의는 실제로 소수민족에 의한 일문화주의나 전통문화주의를 의미한다. 따라서, 국가적 독립보다는 문화적 독립을 추구하는 경향이 있다. 그러나 독자적인 문화독립은 국가형태의 독립을 추구하는 국가독립운동으로 전환될 가능성이 높다는 특징이 있다.

4) 연방제적 다문화주의

소수민족집단을 지역적으로 구분하여 자치성을 인정하는 것을 연방제적 다문화주의라고 한다. 이는 지역마다 문화, 언어, 생활양식이 비슷하여 인종, 민족 등의 의식이 강할 경우, 각 지역이 각각의 문화, 언어, 사회관습을 독자적으로 유지토록 하는 것이다. 연방제적 다문화주의는 형식상 정치적 법적 권리가 동등하며, 연방의회 의원의 수도 인구에 비례한다. 그러나 다수결이라는 의사결정 방법이 적용되어 소수민족집단에게 불리하기 때문에 결정에 있어서 타협을 중시하는 다극공존형 민주주의(consociational democracy)가 이용되기도 한다.

각 소수민족집단이 연방이나 연합을 결성하는 것은, 경제적 효율성과 대외적 위협에 대항을 위해서이다. 그러나 각 집단 간의 경제적·정치적 격차가 큰 경우에는 구 소련, 구 체코슬로바키아, 구 유고슬라비아 등에서 보는 바와 같이 관계가 악화되어 분열되는 경우도 있다. 이러한 것을 막기 위해서는 지도자의 리더십, 각 소수민족의 발전차별성, 정치적·경제적 격차 시정 등이 요청되며, 문화의 평등성을 엄격히 준수해야 한다.

1993년 벨기에는 연방제 다문화주의를 채택하여 단일국가에서 연방국가로 전환하였다. 북부의 네덜란드어 지역과 남부의 프랑스어 지역의 대립을 해소하고 국가분열을 방지하기 위해 중앙정부는 외교와 안보의 권한을 갖고 나머지는 양 지방정부에 권한을 분할한 것이다. 이처럼 연방제 다문화주의는 다양한 민족의 자립을 통해서 통합을 추구한다.

조합적 다문화주의가 혼주형 다문화사회에 있어서 각 민족 간의 불평등을 해소하고 통합하는 수단이라면, 연방제는 지역편주형 다문화사회에 있어서의 통합방법이라 할 수 있다. 또한 연방제까지는 아니더라도, 지역분권을 강화하여 불평등을 해소하고 통합을 이루려고 하는 경우도 있는 바, 이러한 경우를 '지역분권적 다문화주의'라고도 한다.

5) 다문화주의의 사회통합

다문화주의의 이상적 유형은 사회통합이다. 그 이유는 다문화사회의 최우선 과제는 사회통합이기 때문이다. 사회통합이 이루어졌을 때 다양한 문화의 창의성과 개방성 등으로 국가발전에 기여하게 된다. 사회통합이란 서로의 차이는 인정하되 차별하지 않는 것을 전제로 한다. 통합이란 다른 것들이 서로 상호작용을 하여 '서로 응집된 전체'를 이루는 것이다. 통합은 통일과 달리 서로가 주체가 되어 서로의 정체성을 유지하는 것이다. 따라서, 사회통합이란 인종, 민족, 문화적 배경이 다른 구성원들이 서로를 차별하지 않고, 차이(다름)를 인정하며, 공동체에 대한 소속감을 갖고 공동의 비전을 공유하는 것이다. 그러기 위해서는 모든 사회구성원들에게 기회를 균등하게 부여해야 한다. 예컨대, 결혼이주여성들에게 일자리와 급여를 비롯하여 여러 복지혜택을 균등하게 제공하고, 언어교육을 체계적으로 제공하여, 본인의 의사를 표현할 수 있는 소통의 기회를 균등하게 제공해야 한다. 그뿐만 아니라, 결혼이주여성들에게 정치적 권리를 균등하게 제공해야 하는데, 이는 곧 시민권의 부여이다. 즉, 선거권과 피선거권을 균등하게 제공함으로써 그 공동체의 당당한 시민으로 살아가도록 하는 것이다.

결국 가장 이상적인 다문화정책은 사회통합하여 건전하고 상생발전하는 공동체를 이루어 나가는 것인데, 이에 대해 다문화사회 통합정책의 목적은 네 가지가 있다.

첫째, 이민자 스스로의 개인적 · 경제적 · 사회적 가능성을 실현할 수 있도록 용인한다.

둘째, 이민자에 대한 인권보호의 보장이다.

셋째, 국가의 안전에 기여할 수 있도록 소외와 배제를 축소한다.

넷째, 사회적 응집과 조화의 구축과 유지이다.

3 다문화주의 정책 모형

현재 한국사회에서 다문화주의 정책이란 용어는 세 가지의 의미로 사용되고 있는데, 그 내용은 다음과 같다.

첫째, 외국인의 국내 이주 및 사회통합을 위한 외국인 정책이다.

둘째, 다문화가족지원과 사회통합을 위한 다문화가족지원정책으로, 흔히 통용되는 용어이다.

셋째, 이민자 대처방식 및 정책 발효로서, 차별적 배제 모형, 동화모형과 구별되는 다문화주의 모형이다.

『이주시대』
(2020)

드 하스(de Hass) 등은 2003년 그들의 저서 『이주시대: 현대 세계 인구이동(*The Age of Migration: International Population Movements in the Modern World*)』

에서 다문화정책 모형을 제시하고 있다.

1) 차별적 배제 모형

차별적 배제 모형과 동화주의 모형은 문화적인 단일성을 중시하는 모델이다. 그중에서도 차별적 배제 모형(difference exclusionary model)은 특정 국가의 국민이나 특정 직업인, 특정 기술인, 자국에 일정 정도 이상의 자본을 투자하려는 외국인 또는 이민자 등 엄격한 조건을 통과한 사람에게만 차별적으로 유입을 허가해 주는 배타적인 외국인 이민정책이다.

차별적 배제 모형의 정책을 실행하는 국가들은 장기체류를 원하거나 영주권을 취득하려는 이민자들은 받아들이지 않으며, 3D 업종처럼 자국 내에서 충당하기 어려운 업종에 한하여 단기취업자로 한시적인 유입을 허가한다. 또한 이주민들을 정착시키기 위한 다문화정책을 거의 실행하지 않을 뿐만 아니라, 이주민들에게 복지혜택, 국적 획득, 정치참여의 기회를 주지도 않는다.

대표적으로 스위스, 벨기에, 독일 등이 차별적 배제 모형을 실행하고 있다. 또한 1960년대 독일에서 실행했던 게스트워커(Guest Worker) 제도와 2004년 8월부터 시행된 한국의 고용허가제가 대표적인 차별적 배제 모형 정책이다. 현재 미국에서도 게스트워커 제도가 실행되고 있는데, 매년 12만 명이 게스트워커 자격을 허락받아 3개월에서 9개월 동안 머무는 한시적인 취업자로 유입되고 있다. 이들은 주로 농장과 호텔에서 전문적인 기술을 필요로 하지 않는 단순노동을 한다.

2) 동화주의 모형

동화주의 모형(assimilationist model)이란 이질적인 문화를 가진 이주민 또는 소수집단들이 유입되어 사회적인 구심력이 약화되면 공동체가 와해될 것을 우려하여, 이주민 또는 소수집단이 가진 문화를 주류문화에 일방적으로 흡수시키려는 사회통합정책을 말한다.

동화주의 모형을 실행하는 국가는 이주민과 소수집단의 다양성을 인정하면 불필요한 사회적 갈등이 생기는 계기가 될 것이라고 우려하여, 이주민과 소수집단의 정체성과 문화적 다양성을 고려하지 않는다. 이주민에게 자국민과 같은 국적과 시민권을 허용해 주는 대가로, 이주민의 언어, 문화, 사회적 특성 등의 정체성을 포기하도록 요구하여, 주류사회의 일원으로 편입시키려 한다. 이를 위해 주류사회의 언어와 관습 및 문화를 배우도록 권면하며, 학습의 기회를 준다.

1960년대까지 미국이 표방했던 '용광로(Melting Pot) 정책'이 대표적인 동화주의 모형 정책이다. 이들은 미국사회를 거대한 용광로에 비유하고, 수많은 이민자를 철광석에 비유했다. 여러 가지 철광석들이 거대한 용광로 안에서 정체성을 잃고 하나의 쇳물로 녹아버리듯이, 수많은 이민자들이 미국에 정착하려면 자기들의 정체성을 포기하고 미국사회에 동화될 것을 요구 받았다.

프랑스는 초기에 이주노동자들을 유입할 때도 동화주의정책을 실행했다. 즉, "누구나 동의할 수 있는 단일하거나 절대 보편적인 가치 및 행위의 준거 기준이 있다."는 명제를 기반으로 하는 프랑스의 공화주의 이념을 수용하는 것을 전제로, 주류사회의 구성원들과 차이를 두지 않는 동화주의 모형 정책을 실행했다.

3) 다문화주의 모형

다문화주의는 모든 사람의 문화다양성을 인정하여, 한 사회 내의 다양한 구성원들의 권리와 기회를 평등하게 인정하며 함께 공존하려고 하는 이념체계 및 정책이다. 이러한 '다문화주의'를 다양한 음식의 재료들이 어우러져 맛있는 하나의 샐러드가 되는 것에 비유하여 '샐러드 볼(Salad Bowl) 모형'이라고도 한다.

다문화주의는 지배문화와 종속문화를 구분하여 차별하는 것을 거부하며, 집단 간의 문화적인 차이를 의미 있게 생각하여 존중하고 보존하려 한다. 이는 국가나 민족적인 다양성뿐 아니라, 집단 내 소수자들의 다양한 문화와 권리를 인정하는 것까지도 포함한다.

4) 이민자 적응방식 유형

이주민들이 기존 사회에 적응하는 방식에 따라 두 가지 기준을 바탕으로 네 가지 유형으로 분류하고 있다(Berry, 1997).

첫 번째 기준은 수용성이다. 즉, 어떤 이주민집단이 기존 사회와의 접촉이나 관계 유지에 대해 긍정적인가 또는 부정적인가로 나누는 것이다.

두 번째 기준은 정체성 유지와 관련된다. 즉, 이주민 집단의 구성원들이 자신들의 정체성과 특징을 유지하는 데 적극적인가 소극적인가에 따라 적응방식을 구분하고 있다.

위와 같은 기준들을 바탕으로 이주민들이 적응하는 방식을 동화(assimilation), 분리(separation), 통합(integration), 주변화(margination)로 구분하였다(Berry, 1997).

동화는 이주민들이 자신들이 가진 고유한 문화적 정체성과 특성을 유지하는 데 적극적이지 않으면서, 기존 문화를 수용하는 것에는 적극적인 태도를 갖는 것을 말한다.

분리는 이주민들이 기존 문화를 수용하고 접촉하는 것에는 소극적이면서, 자신들이 가진 고유한 문화적 정체성과 특성을 유지하는 것에는 강한 집착을 갖고 있는 경우이다.

통합은 이주민들이 자신들이 가진 고유한 문화적 정체성과 특성을 유지에 적극적이면서도, 기존 문화를 적극적으로 수용하고 접촉하는 경우이다.

주변화는 이주민들이 자신들이 가진 고유한 문화적 정체성과 특성을 유지하는 것에 소극적일 뿐만 아니라, 기존 문화를 수용하고 접촉하는 것에도 소극적인 경우이다.

이러한 구분을 바탕으로 기존의 주류사회(국가)가 사회의 한 부분으로 새롭게 구성된 이민자 사회를 어떤 방식으로 수용하느냐 하는 문제에 대해서 '사회통합(social integration)'이라는 정책적 차원에서 논의가 이루어지고 있다, 여기에서 사회통합이란 비통합적인 상태에 있는 사회 내 집단이나 개인들이 서로 적응함으로써 단일한 집합체로 통합되어가는 과정을 말한다. 이러한 사회통합은 사회적인 갈등을 제어하고 사회적 합의를 창출하는 동시에, 사회의 내적 결속력을 높이는 기능을 담당하게 된다.

4 다문화주의 논쟁과 방향

한국사회에서 다문화주의의 담론과 실천의 실태와 과제는 다음과 같다 (구정화, 2018: 32-38).

1) 문제제기

다문화주의가 다문화사회에 있어서 문화의 다양성을 인정하고, 불평등을 해소하며, 국가통합을 이루는 이론으로 각광을 받은 것은 사실이나, 이에 대한 비판이나 도전도 만만치 않다. 다문화주의는 초기에 정치적으로는 배제와 동화에 대한 도덕적 · 사회적 · 정치적 저항, 사회적으로는 세계화가 초래한 새로운 갈등의 해소, 인식론적으로는 근대의 획일성에 대한 비판이라는 규범적 당위성을 부여받았으나, 지금은 기존의 다문화주의에 적대적이었던 보수진영뿐만 아니라, 다문화주의에 우호적이었던 여러 진영으로부터도 비판이 제기되고 있다. 구체적으로, 개인주의의 극복과 공동체문화의 복원이라고 환영했던 시민적 공화주의 또는 공동체주의자들은 다문화주의를 시민적 덕성의 추락이라는 점에서 비판하고 있고, 소외된 계층의 목소리를 대변한다는 의미에서 다문화주의를 지지했던 사회민주주의자들은 다문화주의가 부의 재분배라는 좀 더 본질적인 정치사회적 과제를 도외시한 채 문화라는 추상적이고 심리적인 인정에만 주력한다고 지적하고 있다.

다문화주의에 대한 이러한 비판들을 이해부족이라든지, 지배문화의 영속을 도모하는 것으로 치부한다든지, 민족주의 또는 단일민족문화에서 벗어나지 못한 국가주의적 사고방식으로 시대사적 추세에 반하는 것이라고 단정하는 것 등은 옳지 않다. 이는 현재 논의되고 있는 다문화주의가 국가 또는 사회의 다양한 현실에 따라 달리 이해될 수도 있고, 상기한 바와 같이 그 유형이 다양하며, 지배문화와 소수문화를 하나로 결합하려는 유일한 것일 수도 없기 때문이다. 실제로 비교적 오랫동안 다인종·다민족 국가로 여겨진 서구사회에서는 이를 국민통합정책 또는 이념으로 간주하나, 동유럽 및 신생독립국가 등에서는 분리주의로 여기는 경향이 있다.

다문화주의에 대한 비판은 다음과 같다(구정화 외, 2018: 30-31).

첫째, 다문화주의는 사회적 연대를 해치고 분열과 갈등을 조장한다는 지적이다. 이것은 주로 토착주의(nativism)와 보수적 자유주의자들의 주장이다. 즉, 문화적 다양성에 대한 요구로 인해 미국의 정체성과 신조가 훼손되고 사회의 근간이 파괴될 수 있다고 보면서 반이민정책을 주장하기도 하였다. 한편, 온건한 자유주의자들도 이민자들에게서 기존의 미국시민이 발휘하고 있던 시민적 덕성(civic virtue)을 기대할 수 없다고 보고, 공공의 이익보다 소수집단의 이익을 관철시키려는 다문화주의의 시도는 타당하지 않다고 주장한다.

둘째, 소수집단 내에서 통용되는 비자유주의적 문화를 용인하면, 그 소수집단에 속한 개인의 인격이 침해될 수 있다. 다문화주의는 소수집단의 문화적 차이와 특수성을 허용해 달라는 요구의 근거가 될 수 있다. 그런데 그렇게 특수성을 인정하다 보면, 인권 침해적인 문화에 대해서도 허용해야 하는 경우가 생기고, 그 때문에 그 소수집단 내 약자들(여성, 어린이 등)이 피해를 볼 수 있다는 것이 이러한 비판의 핵심이다.

셋째, 다문화주의는 재분배의 문제에 무관심하다는 지적이다. 그래서 사회적·경제적 불평등이 심화되는 것을 막지 못한다. 이주민들이 대체로 저임금 직종, 비인기 직종에 많이 종사하고 있기 때문에, 직종별 고용구조가 고착화되고 이주민 계층의 빈곤화가 확산되고 있는데, 다문화주의는 민족집단의 문화적 유산에 대한 인정을 강조하여 계급의 의미, 분배의 문제에는 소홀하게 되었다. 그 예로, 캐나다의 다문화주의와는 다르게, 유럽 일부

국가의 다문화주의가 사회적·경제적 통합을 이루기보다는 분리주의와 게토화(ghettoization)를 조장하고 있다. 즉, 계급, 부의 재분배 등의 현실적 문제를 외면한 채 문화라는 추상적이고 심리적인 것의 인정에만 주력하는 다문화주의는 인종갈등과 빈곤 등 경제적·정치적 불평등을 근본적으로 해결하기 어렵다.

2) 논쟁점

(1) 한국사회 다문화주의의 전개 특징

한국사회는 단일문화주의(monoculturalism)에 대한 미련을 버리지 못하고 있다. 한국사회에서 나타나고 있는 다문화현상에 대한 처방으로 동화주의를 취해야 한다는 목소리도 결코 적지 않다. 현재 국내에 거주하는 외국인의 비율은 높은 수준이 아니므로, 다양성을 단일성으로 융화시켜 나가는 단일문화주의가 더 적합하다는 것이다. 또한 다문화주의 정책에는 복지, 교육 등에 많은 비용이 들어가므로 경제논리로 볼 때도 단일문화주의가 더 적합하다고 보는 것이다. 이에 따라, 다문화교육도 소수자를 대상으로 하여 한국 주류문화에 동화될 수 있도록 하는 과정으로 충분하다고 본다(김용신, 2009: 17).

한국사회에서 다문화주의 담론에 장애가 되는 요소는 다음과 같다.

첫째, 한국인들의 강한 집단주의이다. 일반적으로 자신의 소속집단이 어디냐에 따라서, 정체성이 형성되는데, 오랫동안 지녀 온 한국 내 다수자 집단의 구성원으로서의 지위를 계속 의식한다.

둘째, 내집단과 외집단을 엄격하게 구분하는 경향이 있다. 한국인들은 개인적으로 성격이 좋고 나쁘고를 떠나서 내집단끼리는 때로는 '가족'에 가까운 친밀성을 보이지만, 외집단에는 무관심하거나 적대적인 대응을 경우가 많다.

셋째, 고정관념에 의한 차별에 민감하지 못한 특성이 있다. 한국인들은, 이미 형성되어 있는 고정관념에 취약하여 어떤 고정관념이 과연 그러한가를 따지려고 하기보다는 수용하는 측면이 강하다는 것이다.

넷째, 소수자에 대해 부정적으로 평가하는 경향이 있다. 한국인들은, 특히 외부에서 유입된 소수자를 특별하게 또는 위험하게 생각하고 분리하는 측면이 있다.

(2) 다문화주의와 자문화중심주의의 공존

국제이주시대의 변화를 반영하여 한국사회에서도 다문화주의가 논의되고 있지만, 그와 함께 자문화중심주의도 견지되고 있다. 그 내용은 다음과 같다(양근숙 외, 2024: 62-63).

첫째, 이주자들을 '진정한 한국인'으로 만들려는 움직임을 들 수 있다. 이러한 시각에서는 이주자들을 가르침의 대상, 포용의 대상, 동정의 대상으로 본다.

둘째, 문명적 차별의식이 있다. 한국의 다문화주의를 가로막는 요인으로 순혈주의보다 문화적 우월주의가 더 크게 작동한다.

셋째, 집단조명효과가 있다. 지구촌 곳곳에서 활약하는 한국인이나 한국계의 활약상에 대해 지나친 민족주의, 지나친 국가주의적 시각에서 다룬다.

(3) 정부 주도형 다문화주의

한국의 다문화주의는 정부 주도형이다. 그리고 이것은 과거 방식에 비해 좀 더 세련된 형태의 외국인 관리정책에 지나지 않는다. 또한 현재의 정부 주도형 다문화주의가 겉으로는 다문화주의지만, 실제로는 순혈주의, 가부장적인 동화정책으로 볼 수 있다. 정부가 주도하는 위로부터의 다문화주의는 법적 지위가 확실한 이주민들, 통합될 필요가 있는 이주민들을 정책의 대상으로 한정해 왔다. 그리고 이들로부터 필요한 노동력은 얻으면서도, 이들을 통합하는 데 들이는 비용은 최소화하는 정책을 추구했다. 이와 같은 정부 주도형 다문화주의가 나타난 배경은 한국사회의 급속한 저출산·고령화의 흐름과 무관하지 않다. 즉, 경제활동인구가 부양해야 할 고령인구는 늘어나는데 경제활동인구로 성장할 어린이와 청소년의 수가 줄어들고 있기 때문에, 정부 입장에서는 경제적·전략적 차원에서 이주민들을 수용하되 한국사회 속으로의 통합을 추진하고자 하는 것이다.

(4) 이주자 중심 다문화주의 담론

한국사회에서 논의되는 다문화 관련 논쟁들이 다문화주의의 철학·이론·개념 등에 관한 진지한 분석 없이 다문화사회로의 전환을 하나의 당위로 받아들인 채 결혼이민자로 그 주요 범주를 한정하여 사회통합방법론 차원에서 형성되고 있다. 실제로 한국에서 다문화주의 관련 논문은 2000년대를 전후하여 간헐적으로 등장하였고, 2006년 무렵 이후부터는 다문화 정책도 급증하고 있지만, 그 대상은 대체로 결혼이민자에 국한되어 있는 경우가 많다. 한국사회에서는 장애인, 성 소수자, 빈곤층 등에 대해서는 다문화적 접근을 취하지 못하고, 주로 인권과 산업적·경제적 측면에서 이주민에게만 다문화적 접근을 시도해 온 것이다.

(5) '압축적 다문화' 현상으로 인한 다문화주의의 역할 미흡

한국사회는 압축적 근대화, 압축적 민주화 과정을 거친 것으로 평가된다. 그리고 최근의 저출산·고령화 현상은 압축적 고령화로 가고 있음을 보여 주기도 한다. 다문화현상도 이와 같은 전철을 밟을 것으로 우려된다.

한국사회에서 다문화주의가 널리 확산되지 못한 이유 중 하나는 기본적으로 다문화사회에 대한 경험이 짧기 때문이다. 한국사회는 최근에야 비로소 인종, 민족, 문화 등으로 인한 차별과 갈등을 본격적으로 경험하고 있다. 또한 이주자들의 문제도 대체로 법적·경제적 문제에 보다 관련이 깊었고, 생활양식으로서의 문화, 그리고 문화정체성과는 다소 거리가 있다.

이와 같이 한국사회에서는 '다문화주의'에 대한 풍부한 논의가 선행되지 못한 상태에서 다문화정책이나 다문화교육과 관련한 구체적 처방이 먼저 제시되어 온 측면이 강하다. 이에 따라, 다문화현상을 적극적으로 규정하고 '견인'하기보다는 사후적으로 정당화하고 '설명'하는 데 활용되는 경우가 많다. 또한 다문화현상에 대한 경험이 짧기 때문에, 한국사회의 이행단계에 맞는 다문화사회 및 다문화주의 담론을 충분히 구축하지 못한 측면이 있다. 따라서, 캐나다, 미국, 호주 등 역사와 맥락이 다른 나라의 다문화 정책이나 교육 등을 모방하려고 하기도 하지만, 중간단계의 고민과정, 시행착오과정이 배제된 채 최종단계의 담론과 처방만을 제시할 경우, 적합성이 떨어질 수 있다.

3) 방향

(1) 다문화주의의 범주 확산과 수준 제고 필요

문화적 차별은 단지 인종, 민족 등의 차이에만 기반을 두고 있는 것이 아니라, 성적 취향, 신체적 차이, 소득의 차이 등에서도 기인할 수 있다. 그런데 현재 한국사회에서 그러한 부분은 대체로 간과되고 있다. '소수자'로는 보지만, '문화적 소수자'로는 보지 않는 것이다. 장기적으로 볼 때, 앞으로의 다문화주의 담론에서는 이러한 범주를 포함하여 논의할 필요가 있다. 특히, 문화적 소수자가 경제적 소수자, 정치적 소수자, 신체적 약자 등으로 전이되어 나타나는 경향이 있기 때문에, 이와 같은 방식의 논의는 한국사회의 다문화적 현실의 복잡성을 보다 적실하게 다루는 데 기여할 것으로 예상된다.

한편, 이와 같은 다문화주의 담론의 영역 확장과 함께 담론의 수준을 높이는 노력이 필요하다. 즉, 다문화사회와 다문화주의 담론을 소개하는 것 자체가 중요한 것이 아니라, 한국사회는 과연 어떤 다문화주의를 만들어 갈 것이냐에 대한 고민이 필요하다. 이제는 문화주의와 관련된 논의를 노동권, 자유, 삶의 권력 등과 관련하여 더욱 깊이 있게 심화시켜 나가야 할 필요가 있다.

이러한 노력은 곧 한국사회 현실에 맞는 진정한 다문화주의 담론과 실천 수준을 담보해내야 한다는 것, 그리고 담론과 실천의 수준이 서로 일치해야 한다는 것을 의미한다. 다문화주의 담론과 동화주의적 실천, 문화상대주의적 주장과 자문화중심주의적 실천이 뒤섞여 있는 한국의 현실을 보다 논리적으로 정리할 필요가 있다. 향후 지향해야 할 다문화주의는 어떤 다문화주의이며, 과연 누구를 위한 다문화주의인지를 끝없이 성찰하고 수정해야 한다.

(2) 시민이 주도하는 다문화주의 확산 필요

한국사회와 같이 국가주의 전통이 강한 사회에서 다문화주의 정책이 국가 주도로만 진행된다면, 결국 다수의 전제 가능성, 사회적 소수의견에 대한 억압 가능성이 있다. 따라서, 그러한 우려를 해소하고 사회적 소수자의 인권을 보호하기 위해서는 시민사회가 주도하는 다문화주의 역시 또 하나의 축으로서 자리를 잡아야 한다.

기존의 정부 주도형 다문화주의에 대칭되는 것으로, 시민 주도형 다문화주의 모델을 제안할 필요가 있다. 이러한 입장에서는 다문화주의의 주체인

원주민(기존의 한국토착민), 이주민, 소수민족집단의 관점에서 다문화주의 이념과 정책을 평가하고, 자신들의 욕구와 처지에 적합한 정책과 프로그램을 추구해야 한다. 한국에서는 그동안 화교, 이주노동자, 결혼이민자, 혼혈인 등이 다문화사회의 주체이면서도 목소리를 제대로 내지 못했다. 그러한 소수자가 직접 나서기보다 그들을 지원해 온 시민단체, 종교단체 등이 시민 주도 다문화주의를 한 흐름을 형성해 왔다.

이러한 경향을 한국형 다문화주의 실천의 한 자원으로 활용하여 아래로부터의 다문화주의가 확산되는 계기로 삼는 것이 바람직하다. 궁극적으로는 이주자들이 자신의 다양한 정체성을 드러낼 때에야 비로소 한국인들이 이들과 함께 공존하고 타협하는 방식을 만들어 갈 수 있다. 이주민 등 문화적 소수자들이 의사결정에 참여할 수 있는 자원과 정치적 틀을 아래로부터의 필요를 통해 합법적인 틀 안에서 마련해야 한다.

(3) 성찰적이고 균형적인 다문화주의 담론 필요

민족주의는 한국사회에서 오랫동안 견지되어 온 것이다. 이것이 폐쇄적이고 배타적인 형태로 발휘되지 않도록, 성찰적인 민족주의가 필요하다. 반면, 국가와 민족을 초월한 다문화주의는 극단적인 보편주의 양상을 띠게 된다. 그것은 사실상 인류 전체를 동포로 바라보는 사해동포주의와 다르지 않다. 한국의 다문화주의는 그러한 사해동포주의와는 구별되는 것으로서, 현실적으로 존재하는 국가적 경계를 인정한다. 이에 따라, 한국사회는 성찰적 민족주의와 국가를 활용하는 다문화주의를 지향할 필요가 있다.

다양성 없는 단일성은 억압을 낳고, 단일성 없는 다양성은 국민국가의 분열이나 붕괴를 가져올 수 있다. 다양성과 단일성은 민주적인 다문화사회에서 정교하게 균형을 이루며 공존해야 한다. 민주주의 사회에서 개인이 누리는 자유와 평등, 기회균등의 원리 등을 각각의 문화집단에 적용하고, 각

집단들은 민주주의 원리를 실천함으로써 사회의 통합과 발전에 기여한다.

이와 같이 균형을 추구하는 입장은 민주주의에 대한 기본적 헌신을 공통적으로 요구한다는 점에서 극단적 상대주의로 흐를 위험이 적다. 그리고 다수와 소수, 주류와 비주류가 수(數), 기득권, 영향력 등에 의해 구분되고 대립하는 것이 아니라, 민주적 절차에 의해 소통함으로써 형식적 차원과 실질적 차원의 형평성을 모두 추구할 수 있다.

CHAPTER 04

문화다양성

개 요

문화다양성은 여러 이론들이 혼재하고 있다. 문화다양성에 대한 논쟁은 각각의 이론들이 사례를 통한 정통성을 확보하고 있어서 객관적으로 판단하기란 결코 쉽지 않다. 여기에서는 문화다양성을 학습하고자 한다.

학습목표

1. 문화다양성 이론 연구
2. 각 이론 비교 연구
3. 각 이론에 대한 사례연구

학습내용

1. 문화다양성의 개념
2. 문화다양성 수용 이론
3. 문화 평가 태도
4. 문화 이해 관점
5. 이데올로기 비교 관점

1 문화다양성의 개념

1) 문화다양성의 정의

문화다양성의 개념은 인류학 분야에서 잘 알려진 개념으로서, 여러 다양한 문화가 존재한다는 의미를 넘어 다양한 사회문화적 맥락에 따라 여러 가지 다른 뜻으로 사용되고 있다. 문화다양성은 영어로 cultural diversity 또는 multiculturalism 등으로 표기된다(이종열 외, 2013: 39 재인용). 『표준국어대사전』에 따르면, 다양성은 모양, 빛깔, 형태, 양식 따위가 여러 가지로 많은 특성이라는 의미를 지닌 명사이다. 문화 역시 의식주, 언어, 관습, 성별, 능력, 종교 등의 다양한 요소를 지니는 특성이 있다. 즉, 문화란 사회구성원들과 문화의 요소 간의 상호작용을 통하여 이루어지며 변화하는 것으로, 사회구성원의 행동양식과 생활양식인 의식주, 언어, 풍습, 종교, 학문, 예술, 규범 등 다양한 특성을 지닌다. 문화다양성은 이슈와 관련하여 '문화다양성 국제협약' 등의 형식으로 논의가 국제적으로 이루어지고 있지만, 명확한 정의가 내려져 있지 않다(이현숙 · 김영애, 2023: 8).

'문화다양성'이라는 용어는 1986~1993년 GATT(General Agreement on Tariffs and Trade, 관세 및 무역에 관한 일반 협정)의 우루과이라운드(Uruguay Round) 협상을 통해 만들어진 '문화적 예외'에서 시작되었다. 이는 다양한 의미의 문화를 보호하는 것이 목적이 아니라, 문화세계화가 초래할 수 있는 위협에 대처할 수 있는 장치에 치중하고 있음을 의미하는 것으로, 문화다양성이 글로벌화 되어 가는 사회환경의 흐름 속에서 나타나게 되었다. 그러나 문화다양성은 생물의 다양성을 위해 보호정책이 필요한 것처럼 문화적 생태계도 보호되어야 할 가치이며, 소수문화가 존중받아야 함을 강조하여 문화적 예외를 뛰어넘는 폭넓은 개념으로 정의할 수 있다(천정웅 외, 2015: 23).

따라서, 문화다양성이라는 개념은 생태학 분야의 '생물다양성'에서 비롯된 것으로, 생태계 내 생명체들의 특성이 다양하듯이, 인간사회는 생명다양성 개념을 넘어 문화 및 언어 다양성을 포함한다.

문화다양성의 상이한 개념적 정의에도 불구하고, 유네스코는 '문화다양성 선언'에서 문화다양성을 인류 공동의 유산이자 현재와 미래 세대를 위한 혜택으로 인식할 것을 채택하였으며, 문화다양성을 보호하기 위해 현실적으로 기능할 수 있는 규제나 제도를 마련해야 함을 강조하고자 하는 노력을 통해 2005년 '문화다양성협약'이 체결되었다. 이 협약의 3장 4조에 명시된 문화다양성은 집단과 사회의 문화가 표현되는 다양한 방식을 말하며, 집단 및 사회의 내부 또는 사회 상호 간에 전해지는 것으로 정의된다(이수진, 2019: 15).

세계 문화정책 네트워크(International Network on Cultural Policy, INCP)가 규정하는 문화다양성의 개념은 다음과 같다. 이에 따르면, 문화다양성이란 지구상에 공존하는 문화들의 상호작용과 다중성을 반영하며, 그 문화는 인류 공통 유산의 한 부분이 된다. 문화다양성은 한편으로는 현존하는 문화를 보존하고 진흥하는 것과 연관되어 있으며, 다른 한편으로는 다른 문화에 대한 개방과 연관되어 있다. 따라서, 문화다양성이란 하나의 사회, 민족, 집단 등이 가지는 문화 자체의 존재와 타 문화와의 접촉과 상호작용을 통해 전개되는 모든 것을 포함하는 개념으로 이해되어야 한다.

문화다양성은 민족, 성, 계급, 젠더, 종교, 장애 등에 기초한 구조적 차별과 사회경제적 구분 짓기를 줄이려는 접근이다. 한편, 다양성 그 자체의 개념은 가치중립적이며, 생물학적인 개념이다. 하지만 사회문화적 관점에서 보면, 문화다양성은 결코 가치중립적인 개념이 아니기 때문에, 특수한 정치적·문화적·관계적 맥락에서 검토될 필요가 있다. 즉, 문화다양성은 문화적 특수성을 인정하고 보호하며 존중하는 동시에, 문화적 특수성에서 비롯된 가치들을 긍정하고 증진하는 것이다.

2) 문화다양성의 필요성

문화다양성은 다인종으로 인한 다문화사회화현상을 다루는 것에 국한되지 않고, 언어, 성, 인종, 민족, 계급 등과 사회에서 개인의 정체성까지 아우르는 본질적인 접근이다. 또한 그 사회 내에 다양한 권리 주체들의 의사표현이 얼마나 자유롭게 이루어지며, 이러한 의사표현에 기반하여 자신의 정체성이나 타인의 정체성에 대해 얼마나 개방된 태도를 견지하고 있는지, 그리고 이러한 의사표현수단이 얼마나 광범위하게 제공되고 있는지와 밀접하게 관련된다. 사회적으로 가장 '주변화되어' 있는 계층의 문화적 권리가 얼마나 보장되고 있는가는 그 사회의 문화다양성이 얼마나 보장되고 확보되고 있는가를 가늠하는 중요한 척도로 작용하기 때문이다.

이러한 측면에서 문화다양성은 보편적 인권을 실현하고 사회통합을 강화하기 때문에, 문화다양성에 대한 국가적인 관심이 필요하며, 문화다양성을 보호하고 증진하기 위한 방법의 하나로 교육이 있다. '문화다양성협약'의 제4장 10조 '교육과 공공인식'을 살펴보면, 문화다양성 이해와 증진을 위한 교육프로그램의 협력이 명시되어 있다. 한국은 문화다양성협약의 비준국이므로 문화다양성 증진을 위한 교육을 시행할 의무가 있다. 이를 통해, 교육현장에서 학생들의 문화다양성 역량을 증진하기 위하여 문화다양성 교육이 필수적임을 알 수 있다.

한국사회에서 '문화다양성'은 사회통합에 필요한 용어로 부상하고 있다. 이는 '다문화'라는 용어가 가지는 부정적 의미 때문이다. 한국사회는 처음부터 '다문화'라는 용어를 문화다양성의 차원에서 사용하지 않았다. 즉, 다문화란 용어를 개발도상국 결혼이주여성들에 대한 복지 측면에서 주로 사용하게끔 한정시켰다. 이질적 문화로 인한 한국사회 혼란을 사회통합으로 이끌지 못하는 잘못을 행정당국이 스스로 만들어버리는 결과를 초래하였다. 다문화와 관련한 용어와 개념들이 무분별하게 사용되고 있으며, 대개 다문화는 다민족·다인종적 문화와 여러 개의 다양한 문화로 개념을 혼용하여 쓴다는 지적이 많다. 그래서 '다문화'라는 용어가 가지고 복잡성과 한계성, 심지어 천박성 등을 지적하여 '문화다양성'으로 표기하기도 하며, 학문적으로는 문화다양성이 다문화와 차별화되어 쓰이고 있다. 즉, 다문화를 대체할 용어의 필요성이 점차 증대되고 있다. 보건복지부는 북한이탈주민은 다문화가족이 아니라는 유권해석을 내린 바 있다. 따라서, 이제 다문화라는 용어는 한정해서 쓰도록 하고, 문화다양성이라는 용어는 다문화를 포함하는 광범위하게 포괄적으로 일상생활에서 사용해야 한다.

3) 문화다양성의 요소

인류가 자신의 생존과 발전의 원리로써의 다양성에 관심을 두게 된 것은 최근의 일이다.

『종의 기원』
(2019)

다윈(Charles Robert Darwin, 1809~1882)은 1895년 그의 저서 『종의 기원(*On the Origin of Species*)』에서 '다양성'을 생물이 적응하고 생존하기 위해 필수불가결한 요소라고 하였다.

페이지(Scott Page)는 2008년 그의 저서 『차이점: 다양성의 힘이 더 나은 그룹, 회사, 학교 및 사회를 만드는 방법(*The Difference. How the Power of Diversity Creates Better Groups, Firms, Schools, and Societies*)』에서 인종, 민족, 종교, 성 등에 있어서 다양한 집단들이 가지는 다양한 관점, 해석, 문제해결 방법, 예측 방식의 다양성이 문제해결과 바람직한 결과물 산출에 유리하다고 주장하였다. 또한 한 문화에서의 다양성으로 다양한 문화의 요소가 상생할 때, 그 사회는 창조적 역동성을 발휘할 수 있다. 따라서, 문화의 다양한 요소들은 그 사회의 문화적 자산을 풍부하게 해 줄 뿐더러 '다름'을 수용하며 함께 사는 것을 배우게 함으로써 사회를 성숙시킨다.

뱅크스(Banks, 2015)에 따르면, 문화다양성은 다문화 국가 안에서 살고 있는 집단들의 내부 및 집단들 간에 존재하는 인종, 문화, 민족, 언어, 종교의 광범위한 편차를 나타낸다. 또한 문화다양성의 요소들은 복잡한 양상으로 상호작용하고 있기 때문에, 상호작용성과 상호관련성이 매우 높다.

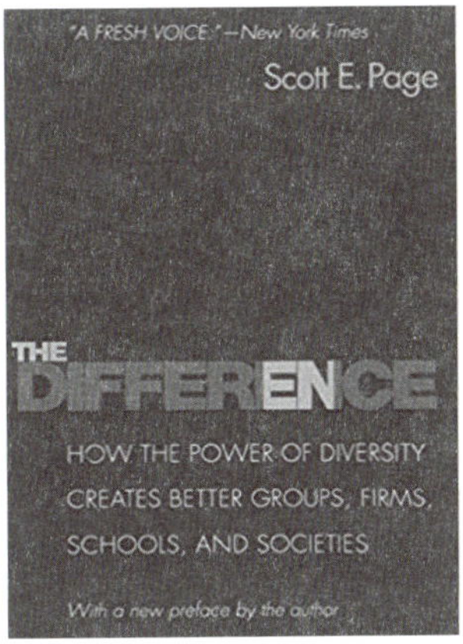

『차이점』
(2008)

문화다양성 요소들의 관계는 그림 4-1과 같다.

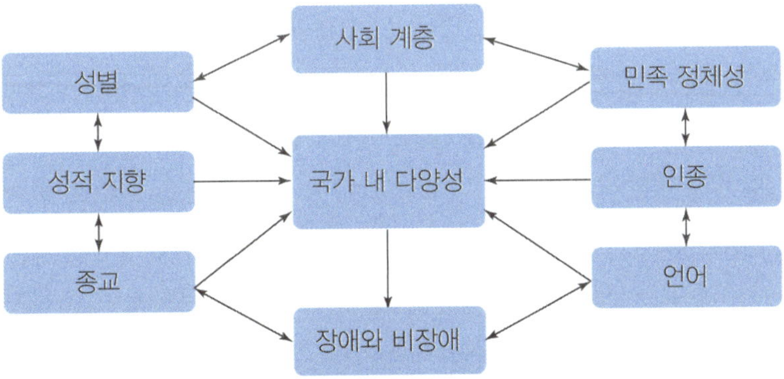

자료: Banks(2015).

그림 4-1 문화다양성 요소들의 관계

2 문화다양성 수용 이론

문화다양성을 수용하는 방식에는 다음과 같은 이론들이 있다(김진열 외, 2019: 13-18 ; 천정웅 외, 29-31).

1) 용광로 이론

용광로 이론(melting pot)은 금, 철, 구리 등 서로 다른 여러 금속을 용광로에 넣으면 모두 녹아 하나가 되는 것처럼, 이주민들이 주류사회에 녹아들 수 있을 것이라고 보는 견해이다. 즉, 사회를 거대한 용광로로 보고, 수많은 이민자를 철광석에 비유하여 그들이 사회에 정착하는 과정에서 기존 문화에 용해된다는 이론이다. 중국은 수많은 소수민족이 있지만, 국민의 대다수인 한족중심정책을 쓰면서 소수민족문화를 전체에 융화시키고 있는데, 이는 용광로 이론에 입각한 정책이라고 볼 수 있다. 이를 '중화'라고도 한다. 로마가 이탈리아반도를 통일하고 나아가 지중해를 호수로 하여 대제국을 건설한 것은, 여러 인종을 통합하고 포용하였기에 가능한 것이었다. 결국 이 이론은 서로 다른 문화를 융합해서 새로운 문화를 창조하자는 것으로 '문화동화주의'에 포함되는 이론이다.

용광로 이론은 미국 초창기 여러 민족들을 하나로 통합하고자 하였다. 용광로 이론은 명칭에서도 알 수 있듯이, 서로 다른 문화를 하나의 문화, 하나의 새로운 문화로서 합친다는 매우 이상적 이론으로 볼 수 있다. 그 결과, 외국의 이민자들은 자신들의 다양성을 포기하고 미국의 주류문화에 융해되어 새로운 미국인으로 태어나야 했으며, 다수자와 소수자를 용광로에 함께 녹여서 과거와는 다른 새로운 문화를 만들어낸다.

그러나 다양한 배경을 가진 사람들의 개인적이고 집단적인 차이가 존재하고, 차이에 의한 가치를 존중받아야 하기 때문에 용광로 이론은 더 이상 사람들의 공감을 받지 못하고 있다.

용광로 이론은 다음과 같은 문제점을 노출시켰다.

첫째, 문화적 다양성에서 오는 가치를 전혀 고려하지 않았다.

둘째, 문화를 단순히 물질로 치부하여 합칠 수 있다는 지나친 이상주의적 이론이었다.

셋째, 실질적으로 소수민족문화가 다수 민족문화에 흡수되도록 유도하는 동화주의 측면이 매우 강하였다.

용광로 이론은 비록 배타적으로 실시되었다 할지라도, 해외 이민자들의 다양한 문화를 수용하였다는 점에서 의미가 있다. 당시 미국 백인들과 식자층으로부터 인기가 있었지만, 일부 지식인들은 용광로라는 개념을 동원하여 강제적인 문화융화의 시도는 해외 이민자들의 자유 침해와 동시에 미국의 건국정신과 상반되는 것임을 지적하기도 하였다. 이들은 미국문화를 용광로식의 강제 융화주의에서 문화다원주의 또는 다문화주의로 되돌리고자 하였다.

최근에는 문화의 다양성을 존중해 여러 문화를 하나로 용해하지 않고 각각의 정체성을 유지하려는 노력이 강하다. 따라서, 이 개념은 이제 더 이상 사용되지 않고, 대신에 '샐러드 볼'이라는 용어를 사용하고 있다.

2) 모자이크 이론

모자이크 이론(Mosaic theory)은 다양한 인종이나 상호 공존하는 가운데 결합되어 한 사회의 전체 문화를 이루는 것을 핵심으로 한다. 이 과정에서 개별적인 문화는 구성요소가 되고, 이것들이 조화되면서 하나의 통합된 전체문화를 만든다. 이러한 모습들이 다양한 여러 색깔의 조각들이 붙여져서 만들어지는 다양하고 조화로운 모자이크에 비유될 수 있다. 모자이크에서 각각의 개별 조각들은 바로 해외 이주민들의 고유한 전통적 특징과 문화를 대표하는 의미로서 전체 문화에서도 그대로 유지된다. 나아가 모자이크 이론에 따르면, 해외 이주민들은 이주하여 정착한 국가에서도 모국과 지속적으로 관계를 맺을 수 있고, 기존 문화들을 계승 및 발전할 수 있는 활동을 적극적으로 수행할 수 있고, 이주국가에서도 이들의 활동을 가능하도록 다양한 정책을 제공하고 있다. 다양한 문화를 적극적으로 수용한다는 관점에서 모자이크 이론은 다문화주의, 문화다원주의, 샐러드 볼 이론과 유사한 개념으로 사용된다.

모자이크 이론은 최초로 캐나다의 기번(John Murray Gibbon)이 1938년 그의 저서 『캐나다식 모자이크(*Canadian Mosaic*)』에서 주장하였다. 기번은 미국의 용광로 이론을 미국이 이민자들의 뿌리를 없애려고 시행한 정책이라고 비판한다. 이와 대조적으로 캐나다는 일찍이 이민자들의 문화적 특성을 인정하고 더불어 살아가는 이상적 다문화사회의 모습을 제시했다.

이러한 캐나다의 다문화주의는 '모자이크 이론'의 대표 국가라고 부르게 되었다. 캐나다는 1969년 영어와 불어를 공용어로 사용하는 법을 공표하면서 프랑스 문화가 북미지역의 문화와 평등한 자격을 갖게 되었다. 1981년 캐나다 연방정부는 캐나다의 인종관계를 전담하는 기구를 설치하였고, 1982년에는 인종차별을 위헌으로 규정하였다. 1988년 의회를 통과한 다문화주의 법령은 인종과 민족에 따른 편견과 차별의 장벽을 제거함으로써 문화적 표현을 보장하는 노력으로 나타났다. 다문화주의 법령의 효과는 모든 정부 부처 및 기관들의 행정 기획에 있어서 캐나다의 다인종·다민족적인 실체를 반영하는 방향으로 표출되었다.

그러나 이 모자이크 이론 역시 비난을 받게 된다. 즉, 다양한 여러 색상의 조각들인 이민자들이 모여서 하나의 아름다운 모자이크의 완성을 이루지만, 그것 역시 그 바탕이 되는 밑그림은 서구문화를 근간으로 한다는 점에서 비판을 받고 있다.

3) 샐러드 볼 이론

샐러드 볼(Salad bowl) 이론은 샐러드를 만들 때, 여러 재료를 마요네즈에 섞어 샐러드가 되지만, 물을 부어 씻으면 그 원재료가 그대로 드러나는 것을 말한다. 즉, 용광로 이론은 이주민이 현지 문화와 전통에 동화되어 현지 방식을 따르라는 것이고, 샐러드 볼 이론은 이주하여 현지양식에 따르면서 그들 고유의 전통도 유지하는 방식을 말한다.

문화다원주의는 1915년 칼렌(H. M. Kallen)이 『네이션(*Nation*)』지에 기고했던 논문 “민주주의 대 용광로”에서 처음으로 언급되었다. 칼렌은 그의 논문에서 용광로 이론의 반대와 함께 문화적 다원주의로 민주적 이상 및 가치의 유지를 주장하였다. 다원주의자들은 용광로 이론의 경우, 모든 사람들을 융화하지 못했다고 비판한다. 즉, 인디언, 흑인, 아시아인 등 유색인종들이 미국사회에서 이방인으로서 남겨져 왔음을 지적하였다. 문화다원주의 이론은 1950년대 이후 흑인인권운동 가운데 더욱 정확하게 표출한 형태로 발전되었다. 1950년대 이후의 문화다원주의는 흑인 등 소수자가 포함되고 있다는 의미에서 그전의 다원주의와는 다른 것이며, 이를 다문화주의로의 변화로 볼 수 있다.

샐러드 볼 이론 지지자들은 다양한 문화가 긴장, 분열, 갈등의 근원이 됨과 동시에, 풍요로움의 근원이 되는 이중성을 갖고 있음에 주목한다. 갈등은 지배적 문화로부터의 다름이 배제, 불이익, 인종차별 같은 것과 연결되어 있을 때 나타나며, 문화적 다양성이 진정한 가치를 가질 때 풍요로운 사회가 된다고 설명한다. 또한 샐러드 볼 이론 지지자들은 다원주의, 참여, 평등이 중요하다고 강조한다(김진열 외, 2019: 17-18).

미국 사회학자들은 용광로라는 개념을 시대착오적인 개념으로 비판한다. 이를 대체하는 샐러드 볼 이론은 20세기 후반에 제기된 다문화교육이론으로서, 국가·민족의 경계를 허물고, 이민자들이 모국 문화와 언어를 유지하는 등 정체성을 지니고, 공존을 목적으로 하는 경우에도 적용되었다. 특히, 다문화주의는 다양한 사회구성원들이 상호 공존하고 조화로운 통합을 이루려는 샐러드 볼을 의미한다고 주장한다. 샐러드 볼 이론은 동화주의적인 용광로와는 달리, 이민자들이 모국의 문화와 언어를 유지하면서도 새로운 정주국인 미국인의 일원으로 살아가도록 하는 것이다. 이 이론은 20세기 세계화에 의하여 문화적·경제적 경계가 무너지는 상황에서 이민자들 각자의 문화를 인정하고, 그들의 정체성을 인정하는 의미를 담고 있다. 샐러드 볼은 볼 안에 각각의 재료들이 갖는 특성이 발휘되도록 존중하는 것이 사회통합을 이룬다는 비유적 표현이다.

그러나 일반적으로 샐러드는 재료를 자체 그대로 먹지 않는다. 미국 드레싱과 먹으면 미국식 샐러드가 되고, 영국 드레싱을 사용하면 영국식 샐러드가 된다. 즉, 샐러드는 각각의 정체성을 살리기보다는 어우러지는 경향이 더 강함을 의미한다.

세계는 샐러드 볼 이론을 선호하고 그런 유형으로 흘러가고 있다. 한국의 입장에서 미국의 재미교포들이 '한국의 날' 행사를 하는 것을 보면서 흐뭇하고 뿌듯한 감정을 갖는 것도 이런 유형이다.

3 문화 평가 태도

세상에 독립적인 문화는 없다고 해도 과언이 아니다. 모든 문화는 다른 문화와 접촉하게 마련이며, 세계화가 가속화될수록 문화 간의 접촉은 더욱 빈번하게 일어난다. 이때 다른 문화를 어떠한 태도와 관점으로 이해하여 문화들 간의 관계를 설정하는가에 따라 다른 문화를 가진 사람들을 대하는 태도와 정책이 달라진다. 따라서, 개인적인 차원에서뿐만 아니라, 국가적인 차원에서도 다른 문화를 대하는 태도가 갈수록 중요하게 여겨지고 있다(임신웅, 2020: 28). 다른 문화를 대하는 태도는 다음과 같다.

1) 문화절대주의

(1) 자문화중심주의

자문화중심주의(자민족중심주의, ethnocentrism)는 자신이 속한 집단의 문화가 타 문화보다 우월하다고 믿으며, 자신의 문화를 기준으로 다른 지역의 문화를 부정적인 시각으로 판단하고 폄훼하는 태도를 말한다. 15세기 이후 서구국가들은 과학기술의 발달로 마련된 장비와 무기로 장거리 세계 탐험을 하면서 만나게 된 유색인종과 그 문화를 미개하고 야만적인 열등문화로 간주하면서 자신들의 문화를 기준으로 재편을 시도하였고, 이 과정에서 집단학살이나 인권유린이 자행되기도 했다. 역사적으로 특정 사회의 문화에서 자신의 문화의 우월성을 주장하면서 타 지역에도 이를 강요하는 사례는 수없이 많았으며, 심지어 전쟁으로 연결되기도 했다. 아메리카 대륙 원주민 문화 말살, 독일의 유대인 및 집시 학살, 중동전쟁 및 발칸반도의 전쟁 등이 그 사례이다(양근숙 외, 2024: 62).

자문화중심주의는 자국문화를 가장 훌륭한 것이라고 생각하고, 자국문화와 성질을 달리하는 문화를 경시하는 태도이다. 이러한 태도에는 편견적인 가치관이 포함되어 있음은 물론이다. 이러한 시각은 '서양중심주의', '백인중심주의', '기독교중심주의'와 같이 서양문화의 우월성을 주장하면서 타 문화를 열등하거나 비합리적인 것으로 생각하는 경향이 있다. 자문화중심주의는 진화론적 관점에서 '계몽적 식민주의'로 이어지기도 한다. 서양제국주의자들은 비서양사회를 식민지로 만들 때, 그들이 비서양사회의 사람들을 계몽하고 구원한다고 주장한다. 또 식민지를 만들 때, 제국주의자들이 군대와 함께 신부를 보냈다는 사실은 이러한 인식을 잘 보여 준다. 그들은 신의 계시에 따라 먼저 계몽된 자신들이 식민지 사람들을 문명화해야 하는 '사명'을 띠었다고 주장했다. 하지만 이는 문화적 다양성을 부정하고, 다른 문화를 편견을 갖고 보는 태도이다. 이런 태도를 보여 주는 대표적인 영화로는 영국의 조페(R. Joffe) 감독이 1986년 제작한 「미션(The Mission)」이 있다(정태석 외, 2023: 205).

제2차 세계대전 종전 이전까지 문화들에 대한 태도는 주로 자문화중심주의적이었다. 따라서, 무력으로 남의 나라를 강점한 식민지 종주국들은 식민지문화를 야만문화로 보거나 저질문화로 경시하였다(현승일, 2012: 112). 오늘날은 적어도 학문의 세계에서는 더 이상 민족중심주의적 입장을 취하는 학자는 별로 없지만, 현실세계에서는 여전히 자문화중심주의적 편견이 남아 있다.

자문화중심주의의 특징은 다음과 같다(김양미, 2020: 35-36).

① 자신의 문화권에서 일어나는 일들은 자연스럽고 정상이며, 다른 나라 사람들이 보여 주는 행동은 비적절하며 틀린 행위로 생각한다.

② 자신이 속한 집단의 습관이 세계적으로 정당하다고 인식하며, 자신이 속한 집단의 것이 다른 나라 사람들에게도 최고라고 인식한다.

③ 자신이 소속된 집단의 규범, 역할, 가치관이 항상 옳다고 생각한다.

④ 같은 집단에서는 서로 도와주고 협조하는 것이 당연하다고 본다.

⑤ 같은 집단 사람들끼리 좋아하는 것을 행한다.

⑥ 같은 집단 사람들끼리 자부심을 느낀다.

⑦ 다른 집단 사람들에게는 적대감을 느낀다.

(2) 문화제국주의

극단적인 자문화중심주의의 예로 문화제국주의(cultural imperialism)를 들 수 있다. 문화제국주의는 정복, 경제적 침탈, 정치적 식민화 과정에서 다른 사회가 기존에 가진 문화를 미개한 것으로 평가절하하며 자신의 문화를 다른 사회에 강요하는 것으로, 피지배사회의 전통문화를 말살시키려는 것이다.

제2차 세계대전이 끝나면서 서구국가들은 식민지의 해방과 자립을 지원하면서 다른 한편으로는 종속상태를 유지해야 했기에 전보다 훨씬 교묘하고 세련된 수단이 필요했는데, 그것이 바로 문화제국주의다.

부와 권력을 갖춘 발전된 자본주의 국가와 상대적으로 힘이 약한 저개발국가(아시아, 아프리카, 남미, 제3세계 국가 등) 사이의 지배와 종속의 문제가 문화에도 적용된다. 발전된 자본주의 국가의 상품, 유행 등의 문화는 저개발국가로 유입되고, 지배국가의 문화에 대한 수요와 소비를 창출하고 발전시키는 종속시장이 된다. 이 과정에서 저개발국가의 고유한 문화는 외래문화, 지배국가의 문화에 의해 지배당하고 침탈되고 대체되며 도전받는다. 이 경우, 다국적기업은 매우 중요한 역할을 한다.

다국적기업은 자신의 생산물을 세계 경제를 통해 널리 확산시키려 하고, 이를 위해 자본주의체제에 부합하는 이데올로기를 상품이나 문화와 함께 전파한다. 정보화시대에 접어들면서 문화제국주의의 도구는 정보로 집중된다. 그래서 '정보제국주의'라고도 말하는데, 미국을 비롯한 서구국가들이 중요한 국제적 정보를 장악하고, 전 세계에 포괄적인 영향력을 행사하며, 세계 여론을 좌지우지하는 현상을 가리킨다. 오늘날 자본주의 문화는 문화영역에 자본이 침투하여 다른 산업과 마찬가지로 문화도 문화산업이라는 경제적 하부구조에 의해서 상품생산과 교환과정을 통해 경제적 잉여를 창출한다. 문화소비자로서 개인은, 자신에게 대리적인 만족이나 쾌락주의적 만족을 제공하는 자본주의 대중문화를 소비하면서 탈정치화되고, 자본주의 문화체계에 자연스레 편입된다.

(3) 문화사대주의

문화사대주의(cultural toadyism)는 다른 사회권의 문화가 자신이 속한 문화보다 우월하다고 믿고, 무비판적으로 그것을 동경하거나 숭상하며, 자신의 문화에 대해서는 업신여기고 낮게 평가하는 태도나 주의를 말한다. 문화사대주의는 특정 사회의 문화를 우월한 것으로 평가하여 동경·숭상하면서 자신의 문화는 열등한 것으로 과소평가하는 태도이다. 문화사대주의는 외래문화 수용 가능성 측면에서는 순기능으로 작용할 수도 있으나, 자신의 문화를 과소평가한다는 점에서 문화적인 주체성을 상실할 우려가 있다.

현대는 흔히 세계화의 시대, 세계통합주의(globalism)의 시대로 불린다. 또 세계화(globalization)와 지역중심주의(localism)를 결합한 글로컬리즘(glocalism)도 확산되고 있다. 더욱이 문화는 언제나 한쪽에서 다른 한쪽으로 흐르는 속성을 가지고 있어서 다른 문화에 의해 한 문화가 없어지기도 하고, 시대에 따라 새로운 문화가 생성되기도 한다. 동시에 문화는 정체성을 유지하려는 속성도 가지고 있다. 이를 대표하는 문화가 바로 민족문화인데, 동서고금을 막론하고 한 민족이 자기 민족의 문화를 빼앗기고 살아남은 예는 없다. 이처럼 문화는 민족을 구성하는 가장 중요한 요소이기 때문에, 세계 각국과 민족들은 자신의 문화를 보존하고 나아가 자신의 문화를 타국에 침투시키는 데 힘을 쏟아왔는데, 이를 문화제국주의라고 한다.

한국의 입장에서 볼 때, 문화사대주의로 흔히 거론되는 예로는, 영어 지상주의와 세계 최고의 과학문자인 한글 경시 풍조, 서구인의 체형에 맞춘 성형수술 바람, 일본 유학 연구, 일본 수입 녹차와 일본식 다도 예찬, 일본

된장의 무분별한 수입 및 애용, 서양식 인스턴트식품 위주의 식생활, 값비싼 양주와 명품에 대한 무조건적 선호 및 집착 등을 들 수 있다.

2) 문화상대주의

문화상대주의(cultural relativism)는 다양한 사회의 문화를 인정하고, 각 문화를 그 사회의 고유한 환경 속에서 이해하고자 하는 자세를 말한다. 20세기 초반 서구의 문화인류학자들은 다양한 인간사회를 비교연구하면서, 각 사회의 문화는 그 사회의 생활양식을 반영하고 있으므로 서로 다른 사회의 문화를 비교할 수는 있어도 어느 문화가 다른 문화보다 더 우월하다고 말할 수는 없다고 주장한다. 따라서, 각 사회의 문화를 선진문화와 후진문화로 구분할 것이 아니라, 서로 상이한 표준과 체계를 가진 문화로 보아야 한다고 주장하였다.

문화상대주의에는 도덕적 상대주의와 인식적 상대주의 관점이 있다. 도덕적 상대주의는 문화적 맥락에서 가치체계에 따라 특정 행위나 사상에 대하여 옳고 그름을 판단하는 것을 말하며, 인식적 상대주의 관점은 사람들은 자신을 둘러싼 환경적 배경에 따라 세계와 사물을 상대적으로 파악한다는 것을 말한다. 문화의 상대성을 인정하는 태도는 개방적인 현대사회에서 세계문화의 다양성을 그 문화의 독특한 환경 · 역사 · 사회상황의 맥락에서 이해하고, 각 문화의 가치를 인정하고 존중하는 기준이 되기에 더욱 중요하다(김양미, 2020: 37).

문화상대주의는 민족에 따라 또는 한민족일지라도 시간과 공간에 따라 다르며, 이들 문화 간의 다른 점을 비교할 때 어느 쪽이 더 좋고 바람직한가를 말할 수 있는 객관적이고 보편타당한 기준은 없다. 이러한 견해는 구성주의의 입장과도 맥을 같이한다. 구성주의에서는 사람이 인식하거나 생각하는 것이 사회적 · 문화적 · 역사적 요소의 영향을 받는 것이므로, 자신의 현실에 대한 구성과 동떨어져서는 현실을 파악할 수 없다. 이는 현실이 하나의 객관적인 사실로서 존재하며, 이에 대해 개인차는 없다고 주장하는 경험적 긍정론자들이나 객관주의들과 대조되는 입장이다(김동진 외, 2018: 22).

진화론자들이 주장하듯이, 일부일처제가 일부다처제나 일처다부제보다 더 진화된 문화라는 증거를 발견하기는 어렵다. 서로 다른 경험을 공유하는 집단들 또는 나라들은 서로 다른 문화, 즉 서로 다른 가치와 행위양식을 형성하게 마련이다. 예를 들어, 인도인들은 돼지고기를 먹고 소고기를 먹지 않는 반면, 유대인들은 소고기를 먹고 돼지고기를 먹지 않는다. 서양인들은 키스나 포옹을 친밀감의 표현으로 여기지만, 한국인들은 성적인 표현으로 여기면서 어색함을 느낀다. 따라서, 편견을 가지고 다른 문화를 평가하거나 비판하는 것은 올바른 태도가 아니다. 이처럼 지역이나 나라에 따라 다양한 문화가 존재할 수 있으며, 각각의 문화는 나름대로 독특한 가치를 가지고 있는데, 이러한 상대성을 인정하는 관점을 문화상대주의라고 한다(정태석 외, 2023: 206).

문화상대주의란 어느 사회의 문화라든지 그 사회의 자연환경과 사회적 · 경제적 맥락, 그리고 그 사회를 이해(감정이입)해야 한다는 시각이다. 그리고 각 문화에는 나름의 특질을 가질 수밖에 없는 필연성이 있다. 따라서, 문화들 사이에서 우열이란 있을 수 없다는 입장을 말한다. 예를 들어, 과거 중동의 이슬람문화권에서는 일부다처제가 당연시되었는데, 일부일처제를 따르던 유럽인들은 자문화중심주의에 입각하여 이를 도덕적 타락 또는 야만적 행태로 평가하였다. 그러나 문화상대주의 입장에서는 왜 중동의 아랍인들이 일부다처제를 채용하게 되었는지 아랍세계의 입장에서 이해하려고 노력한다(현승일, 2012: 112-113).

그러나 문화상대주의에서 주의해야 할 점은, 문화상대주의가 '무규범성'을 의미하지 않는다는 것이다. 인간의 보편적인 가치인 자유, 생명존중, 평등 등은 어느 사회에서든 중요한 인류의 보편적 가치이므로, 이러한 개념에 상대주의의 기준을 적용하는 것은 맞지 않다(정태석 외, 2023: 207).

3) 진화론적 시각

비서양사회와 접촉하기 시작한 초기 서양인들은 서양사회를 과학적이고 이성적인 사고에 기초한 계몽된 사회로, 비서양사회를 주술적이고 감정적 사고에 기초한 미개사회로 인식하고, 서양문화가 훨씬 진화된 것이라고 생각했다. 초기의 문화인류학자인 모건(L. Morgan)과 타일러(E. B. Tylor)도 이러한 진화론적 시각을 공유하고 있었다.

모건은 그의 저서 『고대사회(*Ancient Society*)』(1877)에서 인류의 발전단계를 야만 · 미개 · 문명 단계로 구분하였다. 그에 따르면, 문명단계에서는 부권제, 지역과 재산에 기반을 둔 정치사회, 일부일부제, 사유재산제 등으로 발전한다. 이러한 발전 경로를 '신분에서 계약으로'라고 한다. 타일러 역시 그의 저서 『원시문화(*Primitive Culture*)』(1864)에서 문화의 진보를 단절 없는 연속적 과정으로서 규칙적으로 반복되는 단계들로 개념화했다. 그에 따르면, 인간에게는 '심적 통일성(psychic unity)'이 있어 유사한 자극에 유사한 반응을 하기 때문에 서로 다른 문화도 유사한 진화단계를 거치게 된다.

진화론은 비서양사회의 문화를 열등한 미개문화라고 본다. 예를 들어, 프랑스의 한 동물보호단체가 한국사람들이 개고기를 먹는 행위를 야만적이라고 비난한 것은, 자민족중심주의의 전형적인 사고를 보여 준다. 프랑스 사람들이 한국인의 개 식용행위를 비난하는 것은, 자신들이 개를 주로 애완용으로 기르기 때문에 식용하는 것에 거부감을 느끼기 때문이다. 하지만 한국사회에서는 개를 단지 애완용으로만 생각하지 않으며, 오래전부터 개를 식용하는 관습이 있었다. 따라서, 개를 먹느냐 먹지 않느냐 하는 것은 프랑스와 한국 간 음식문화의 차이일 뿐이지 어떤 문화가 진화되었다든가 야만적이라든가를 판가름하는 기준이 될 수 없다. 그 예로, 프랑스에서는 달팽이나 원숭이 골과 같은 각종 희귀 음식을 즐겨 먹으며, 휴가를 떠날 때 애완견을 방치하는 경우도 많다.

20세기에 들어서면서 진화론은 여러 측면에서 비판받게 되었다.

첫째, 거시적이고 광범위한 진화 도식을 일반화하는 것은 부적절하며, 근거로 제시된 자료도 빈약할 뿐만 아니라, 충분히 검증되지 않았다.

둘째, 서양 중심적 시각에서 판단하고 있어서 편견을 내포할 수 있다.

셋째, 인간의 심적 통일성을 전제로 진화를 입증하려는 것은 부적절하다.

이러한 비판을 기반으로 문화인류학적 연구는 과학적이고 객관적인 시각들을 발전시켰는데, 총체론, 상대론, 비교론이 그것들이다.

4 문화 이해 관점

어떤 문화이든지 대하는 관점에 따라서, 다르게 이해될 수 있기 때문에, 어떤 문화를 대할 때, 그 문화를 대하는 관점이 매우 중요하다. 기존에는 도무지 이해할 수 없었던 문화들도 다양한 관점에서 재해석할 때 충분히 공감될 수 있는 측면이 있다. 따라서, 자신이 속한 공동체의 문화뿐만이 아니라, 다른 사람들이 속한 공동체의 문화를 어떤 관점으로 이해하는지가 매우 중요하다. 이렇게 문화를 이해하는 관점을 다음과 같이 세 가지로 나눌 수 있다(김윤배, 2024: 17-18).

1) 총체론적 관점

총체론적 관점이란 어떤 문화를 대할 때, 그 사회의 자연환경, 정치, 경제, 문화적 요소 등과 연관하여 전체적인 맥락에서 총체적으로 이해하려는 관점이다. 인간문화는 다양한 요소로 구성되어 있으며, 서로 연관되어 있다. 그래서 각 문화요소를 다른 요소들과 관련지어 총체적으로 이해하기 어려운 경우가 많다(양근숙 외, 2024: 66).

어떤 사회이든지 다양한 요소가 서로 밀접한 관계를 맺어가면서 전체를 이루고 있기 때문에, 어느 한 측면만 부분적으로 생각하면 편협하고 왜곡된 관점을 가질 수밖에 없다. 따라서, 어떤 문화를 대할 때는 반드시 그 사회의 역사적 · 지리적 · 환경적 · 정치적 · 경제적 배경 등 다양한 요소들과 연관하여 전체적인 맥락에서 총체론적 관점으로 이해해야 한다. 예를 들어, 대다수의 인도사람들은 힌두교를 숭배하여, 암소를 신성한 동물로 여기기 때문에 소고기를 먹지 않는다. 이러한 암소숭배를 총체론적인 관점에서 생각하면, 인도의 자연환경 및 농업조건과 밀접한 관련이 있다. 인도는 세계 경지면적의 약 12%나 되는 넓은 농경지를 가지고 있으며, 국가 노동력의 약 58% 정도가 농업에 종사하고 있다. 이러한 농업에서 암소는 농사에 필요한 수소를 낳고, 우유를 공급하며, 배설물은 땔감과 비료로도 이용된다. 따라서, 인도인들에게 암소는 생활을 이어가는 매우 소중한 기반이다. 이렇게 총체론적인 관점으로 문화를 이해할 때, 그 문화를 보다 정확하게 이해하여 수용성을 갖게 된다.

이처럼 총체론적인 시각은 특정한 문화요소에 대한 이해는 문화의 전체적인 연관 속에서 폭넓게 이해될 수 있다. 이는 또한 전체론적 시각 또는 체계론적 시각이라고도 하는데, 이런 시각에서 보면 비서양문화의 특정 부분만을 보고 야만적이라거나 미개하다고 판단하는 것은, 전체적인 연관성을 보지 못한 부적절한 사고의 결과라고 할 수 있다.

2) 상대론적 관점

상대론적 관점은 어떤 문화를 대할 때, 그 문화를 가진 사람들의 특수한 환경이나 역사적인 특수성을 고려하여, 그 사회의 기준으로 문화를 이해하려는 관점이다. 왜냐하면 모든 문화는 그 사회의 자연환경 및 역사적인 상황에 대처하며 살아온 결과이기 때문이다. 예를 들어, 한국에서 국제적인 행사가 있을 때마다 한국인들이 개고기 먹는 것을 문제 삼는 외국인들이 많았다. 이는 한국의 특수성을 이해하지 못하고, 자기들의 문화적인 기준으로만 이 문제를 판단했기 때문이다. 즉, 본래 한국은 농경사회였기 때문에 힘든 노동을 많이 했다. 하지만 축산업이 발달하지 못하여, 소나 닭의 가격이 매우 비쌌다. 그래서 한꺼번에 많은 새끼를 낳는 개를 먹음으로써 단백질을 보충하였다. 이러한 한국의 특수성을 인정하고, 한국인들이 개고기 먹는 것을 생각한다면, 국제적으로 문제를 삼을만한 일이 아닌 것이다. 따라서, 어떤 문화이든지 상대론적 관점으로 대해야만 편견 없이 바르게 이해할 수 있다.

이 관점에서는 어떤 문화가 형성된 특정 사회의 맥락 속에서 그 문화의 의미와 가치가 이해될 수 있다고 전제한다. 따라서, 어떤 사회의 문화를 이해하기 위해서는 그 사회의 자연환경이나 사회적 상황, 역사적 · 문화적 배경을 고려하여 고유한 의미를 찾으려고 노력해야 한다. 예를 들어, A종교를 가진 사람은 B종교에 대해 A종교의 관점만 가지고 판단해서는 안 된다. 그 대신 B종교를 가진 사람들이나 사회의 다양한 배경과 상황 속에서 B종교를 바라볼 때, 그에 대해 보다 편견 없이 정확한 이해를 할 수 있다는 것이다.

상대론적 관점에서는 각 사회의 문화가 각각의 환경에 적응하며 발전해 온 것이기 때문에 다르다는 것을 인정하여야 하고, 특정 사회의 기준에 의해 일방적으로 평가되어서는 안 된다고 본다.

3) 비교론적 관점

비교론적 관점이란 어떤 사회의 문화를 다른 문화와 동등한 위치에서 객관적으로 대조·비교하여 두 문화 간의 보편성과 특수성을 이해하려는 관점이다. 예를 들어, 모든 사회에 결혼제도가 있지만, 결혼제도의 구체적인 방식은 다양하다. 한국은 일부일처제이지만, 어떤 사회에서는 일처다부제 또는 일부다처제이다. 이는 각 사회의 종교·정치·경제 등의 특수성이 반영된 결과이다. 이처럼 모든 사회가 결혼제도라는 보편성을 가진 동시에, 각 사회마다 다양한 결혼제도의 독특성을 가지고 있다.

한국과 미국의 가족제도를 비교해 보면, 가족은 한국에서나 미국에서든 사회의 기본 단위라는 점에서 유사성 또는 보편성이 있지만, 구체적인 가족형태나 가족생활을 보면 차이점이 많다. 전통적으로 한국의 가족은 장자의 가계 계승과 항렬 및 나이에 따른 서열을 중요시하고, 남성의 권위를 강조한다. 이와 달리, 미국의 가족은 상대적으로 남녀가 평등하고 형제자매 간에 서열이 없으며, 부모와 자녀의 관계도 민주적인 경향이 강하다. 그런데 한국의 가족도 공업화, 도시화, 민주화, 개인주의화되면서 점차 미국의 가족과 비슷한 생활모습으로 변화하고 있다. 이처럼 한 사회의 문화적 특성을 잘 이해하려면 다른 사회의 특성들과의 유사성이나 차이를 비교해보거나, 시대적인 변화과정을 추적해 볼 필요가 있다(정태석 외, 2023: 206).

그러므로 비교론적 시각은 서로 다른 두 민족이나 지역문화 간의 유사성과 차이를 분석하여 보편성과 특수성을 밝히려는 학문적 관점이다. 한 사회의 문화만을 단독으로 떼어놓고 생각하면 그 문화를 바르게 이해하기 어렵기 때문에 두 개 이상의 문화를 동등한 위치에서 서로 대조·비교하여 각 문화의 독특성과 보편성을 이해하려는 비교론적 관점이 필요하다. 이럴 때에 문화 간의 공통점과 차이점을 파악하여 자신의 문화뿐만 아니라, 다른 문화도 더 깊이 이해하고 존중하게 된다.

5 이데올로기 비교 관점

1) 다원다문화주의

다원다문화주의(Plural multiculturalism)는 상대주의 이데올로기에 바탕을 두고 있는데, 자유다문화주의와 다르게 자유민주질서라는 틀조차 거부하고, 상대주의적 입장을 견지하며, '어떠한' 외부문화도 존중해야 한다는 입장이다. 과격하게 나간다면, 명예살인, 강제할례와 같은 것도 문화로서 존중받아야 하며, 자유나 민주 또는 인권의 잣대로 이를 제재하는 데 부정적인 입장이다. 이를 다원다문화주의자들은 일종의 '문화제국주의'의 수단으로 나쁘게 보기도 한다. 더불어 법질서에 따라 허용될 수 없는 문제 역시도 존재하기에 이를 조율하기 매우 어렵다. 이러한 문제점으로 인하여 한국에서는 다원다문화주의 정책을 실행한 적이 없다.

2) 자유다문화주의

자유다문화주의(Liberal multiculturalism)는 '자유주의'적 질서의 범위 내에서 문화의 다양성을 인정(관용)하자는 입장이다. 다시 말해서 각 개인의 취향을 존중하듯 음식, 의복 등 각 문화마다의 특성을 존중하자는 것이다. 하지만 다원다문화주의와 다르게 개인의 자유와 기본권에 위배되는 일부 문화(명예살인, 여성할례, 식인풍습 등)를 배격한다. 자유다문화주의자들은 다원다문화주의자들의 태도를 비판하며, 명예살인, 여성할례 같이 인권 측면에서 절대로 받아들일 수 없는 제도를 타국의 문화를 존중한다고 받아들일 수는 없다고 주장한다.

이 형태의 다문화주의는 상당수의 서구 자유주의자들로부터 지지를 받고 있다. 그러나 이에 대해 반박도 만만치 않다. 일단 문화마다 자유에 대한 개념도 다르고 인정되는 범위도 다르기 때문에, 자유주의라는 개념을 못 받아들이는 문화권도 있다. 동아시아만 해도 서구와 비교하자면, 자유의 범위도 다르고 터부의 범위도 다르다. 또한 전통문화가 자유주의와는 동떨어진 경우도 많다. 물론 자유주의자들은 전통 존중과 자유주의 존중 중 당연히 자유주의를 지지할 것이나, 문제는 이를 모두가 받아들이려면 상당한 시간이 필요하다는 것이고 완전히 지지부진할 수도 있다는 것이다. 한국 안에서는 사회적 합의에 따라 문화적 다양성을 선별적으로 존중할 수 있고, 그에 따라 근친결혼, 일부다처제, 대마초, 안락사 등 한국의 현 문화나 법률에 맞지 않는 제도나 문화는 거부하고 있다.

게다가 서구에서도 자유주의의 적용에는 차이가 있어서, 독일은 '나치 독일'을 연상시키는 상징에 대해 법적 제재를 가하고 있으나, 똑같이 나치에 대한 반감이 강한 미국에는 그런 법률이 없다. 자유주의적 질서라는 것 자체가 모두가 받아들일 수 있다고 보는 게 비현실적이라는 것이 자유다문화주의에 대한 비판이다.

또한 자유다문화주의는 전 세계에서 큰 영향을 미치는 아브라함 계통의 종교, 즉 유대교, 기독교(자유주의 계통의 기독교보다는 근본주의나 강성 복음주의 계통의 기독교), 이슬람교의 교리와 상충하는 부분이 있다. 이 종교의 영향력이 상당수 인구에 영향을 미치고 있고 그들로부터 강한 지지를 받는다는 것을 볼 때, 자유다문화주의란 그저 자유주의자들만의 희망에 지나지 않는다. 개인의 자유와 기본권이 중요하다는 것은, 그런 생각을 가진 자유주의자들의 지지가 큰 서구나 그런 것이고, 종교인들에게 이를 인정시키는 것은 매우 어렵다.

2015년 프랑스 '샤를리 엡도(Charlie Hebdo shooting) 총격 테러' 등 이슬람교에 입각한 테러행위가 지속적으로 벌어지면서 자유다문화주의 지지자들의 입지는 점점 좁아지고 있다. 자유주의자들에 의하면, 개인의 자유는 보장되어야 하며, 따라서 무함마드(Muhammad, 570~632)를 그리는 행위 또한 당연히 문제될 것은 없다. 그러나 이슬람교에서는 이를 엄격히 금하는 것이 무슬림들로부터 아주 당연한 것으로 여겨지고 있고, 실제로 무슬림들이 무함마드를 만화로 그렸다는 이유로 '이슬람을 공격한다'고 간주하여 공격하고 위협하는 일이 더러 발생하고 있다.

이에 대해 자유다문화주의자들이 내세우는 주장은 대개 '존중의 태도', 자유와 기본권, 민주주의 정신에 대한 '교육' 또는 '교화'인데, 문제는 다문화주의에서 발생하는 충돌은 교육과 교화가 어느 정도 진전될 때까지 당장 해결이 필요한 문제도 있고, 몇 세대가 지났는데도 여전히 충돌은 발생하고 있다. 더욱이 서구 내 존재하는 반서구주의자들(대개 무슬림 또는 유럽의 진보좌파 중 일부 문화상대주의자들)은 애초에 이런 교육과 교화를 서구의 정신적·문화적 침략으로 간주하고 적대시하기 때문에 역효과만 나기도 한다. 예를 들어, 영국만 해도 2015년에 이민 2, 3세대들이 스스로의 문화정체성을 간직하되 British Value(영국인으로서 존중해야 할 가치)를 배워야 하고 교육기관에서도 이를 가르치자는 정책이 있었다. 그러나 이는 반서구주의자들과 유럽의 진보좌파 등에 의해 상당한 비판을 받고 지금도 조롱당하고 있다.

Ⅱ PART

문화다양성 실태와 대상 분석

CHAPTER 05

문화다양성 실태분석

개 요

다문화가족실태조사는 여성가족부에서 다문화가족에 대한 현황 및 실태를 파악하여 다문화가족지원정책 수립에 활용하기 위한 것으로 3년마다 실시하는 전국적인 실태조사이다. 여기에서는 이 조사를 자료로 하여 문화다양성 실태분석을 하고자 한다.

학습목표

1. 대상 파악
2. 현황 수치 파악
3. 통계를 통한 실태파악

학습내용

1. 가구
2. 결혼이민자 · 기타귀화자
3. 이혼
4. 출생
5. 사망

「전국 다문화가족 실태조사」는 여성가족부에서 다문화가족에 대한 현황 및 실태를 파악하여 다문화가족지원정책 수립에 활용하기 위한 것으로 3년마다 실시하는 전국적인 실태조사이다.

2021년 실시된 조사는 대한민국에 거주하는 다문화가족 3만 2천여 가구를 대상으로 하며, 한국통계진흥원이 조사를 수행하고 한국여성정책연구원이 내용을 분석하였다. 특히, 이번 조사에서는 학령기(만 7~18세 기준) 다문화가족 아동·청소년 규모가 크게 증가하는 등 다문화가족을 둘러싼 정책환경의 변화에 따른 실태와 수요를 파악하고자 하였다.

2021년 실태조사에서는 결혼이민자 및 귀화자와 그 배우자, 자녀(9~24세)에 대한 조사가 각각 이루어졌으며, 다문화가족의 경제상태와 가족관계, 생활양식 등 다양한 분야에 대해 조사하였다. 주요 조사항목으로는 가구구성 및 특성, 결혼생활, 자녀양육, 사회생활·지원서비스, 경제활동상태, 학교생활·진로 및 교육 지원(자녀) 등을 선정하였다. 또한 이번 조사에서는 코로나19로 인한 다문화가족의 생활실태 변화를 분석할 수 있도록 경제상황의 변화, 자녀돌봄의 어려움 및 비대면 수업에 따른 학습환경 등의 문항을 추가하였다.

조사방식은 조사원에 의한 면접조사(대면)가 기본으로 하였으며, 가능한 경우 인터넷 조사 및 조사표 유치조사(비대면)를 최대한 병행하여 코로나19 상황에서의 조사 안전성 및 신뢰성을 담보하고자 하였다.

조사 결과는 '제4차 다문화가족정책 기본 계획(2023~2027)' 등 다문화가족 지원을 위한 정책 수립 자료로 활용되었다.

1 가구

여성가족부(2022)의 「2021년 전국 다문화가족 실태조사」에 따르면, 다문화 가구는 다음과 같다.

1) 가구 분포

다문화가구는 346,017가구로, 이 중 결혼이민자 가구가 82.4%(285,005가구), 기타귀화자 가구가 14.3%로 나타났다. 여기서 모집단은 「다문화가족법」에 의한 다문화가족 외에도, 결혼이민자 · 귀화자 1인 가구, 출생한국인(「국적법」 제2조)으로만 이루어진 조손가구, 한부모가구 등을 포함한다. 또한 결혼이민자는 한국인과 혼인한 외국 국적자 및 혼인귀화자를 의미하며, 기타귀화자란 혼인귀화자 외의 방법으로 한국국적을 취득한 귀화자를 의미한다.

2) 거주지역

수도권(서울 · 경기 · 인천) 거주는 56.1%로 2018년(55.6%) 대비 0.5%p 증가했으며, 동 지역 거주자(76.8%)가 읍 · 면 지역 거주자(23.2%)에 비해 3배 이상 많다.

3) 가족 구성

가족 구성은 부부+자녀 가구 35.5%, 부부 가구 30.0%, 한부모 가구

10.9%, 1인 가구 8.3% 등이며, 부부 가구의 비중이 2018년(17.0%) 대비 13.0%p 증가했다.

평균 가구원 수는 2.82명이며, 평균 자녀수는 0.88명으로 2018년(0.95명) 대비 감소했고, 무자녀 가구가 42.0%로 5.3%p 증가했다.

가구소득은 월평균 300만 원 이상이 증가(2018년 41.8%→2021년 50.8%)했으나, 코로나19 확산으로 인해 51.5%가 소득이 감소했다고 응답하였다.

다문화가구의 자녀수는 그림 5-1과 같다.

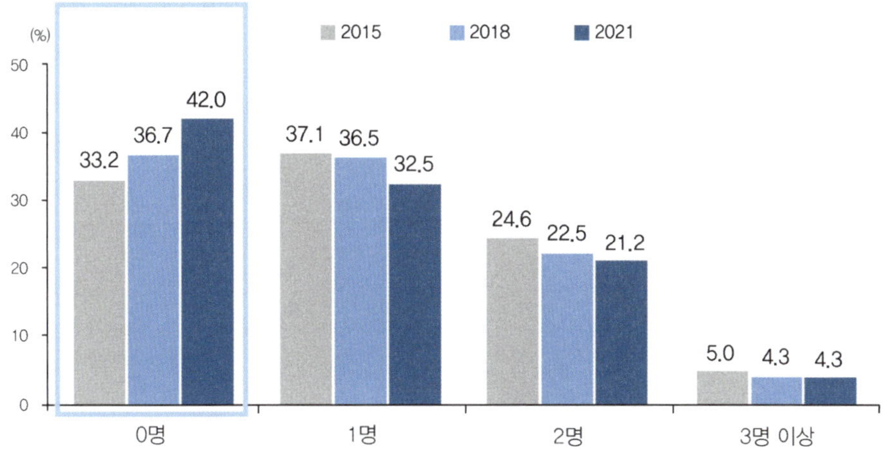

자료: 여성가족부(2022: 3).

그림 5-1 다문화가구의 자녀 수

2 결혼이민자 · 기타귀화자

여성가족부(2022)의 「2021년 전국 다문화가족 실태조사」에 따르면, 결혼이민자 · 기타귀화자는 다음과 같다.

1) 일반적 특성

15년 이상 거주자(39.9%)가 큰 폭으로 증가(12.3%p)하였으며, 정착주기 장기화로 평균 연령대가 높아지고 있다. 거주기간은 결혼이민자 · 기타귀화자의 국내 거주기간 15년 이상 비율은 39.9%로, 2018년(27.6%) 대비 12.3%p 증가하였고, 30세 이상 비율이 높아지고 있다.

결혼이민자 · 귀화자의 연령대는 그림 5-2와 같다.

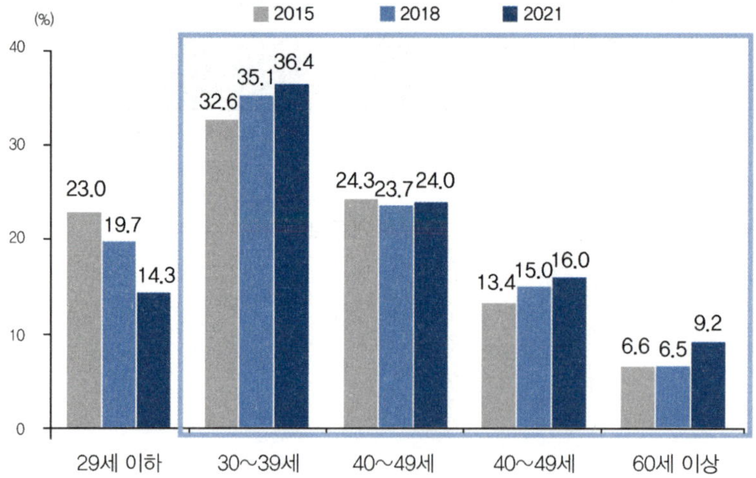

자료: 여성가족부(2022: 3).

그림 5-2 결혼이민자 · 귀화자의 연령대

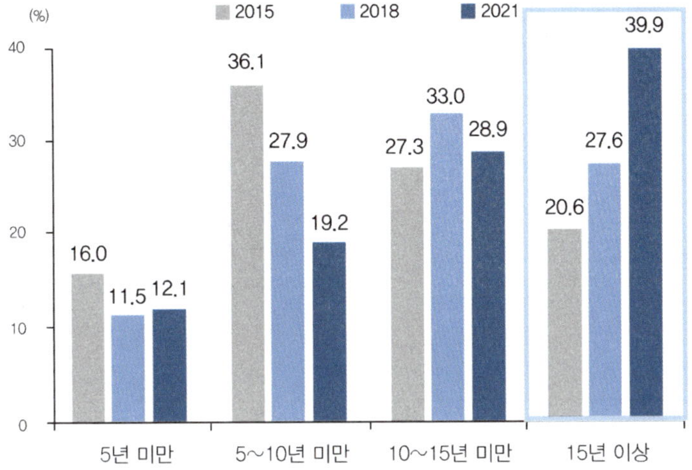

자료: 여성가족부(2022: 3).

그림 5-3 결혼이민자 · 귀화자의 국내 거주기간

2) 가정생활

부부관계의 만족도와 대화시간이 증가하였고, 문화적 차이와 갈등은 감소하는 등 전반적으로 부부관계가 개선된 것으로 나타났다. 혼인상태는 유배우 84.8%, 이혼 · 별거 8.6%, 미혼 3.4%, 사별 3.2%이다.

구체적으로 이혼 · 별거 사유는 성격 차이(50.7%), 경제적 문제(14.0%), 학대 · 폭력(8.8%) 등이며, 이혼 · 별거 후 자녀를 양육하는 결혼이민자 · 기타 귀화자는 93.3%로 나타났다. 부부관계의 만족도는 4.35점으로 소폭(0.04점) 높아졌고, 하루 평균 대화시간은 1시간 이상이 70.7%로 9.2%p 증가했다. 부부간 갈등은 46.3%로 15.5%p 감소했으며, 갈등 사유는 성격 차이(56.6%), 양육문제(26.7%), 경제적 문제(24.7%) 순이다.

결혼이민자 · 귀화자의 부부간 하루 평균 대화시간은 그림 5-4와 같다.

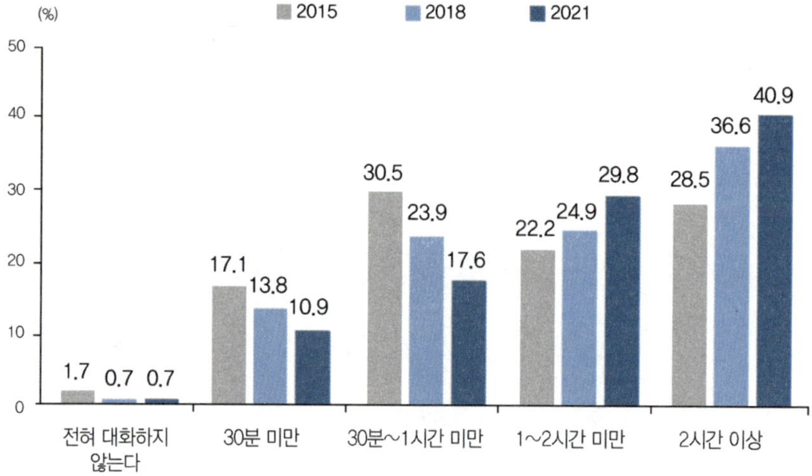

자료: 여성가족부(2022: 4).

그림 5-4 결혼이민자 · 귀화자의 부부간 하루 평균 대화시간

문화차이를 부부가 경험했다는 비율은 52.4%로 3.5%p 감소했고 식습관, 의사소통방식에서 큰 차이를 경험하고 있다. 식습관 52.7%, 의사소통방식 43.4%, 자녀양육방식 29.0%, 가족의례 24.1%, 가사분담 14.2% 등(복수응답)으로 나타났다.

3) 자녀양육

자녀양육에서 만 5세 이하는 한국어 지도(26.8%), 만 6세 이상은 학습지도(50.4%)에서 가장 큰 어려움을 느끼는 것으로 조사됐다.

(1) 자녀관계 : 결혼이민자 · 기타귀화자의 자녀관계만족도가 4.54점으로 2018년(4.44점)보다 다소 높아졌다.

(2) 5세 이하 : 자녀양육이 어렵다고 응답한 비율은 73.7%로 2018년(78.2%) 대비 4.5%p 감소했고, 그중 가장 큰 어려움은 한국어 지도

(26.8%), 긴급돌봄(20.5%) 순이다.

- 양육의 어려움 : 한국어 지도(26.8%), 긴급돌봄(20.5%), 양육의견 차이(15.8%), 학제정보부족(8.0%) 등

(3) 6세 이상 : 만 6세 이상 자녀양육이 어렵다고 응답한 비율은 88.1%로 5세 이하보다 높았고, 학습지도(50.4%)에 가장 큰 어려움을 겪고 있었다.

4) 경제활동

2018년 대비 고용률은 감소한 반면, 상용근로자의 비율은 증가했다.

(1) 고용률 : 고용률은 60.8%로 2018년(66.4%)보다 5.6%p 하락했으며, 전체 국민(62.4%)에 비해 1.6%p 낮게 나타났다.

(2) 직종 : 단순노무 종사자는 32.4%로 2018년(27.9%)보다 4.5%p 증가했고, 전체 근로자(14.4%)에 비해 18.0%p 높았다.

(3) 종사상 지위 : 상용근로자는 47.7%로, 2018년(42.3%)보다 5.4%p 증가했고, 전체 근로자(54.6%)에 비해 6.9%p 낮았다.

5) 사회생활

한국생활의 어려움과 차별경험이 감소하고, 사회적 관계는 확대되는 등 한국생활 적응도가 높아진 것으로 나타났다.

(1) 한국어 능력 : 한국어 능력에 대한 주관적 인식은 3.87점으로 2018년 대비 다소 하락(2018년 3.89점)한 것으로 나타났다.

(2) 한국생활의 어려움 : 한국생활에 어려움이 없다는 비율(37.9%)은 2018년(29.9%)보다 8.0%p 증가했으며, 주된 어려움은 언어문제(22.9%)·경

제적 어려움(21.0%)·외로움(19.6%) 순이다.

(3) 차별경험 : 외국출신이라는 이유로 차별받은 경험은 16.3%로 지속 감소(2015년 40.7%→2018년 30.9%)하고 있다.

(4) 사회적 관계 : 집안사정·자녀교육 등 개인적 문제에 대하여 도움을 받거나 의논할 상대가 없다는 비율이 2018년보다 감소하였다.

(5) 모임 참여 : 각종 모임·활동 참여율은 감소한 반면, 참여 의향은 대부분 크게 상승하였고, 특히 모국인 친구 모임이 70.0%로 2018년에 비해 32.6%p 증가했다.

6) 지원서비스

서비스 이용 경험은 61.9%로 2018년(60.6%)에 비해 소폭 상승했으며, 노후준비를 하고 있는 비율은 52.1%이다.

(1) 서비스 이용 : 다문화가족 서비스 이용경험은 61.9%로, 입국 전 교육(36.2%), 한국 적응교육(30.4%) 등 주로 초기적응지원을 이용했다.

* 입국 전 교육 36.2%, 한국 적응교육 30.4%, 가정방문교육 22.8%, 임신·출산 지원 21.6% 등

(2) 필요한 서비스 : 필요한 서비스는 일자리 소개(3.27점), 한국사회 적응교육(3.10점), 입국 전 준비교육(3.07점) 등으로 높게 나타났다.

3 이혼

통계청(2023a)의 「2022년 다문화 인구동태 통계」에 따르면, 다문화 이혼은 다음과 같다.

1) 이혼 건수

2022년 다문화 이혼은 7,853건으로, 전년(8,424건)보다 571건(-6.8%) 감소하였다. 2022년 전체 이혼(9만 3천 건)은 전년보다 8.3% 감소하였으며, 다문화 이혼은 6.8% 감소, 2012년 이후 지속적인 감소 추세인 것으로 나타났다.

전체 이혼에서 다문화 이혼이 차지하는 비중은 8.4%로 전년(8.3%)보다 0.1%p 증가하였다.

다문화 이혼 건수 및 전체 이혼 중 다문화 비중은 표 5-1과 같다.

표 5-1 다문화 이혼 건수 및 전체 이혼 중 다문화 비중(2020-2022)

(단위: 건, %)

		전 체								
					다문화 이혼[1]			출생기준 한국인 간의 이혼[2]		
		2020	2021	2022	2020	2021	2022	2020	2021	2022
이혼 건수		106,500	101,673	93,232	8,685	8,424	7,853	97,815	93,249	85,379
(비중)		100.0	100.0	100.0	8.2	8.3	8.4	91.8	91.7	91.6
전년 대비	증 감	-4,331	-4,827	-8,441	-1,183	-261	-571	-3,148	-4,566	-7,870
	증감률	-3.9	-4.5	-8.3	-12.0	-3.0	-6.8	-3.1	-4.7	-8.4

1) 다문화 이혼: 남녀 어느 한쪽이 외국인 또는 귀화자인 경우, 또는 남녀 모두 귀화자인 경우
2) 출생기준 한국인 간의 이혼: 남녀 모두 출생기준 한국인인 경우
자료: 통계청(2023a: 13).

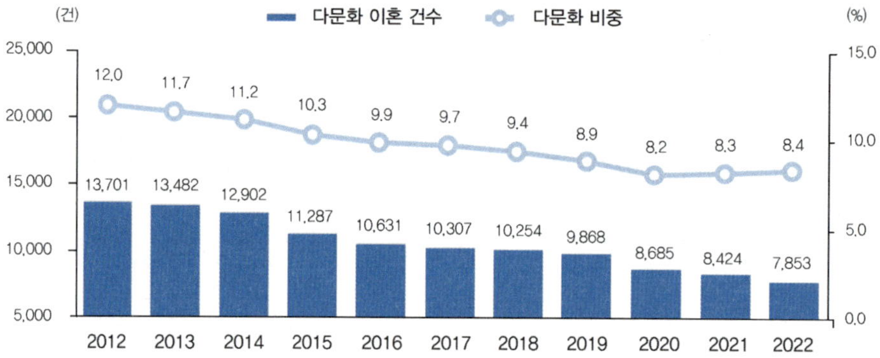

자료: 통계청(2023a: 13).

그림 5-5 다문화 이혼 건수 및 전체 이혼 중 다문화 비중 추이(2012-2022)

2) 다문화

외국인 아내의 이혼이 3,777건으로 가장 많고, 귀화자는 2,752건, 외국인 남편은 1,324건 순으로 많았다. 전년 대비 외국인 아내와의 이혼은 9.1%, 외국인 남편과의 이혼은 3.2%, 귀화자와의 이혼은 5.2% 감소하였다.

외국인 아내와의 이혼 비중은 1.2%p 감소한 반면, 외국인 남편, 귀화자와 이혼이 차지하는 비중은 각각 0.6%p 증가하였다.

다문화 이혼 유형별 규모 및 비중은 표 5-2와 같다.

표 5-2 다문화 이혼 유형별 규모 및 비중(2020~2022)

(단위: 건, %)

	2020		2021		2022		전년 대비	
		비중		비중		비중	증감	증감률
다문화	8,685	100.0	8,424	100.0	7,853	100.0	-571	-6.8
외국인 아내	4,176	48.1	4,154	49.3	3,777	48.1	-377	-9.1
외국인 남편	1,321	15.2	1,368	16.2	1,324	16.9	-44	-3.2
귀화자	3,188	36.7	2,902	34.4	2,752	35.0	-150	-5.2

자료: 통계청(2023a: 14).

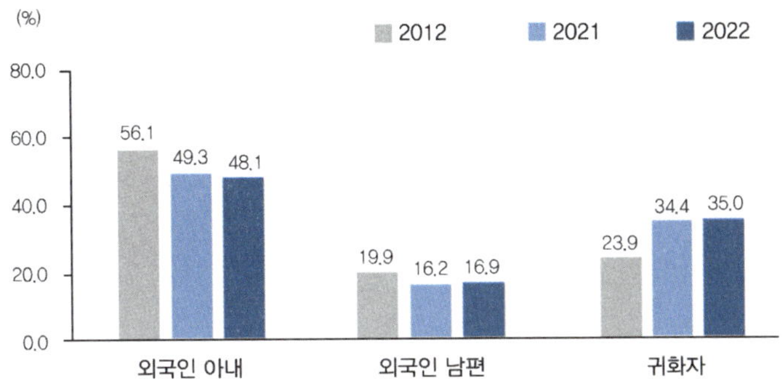

자료: 통계청(2023a: 14).

그림 5-6 다문화 이혼 유형별 규모 및 비중(2020~2022)

4 출생

통계청(2023a)의 「2022년 다문화 인구동태 통계」에 따르면, 다문화 출생은 다음과 같다.

1) 출생아 수 및 성비

2022년 다문화 출생아는 12,526명으로 전년(14,322명)보다 1,796명(-12.5%) 감소하였다. 2022년 전체 출생이 24만 9천 명으로 전년보다 4.4% 감소한데 비해, 다문화 부모의 출생아는 12.5% 감소하여 상대적으로 감소폭이 컸다. 전체 출생에서 다문화 출생이 차지하는 비중은 5.0%로 전년보다 0.5%p 감소하였다.

다문화 출생아 중 남아는 6,410명, 여아는 6,116명, 성비(여아 100명당 남아)는 104.8명으로, 출생기준 한국인 부모의 출생성비 104.7명보다 높은 것으로 나타났다.

다문화 출생아 수 및 출생성비는 표 5-3과 같다.

표 5-3 다문화 출생아 수 및 출생성비(2020~2022)

(단위: 명, %, 여아 100명당 남아 수)

		전 체*								
					다문화 부모[1)]			출생기준 한국인 부모[2)]		
		2020	2021	2022	2020	2021	2022	2020	2021	2022
출생아 수		272,337	260,562	249,186	16,421	14,322	12,526	253,226	244,144	234,051
비 중		100.0	100.0	100.0	6.0	5.5	5.0	93.0	93.7	93.9
전년 대비	증 감	-30,339	-11,775	-11,376	-1,518	-2,099	-1,796	-28,448	-9,082	-10,093
	증감률	-10.0	-4.3	-4.4	-8.5	-12.8	-12.5	-10.1	-3.6	-4.1
남 아		139,362	133,516	127,454	8,265	7,322	6,410	129,763	125,164	119,731
여 아		132,975	127,046	121,732	8,156	7,000	6,116	123,463	118,980	114,320
출생성비		104.8	105.1	104.7	101.3	104.6	104.8	105.1	105.2	104.7

* 부모 국적 미상(기아, 영아사망 등) 포함

1) 다문화 부모 : 부모 중 1명이 외국인 또는 귀화자인 경우, 또는 부모 모두 귀화자인 경우

2) 출생기준 한국인 부모 : 부모 모두 출생기준 한국인인 경우

자료: 통계청(2023a: 22).

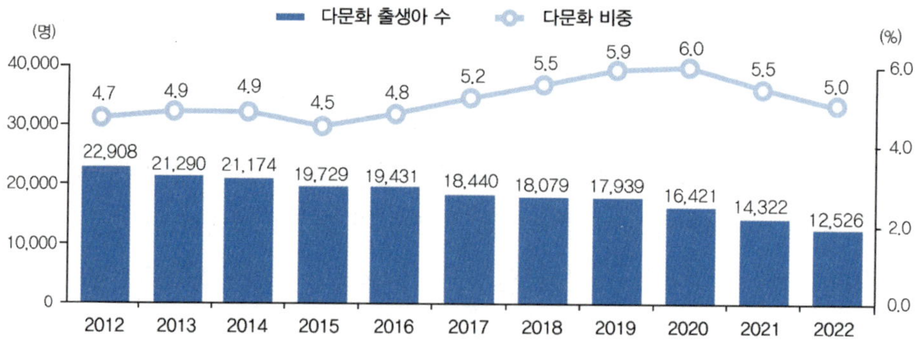

자료: 통계청(2023a: 22).

그림 5-7 다문화 출생아 수 및 전체 출생 중 다문화 비중 추이(2012~2022)

2) 다문화 유형별 출산

다문화 유형별 출산에서 외국인 모의 출생아수는 7,637명으로 가장 많았고, 외국인 부(2,505명), 귀화자(2,384명) 순으로 나타났다. 외국인 모, 귀화자 유형의 다문화 출생아 수는 전년보다 각각 18.1%, 14.4% 감소한 반면, 외국인 부는 13.2% 증가하였다.

외국인 모 및 귀화자가 차지하는 비중은 전년보다 각각 4.1%p, 0.4%p 감소한 반면, 외국인 부의 비중은 4.6%p 증가하였다.

다문화 출생 유형별 규모 및 비중은 표 5-4와 같다.

표 5-4 다문화 출생 유형별 규모 및 비중(2020~2022)

(단위: 명, %)

	2020		2021		2022		전년 대비	
		비중		비중		비중	증감	증감률
다문화 출생	16,421	100.0	14,322	100.0	12,526	100.0	-1,796	-12.5
외국인 모[1]	10,996	67.0	9,325	65.1	7,637	61.0	-1,688	-18.1
외국인 부[2]	2,162	13.2	2,212	15.4	2,505	20.0	293	13.2
귀화자[3]	3,263	19.9	2,785	19.4	2,384	19.0	-401	-14.4

1) 외국인 모 : 출생기준 한국인 부와 외국인 모로부터의 출생
2) 외국인 부 : 외국인 부와 출생기준 한국인 모로부터의 출생
3) 귀화자 : 부와 모 중 한쪽이 귀화자 또는 부모 모두 귀화자인 경우
자료: 통계청(2023: 22).

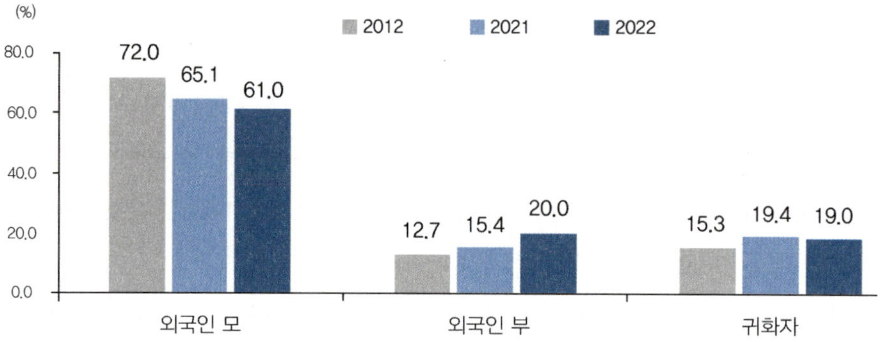

자료: 통계청(2023a: 22).

그림 5-8 다문화 출생 유형별 규모 및 비중(2018-2020)

3) 부모의 출신 국적별 출생

외국 출신 부(父)의 국적 비중은 미국이 7.4%로 가장 높고, 중국(6.8%), 베트남(3.9%) 순으로 나타났다. 전년 대비 비중은 대부분의 국적에서 증가하였으나, 출생아 수는 중국, 베트남 등에서 감소하였다.

외국 출신 모(母)의 국적 비중은 베트남이 28.2%로 가장 높고, 중국(16.3%), 태국 · 일본(5.4%) 순으로 나타났다. 전년 대비 비중 및 출생아수는 태국, 일본, 미국 등은 증가하였고, 베트남, 중국, 필리핀 등은 감소하였다.

출생아 부모의 출신 국적별 출생아 수 및 비중은 표 5-5와 같다.

표 5-5 출생아 부모의 출신 국적별 출생아 수 및 비중(2021~2022)

(단위: 명, %)

부			2021	비중	2022	비중
출생아 수			14,322	100.0	12,526	100.0
국적*	한국		10,633	74.3	8,688	69.4
	외국[1)]		3,682	25.7	3,836	30.6
		미국	826	5.8	928	7.4
		중국	934	6.5	851	6.8
		베트남	554	3.9	490	3.9
		캐나다	216	1.5	299	2.4
		일본	138	1.0	139	1.1
		캄보디아	104	0.7	112	0.9
		영국	104	0.7	112	0.9
		기타	806	5.6	905	7.2

모			2021	비중	2022	비중
출생아 수			14,322	100.0	12,526	100.0
국적*	한국		2,295	16.0	2,588	20.7
	외국[1)]		12,006	84.0	9,923	79.3
		베트남	5,103	35.7	3,529	28.2
		중국	2,400	16.8	2,044	16.3
		태국	627	4.4	681	5.4
		일본	602	4.2	678	5.4
		필리핀	740	5.2	640	5.1
		캄보디아	591	4.1	475	3.8
		미국	397	2.8	410	3.3
		기타	1,546	10.8	1,466	11.7

* 국적미상 제외

1) 귀화자는 귀화 이전 출신 국적, 외국인은 출산 당시 외국 국적으로 분류

자료: 통계청(2023a: 22).

4) 지역별 다문화 출생

지역별 다문화 출생아 수는 경기(3,925명), 서울(2,106명), 인천(864명) 순으로 나타났다. 전년 대비 울산(-32.8%), 경북(-26.4%), 전북(-23.1%) 등 17개 시도 모두 다문화 출생아 수가 감소하였다.

각 지역별로 다문화 출생이 차지하는 비중은 전남(6.8%), 충남·제주(6.3%), 인천(6.0%) 순으로 높고, 세종(2.7%)이 낮았다.

지역별 출생아 수 및 다문화 비중은 표 5-6과 같다.

표 5-6 지역별 출생아 수 및 다문화 비중(2020-2022)

(단위: 명, %)

	전 체(A)			다문화 출생(B)							
									다문화 비중(B/A)		
	2020	2021	2022	2020	2021	2022	전년 대비		2020	2021	2022
							증감	증감률			
전국	272,337	260,562	249,186	16,421	14,322	12,526	-1,796	-12.5	6.0	5.5	5.0
서울	47,445	45,531	42,602	2,609	2,322	2,106	-216	-9.3	5.5	5.1	4.9
부산	15,058	14,446	14,134	741	646	566	-80	-12.4	4.9	4.5	4.0
대구	11,193	10,661	10,134	589	470	428	-42	-8.9	5.3	4.4	4.2
인천	16,040	14,947	14,464	1,046	900	864	-36	-4.0	6.5	6.0	6.0
광주	7,318	7,956	7,446	387	377	314	-63	-16.7	5.3	4.7	4.2
대전	7,481	7,414	7,677	370	313	264	-49	-15.7	4.9	4.2	3.4
울산	6,617	6,127	5,399	366	287	193	-94	-32.8	5.5	4.7	3.6
세종	3,468	3,570	3,209	116	96	87	-9	-9.4	3.3	2.7	2.7
경기	77,737	76,139	75,323	4,685	4,246	3,925	-321	-7.6	6.0	5.6	5.2
강원	7,835	7,357	7,278	433	388	327	-61	-15.7	5.5	5.3	4.5
충북	8,607	8,190	7,452	574	504	399	-105	-20.8	6.7	6.2	5.4
충남	11,950	10,984	10,221	841	730	643	-87	-11.9	7.0	6.6	6.3
전북	8,165	7,475	7,032	626	502	386	-116	-23.1	7.7	6.7	5.5
전남	9,738	8,430	7,888	767	641	538	-103	-16.1	7.9	7.6	6.8
경북	12,873	12,045	11,311	897	758	558	-200	-26.4	7.0	6.3	4.9
경남	16,823	15,562	14,017	1,036	881	703	-178	-20.2	6.2	5.7	5.0
제주	3,989	3,728	3,599	338	261	225	-36	-13.8	8.5	7.0	6.3

자료: 통계청(2023a: 27).

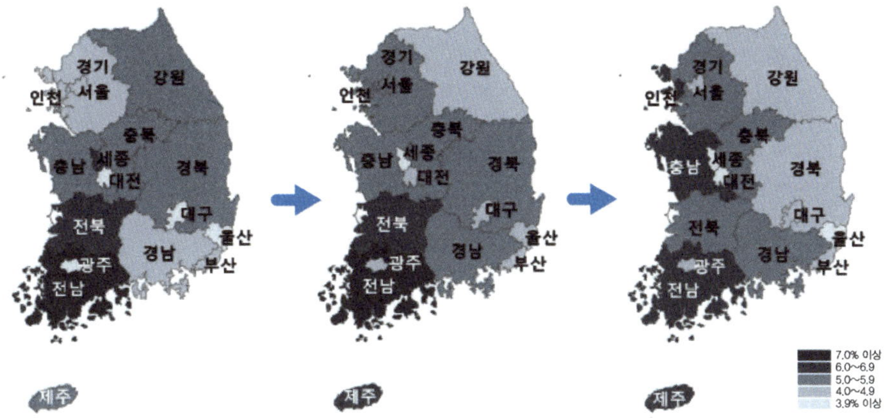

자료: 통계청(2023a: 28).

그림 5-9 지역별 출생아 다문화 비중(2012, 2017, 2022)

5 사망

통계청(2023a)의 「2022년 다문화 인구동태 통계」에 따르면, 다문화 사망은 다음과 같다.

1) 사망자 수

다문화 사망자는 2,992명으로 전년(2,528명)보다 464명(18.4%) 증가하였다. 2022년 전체 사망은 37만 3천 명으로 전년보다 17.4% 증가하였고, 다문화 사망은 18.4% 증가하였다.

전체 사망에서 다문화 사망이 차지하는 비중은 0.8%로 전년과 유사하였다(단, 한국인과 가족관계가 있는 외국인 사망자 포함).

사망자 수는 표 5-7과 같다.

표 5-7 사망자 수(2020~2022)

(단위: 명, %)

		전 체			다문화가족 내 사망[1]			출생기준 한국인 가족 내 사망[2]		
		2020	2021	2022	2020	2021	2022	2020	2021	2022
계		305,207	317,940	373,265	2,377	2,528	2,992	302,830	315,412	370,273
비 중		100.0	100.0	100.0	0.8	0.8	0.8	99.2	99.2	99.2
전년 대비	증 감	9,893	12,733	55,325	123	151	464	9,770	12,582	54,861
	증감률	3.3	4.2	17.4	5.5	6.4	18.4	3.3	4.2	17.4

1) 다문화가족 내 사망 : 사망자 본인 또는 가족(부모, 배우자, 자녀)이 외국인 또는 귀화자인 경우
2) 출생기준 한국인 가족 내 사망 : 사망자 본인 및 가족 모두 출생기준 한국인인 경우
자료: 통계청(2023a: 29).

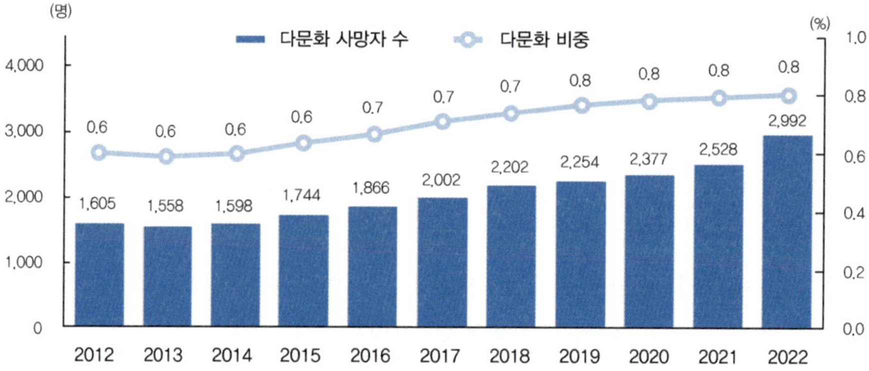

자료: 통계청(2023a: 29).

그림 5-10 다문화 사망자 수 및 전체 사망 중 다문화 비중 추이(2012~2022)

2) 성비 및 다문화 유형별 사망

2022년 다문화 사망자 성비(여자 100명당 남자 수)는 233.3명으로 출생 기준 한국인 가족 내 사망자 성비(110.7명)보다 높은 편으로 나타났다.

사망자 성비는 표 5-8과 같다.

표 5-8 사망자 성비(2020~2022)

(단위: 명, %, 여자 100명당 남자 수)

	전 체			다문화가족 내 사망[1]			출생기준 한국인 가족 내 사망[2]		
	2020	2021	2022	2020	2021	2022	2020	2021	2022
남 자	165,256	172,082	196,597	1,647	1,725	2,041	163,609	170,357	194,556
여 자	139,863	145,802	176,592	642	747	875	139,221	145,055	175,717
성 비*(남/여)	118.2	118.0	111.3	256.5	230.9	233.3	117.5	117.4	110.7

* 성별 미상 제외

1) 다문화가족 내 사망: 사망자 본인 또는 가족(부모, 배우자, 자녀)이 외국인 또는 귀화자인 경우

2) 출생기준 한국인 가족 내 사망: 사망자 본인 및 가족 모두 출생기준 한국인인 경우

자료: 통계청(2023a: 30).

다문화 사망에서 출생기준 한국인이 차지하는 비중이 64.9%로 가장 높았고, 귀화자는 24.2%, 외국인이 10.9% 차지하였다.

다문화 유형별 사망자 수는 표 5-9와 같다.

표 5-9 다문화 유형별 사망자 수(2012~2022)

(단위: 명, %)

년도	전 체	다문화[1]가족 내							한국인 가족 내
			출생기준 한국인[2]		외국인[3]		귀화자[4]		
2012	267,332	1,605	1,304	(81.2)	111	(6.9)	190	(11.8)	265,727
2013	266,396	1,558	1,265	(81.2)	139	(8.9)	154	(9.9)	264,838
2014	267,804	1,598	1,345	(84.2)	112	(7.0)	141	(8.8)	266,206
2015	276,029	1,744	1,391	(79.8)	134	(7.7)	219	(12.6)	274,285
2016	280,976	1,866	1,514	(81.1)	149	(8.0)	203	(10.9)	279,110
2017	285,683	2,002	1,618	(80.8)	149	(7.4)	235	(11.7)	283,681
2018	298,978	2,202	1,500	(68.1)	158	(7.2)	544	(24.7)	296,776
2019	295,314	2,254	1,509	(66.9)	204	(9.1)	541	(24.0)	293,060
2020	305,207	2,377	1,574	(66.2)	259	(10.9)	544	(22.9)	302,830
2021	317,940	2,528	1,664	(65.8)	260	(10.3)	604	(23.9)	315,412
2022	373,265	2,992	1,942	(64.9)	326	(10.9)	724	(24.2)	370,273

1) 다문화 사망: 사망자 본인 또는 가족(부모, 배우자, 자녀)이 외국인 또는 귀화자인 경우
2) 출생기준 한국인: 출생기준 한국인 사망자 중에서 가족(부모, 배우자, 자녀)이 외국인 또는 귀화자인 경우
3) 외국인: 외국인 사망자 중에서 가족이 출생기준 한국인 또는 귀화자인 경우
4) 귀화자: 사망자가 귀화자인 경우
자료: 통계청(2023a: 30).

CHAPTER 06

결혼이주여성

개 요

결혼이주여성은 기본적으로 한국남자와 결혼해서 이주한 외국인 여성을 가리킨다. 세계 각국에서 한국사회에 첫발을 내딛는 외국인 결혼여성들 중에서도 한국사회보다 저개발국가 출신의 여성을 의미하는 용어로도 사용되어 오고 있다. 여기에서는 결혼이주여성에 관한 개념은 물론, 실태분석, 문제점을 학습하고자 한다.

학습목표

1. 결혼이주여성의 자국문화 이해
2. 결혼이주여성의 문화 차이 논점 파악
3. 결혼이주여성의 문화적응 방향 모색

학습내용

1. 결혼이민자의 개념
2. 결혼이주여성 실태분석
3. 결혼이주여성의 문제점 및 해결방안

1 결혼이민자의 개념

1) 결혼이민자의 정의

한국사회에 거주하고 있는 다양한 집단의 외국인 가운데 사회적 관심이 집중되는 집단은 결혼이민자이다. '결혼이민자'라 함은 국제결혼을 목적으로 이주해 온 외국인을 의미하며, 주로 결혼 중개를 통해 일본, 대만, 필리핀 등 아시아 국가에서 유입된 이주여성에 대한 호칭이다(박화상 외, 2023: 86).

이민자로 총칭하는 외국에서는 결혼이민자를 별도로 분류하는 예를 찾아보기 어렵다. 결혼이주여성은 국제결혼이주여성으로 불리기도 하며, 이들에 대한 정부의 지원책은 국내 남성과 결혼한 외국 여성, 그중에서도 자녀를 출산하거나 한국국적을 취득한 결혼이주여성에 주 초점이 맞추어져 있다. 이들에 대한 호칭은, 한국인 남성과 결혼을 통해 한국에 정착하는 외국인 여성의 의미에 대해 주로 결혼이민자 여성, 여성 결혼이민자, 외국인 주부, 외국인 출신 주부, 국제결혼한 외국인 여성, 결혼이주여성, 다문화가정 주부와 같은 여러 가지 형태로 사용된다. 이중에서 가장 많이 사용되는 용어는 '여성 결혼이민자', '결혼이주여성', '다문화가정 주부' 등이 사용되고 있다(황미혜 · 권영은, 2023: 101-102).

2010년 3월 보건복지부의 다문화가족과가 여성가족부로 이관되었다. 여기서 '다문화가족'이라 함은 주로 결혼이주여성이 소속된 가족을 의미하며, 그중에서도 결혼이민자 가족의 자녀양육 지원에 많은 관심이 치우쳐 있는 상황이다.

원래 다문화가족이라 함은 외국인 노동자, 결혼이주여성, 북한이주민 등 한국사회에 새롭게 이주한 가족을 수용하고 차별대우를 받지 않도록 부르고자 사용하였으나, 2008년 3월 제정된 「다문화가족지원법」에도 다문화가족을 주로 결혼이민자 가족으로 한정하고 있다.

「다문화가족지원법」 등에 나타난 결혼이민자의 정의는 다음과 같다.

「다문화가족지원법」 제2조(정의)

1. '다문화가족'이란 다음 각 목의 어느 하나에 해당하는 가족을 말한다.
   가. 「재한외국인 처우기본법」제2조 제3호의 결혼이민자와 「국적법」 제2조에 따라 출생 시부터 대한민국 국적을 취득한 자로 이루어진 가족
   나. 「국적법」 제4조에 따라 귀화허가를 받은 자와 같은 법 제2조에 따라 출생 시부터 대한민국 국적을 취득한 자로 이루어진 가족
2. '결혼이민자 등'이란 다문화가족의 구성원으로서 다음 각 목의 어느 하나에 해당하는 자를 말한다.
   가. 「재한외국인 처우기본법」 제2조 제3호의 결혼이민자(대한민국 국민과 혼인한 적이 있거나 혼인관계에 있는 재한외국인)
   나. 「국적법」 제4조에 따라 귀화허가를 받은 자

「재한외국인 처우기본법」 제2조 제3호

"결혼이민자"란 대한민국 국민과 혼인한 적이 있거나 혼인관계에 있는 재한외국인을 말한다.

「국적법」 제2조(출생에 의한 국적 취득)

① 다음 각 호의 어느 하나에 해당하는 자는 출생과 동시에 대한민국 국적(國籍)을 취득한다.
1. 출생 당시에 부(父) 또는 모(母)가 대한민국의 국민인 자
2. 출생하기 전에 부가 사망한 경우에는 그 사망 당시에 부가 대한민국의 국민이었던 자
3. 부모가 모두 분명하지 아니한 경우나 국적이 없는 경우에는 대한민국에서 출생한 자

② 대한민국에서 발견된 기아(棄兒)는 대한민국에서 출생한 것으로 추정한다.

「국적법」 제4조(귀화에 의한 국적 취득)

① 대한민국 국적을 취득한 사실이 없는 외국인은 법무부장관의 귀화허가(歸化許可)를 받아 대한민국 국적을 취득할 수 있다.
② 법무부장관은 귀화허가 신청을 받으면 제5조부터 제7조까지의 귀화 요건을 갖추었는지를 심사한 후 그 요건을 갖춘 자에게만 귀화를 허가한다.
③ 제1항에 따라 귀화허가를 받은 자는 법무부장관이 그 허가를 한 때에 대한민국 국적을 취득한다.
④ 제1항과 제2항에 따른 신청절차와 심사 등에 관하여 필요한 사항은 대통령령으로 정한다.

결혼이주여성 중에는 자국의 국적을 그대로 유지하려 하거나, 국적 취득 절차가 까다로워서 한국국적 취득이 늦어지는 경우도 늘고 있다. 따라서, 자녀 없이 이혼 등 가정 해체를 경험하는 결혼이주여성의 경우, 사회적 지원의 사각지대에 놓이게 되는 결과를 낳고 있다. 더욱이 최근 '사회통합프로그램 이수제' 실시로 결혼이민자의 국적 취득이 더욱 어려워지고, 가정 내 인권침해의 문제가 더욱 심각해지고 있다는 논란이 있다. '사회통합

프로그램 이수제'는 법무부에서 지난 2007년 9월에 도입한 외국인 대상 필수적 기본 소양교육이다. 기존 여성가족부, 노동부 등 각 행정부처와 지방자치단체가 수행하고 있는 외국인 대상 교육을 한국어 및 한국문화, 한국사회 이해 등 5단계 과정으로 통합해 국가이수제로 운영되고 있다. 이 제도는 다민족·다문화사회전환에 따른 사회통합이 교육목표이다.

2) 결혼이민자의 법적 지위

현행법들은 다문화가족의 형성단계에 따른 제도적 장치들로, 모두 다문화가족의 사회통합을 목적으로 하고 있다. 「출입국관리법」과 「국적법」은 결혼이민자의 출입국 및 대한민국 국적을 취득하는 과정과 자격에 관한 기준을 제시하고 있고, 「재한외국인 처우기본법」, 「다문화가족지원법」, 「결혼중개업의 관리에 관한 법률」 등은 실제로 결혼이민자가 대한민국의 국민으로서 사회로부터 어떠한 보호를 받을 수 있는지, 지역사회는 이들을 어떻게 지원해야 하는지에 대한 방향을 제시하고 있다. 국제결혼에 따른 병폐를 시정하고자 2007년에 제정된 「결혼중개업의 관리에 관한 법률」은 결혼이민자들이 결혼 성사과정에서 겪을 수 있는 상업성과 인신매매의 폐해를 방지하고자 중개업 등록 의무와 처벌 규정을 마련하고, 결혼이민자의 인권보장에 대한 사회적 합의를 제시하기 위한 법률이다(송형주, 2015: 72). 이 법은 "결혼중개업을 건전하게 지도·관리하고 결혼중개업 이용자의 피해를 예방하여 그 이용자를 보호함으로써 건전한 결혼문화 형성에 이바지함을 목적으로 한다."(제1조).

결혼이민자는 입국 시 「출입국관리법」에 따라 다른 외국인과 마찬가지로 해당 지역의 출입국관리사무소에서 '외국인' 등록을 하게 되며, 일정기간 국내에 체류, 혼인생활을 유지하는 경우 한국국적 취득이 가능하다.

「출입국관리법」[별표1](외국인의 체류자격, 제12조 관련) 28의4. 결혼이민(F-6)에 따르면, 첫째, 국민의 배우자, 둘째, 국민과 혼인관계(사실상의 혼인관계를 포함한다)에서 출생한 자녀를 양육하고 있는 부 또는 모로서 법무부장관이 인정하는 사람, 셋째, 국민인 배우자와 혼인한 상태로 국내에 체류하던 중 그 배우자의 사망이나 실종, 그 밖에 자신에게 책임이 없는 사유로 정상적인 혼인관계를 유지할 수 없는 사람으로서 법무부장관이 인정하는 사람 등을 말한다.

「국적법」에 따르면, 결혼이민자는 귀화에 의한 국적 취득(동법 제4조) 중 간이 귀화요건에 해당되며, 배우자가 대한민국의 국민인 외국인으로서, 첫째, 혼인한 상태로 2년 이상 계속하여 주소가 있는 자, 둘째, 혼인한 후 3년이 경과하고 혼인한 상태로 대한민국에 1년 이상 계속하여 주소가 있는 자, 셋째, 배우자의 사망 등 자신의 귀책사유 없이 혼인생활을 할 수 없었던 자, 넷째, 한국국적의 미성년자녀를 양육 또는 양육 예정인 자'의 경우 귀화허가를 받을 수 있도록 명시되어 있다. 이는 2004년 1월 개정된 내용으로 이전보다는 좀 더 결혼이민자의 혼인 상의 사유를 반영하여 국내 체류와 귀화허가를 인정한 것이다.

2007년에 제정된 「재한외국인 처우기본법」에서는 결혼이민자의 경우, 국적 취득 여부와 상관없이 거주지역 내에서 '외국인'으로 취급되어 지원대상이 되고 있다. 결혼이민자의 출신국이 중국이나 러시아 등의 재외동포인 경우는 「재외동포의 출입국과 법적지위에 관한 법률」에 적용되며, 「가정폭력방지 및 피해자보호 등에 관한 법률」의 보호를 받고 있다.

결혼이민자의 법적 지위 관련법은 표 6-1과 같다.

표 6-1 결혼이민자의 법적 지위 관련법

관련 제도	해당부처 제정일자	제정 목적	주요 내용
다문화가족 지원법	보건복지 가족부 2008.3.21.	다문화가족 구성원의 안정적인 가족생활을 통해 삶의 질 향상과 사회통합에 기여	다문화가족 아동·청소년의 교육현황 및 아동·청소년의 다문화가족에 대한 인식에 관한 실태조사를 교육부장관과 협의하여 실시하고, 교육부장관 등은 그 결과를 관련 교육시책의 수립·시행 시 반영하도록 함으로써 다문화가족 자녀가 보다 안정적인 학교생활을 바탕으로 건강한 사회구성원으로 성장하는 데 기여하려는 것임.
결혼중개업의 관리에 관한 법률	보건복지 가족부 2007.12.14.	결혼중개업의 건전한 지도, 육성과 이용자 보호를 통한 건전한 결혼문화 형성	벌금액을 국민권익위원회의 권고안 및 국회사무처 법제예규의 기준인 징역 1년당 1천만 원의 비율로 개정함으로써 법정형의 편차를 조정하고 형사처벌의 공정성을 기하려는 것임.
재한외국인 처우기본법	법무부 2007.5.17.	재한외국인이 대한민국에 적응하여 개인능력을 최대한 발휘하도록 하고 대한민국 국민과 재한외국인이 상호이해하고 존중함으로써 대한민국의 발전과 사회 통합에 기여	재한 외국인에 대한 기본적인 사항을 정해놓은 법률. 한국에 거주하고 있는 외국인의 수가 급증함에 따라 정부에서는 이들의 기본권을 지키고 관리할 종합 대책이 필요해지고, 대책을 세우기 전, 먼저 그에 따른 근거법으로 제정. 외국인에 대한 모든 정책 전반에 영향을 미치는 중요한 법률
국적법	법무부 1948.12.20.	대한민국의 국민이 되는 요건을 규정	위임입법의 원칙상 국민의 기본권에 관한 시행령 및 시행규칙은 상위 법령의 위임규정이 있어야만 규정을 둘 수 있음. 법의 명확성을 제고하기 위하여 복수국적자에 관한 사항을 대통령령에서 정할 수 있도록 위임규정을 마련하려는 것임.
출입국 관리법	법무부 2005.8.4.	대한민국에 입국하거나 대한민국으로부터 출국하는 모든 국민 및 외국인의 출입국 관리와 대한민국에 체류하는 외국인의 체류 관리 및 난민의 인정 절차 등에 관한 사항 규정	최근 체류외국인이 200만 명을 돌파하는 등 국내 체류 외국인의 증가와 더불어 국세나 관세, 지방세 등 각종 조세를 납부하지 않고 체류하는 외국인도 크게 증가하고 있어 이를 징수할 방안을 강구할 필요성이 있음. 이에 따라, 외국인의 체류질서를 관리하는 법무부가 국세청, 관세청, 지방자치단체 등으로부터 외국인의 조세체납정보를 제공받을 수 있도록 하려는 것

관련 제도	해당부처 제정일자	제정 목적	주요 내용
가정폭력방지 및 피해자보호 등에 관한 법률	여성가족부 2016.3.2.	가정폭력을 예방하고 가정폭력의 피해자를 보호·지원함.	종전 시·도지사가 관장하던 가정폭력 관련 상담소 및 가정폭력 피해자보호시설의 관리업무를 시장·군수·구청장의 사무로 이관하는 한편, 국가 또는 지방자치단체가 가정폭력피해자의 치료비를 부담한 경우 중에서 가정폭력행위자가 국민기초생활보장법에 의한 수급권자인 경우 등에는 구상권 행사를 아니 할 수 있도록 하여 가정폭력 피해자에 대한 치료보호제도를 활성화
재외동포의 출입국과 법적 지위에 관한 법률	법무부 2016.1.19.	재외동포의 대한민국에의 출입국과 대한민국 안에서의 법적 지위를 보장함.	「부동산 거래신고에 관한 법률」상 부동산 거래신고, 「외국인토지법」상 외국인의 토지취득 신고·허가, 「국토의 계획 및 이용에 관한 법률」상 토지거래허가 등 부동산거래 관련 인·허가제도의 근거 법률을 일원화

2 결혼이주여성 실태분석

통계청(2023a)의 「2022년 다문화 인구동태 통계」에 따르면, 결혼이주여성 실태분석은 다음과 같다.

1) 혼인 건수

2022년 다문화 혼인은 17,428건으로 전년(13,926건)보다 3,502건(25.1%) 증가하였다. 2022년 전체 혼인은 19만 2천 건으로 전년보다 0.4% 감소한 데 비해, 다문화 혼인은 25.1% 증가하여 상대적으로 증가폭이 컸다.

전체 혼인에서 다문화 혼인이 차지하는 비중은 9.1%로 전년보다 1.9%p 증가하였다.

다문화 혼인 건수 및 전체 혼인 중 다문화 비중은 표 6-2와 같다.

표 6-2 다문화 혼인 건수 및 전체 혼인 중 다문화 비중(2020~2022)

(단위: 건, %)

		전 체			다문화 혼인[1]			출생기준 한국인 간의 혼인[2]		
		2020	2021	2022	2020	2021	2022	2020	2021	2022
혼인 건수		213,502	192,507	191,690	16,177	13,926	17,428	197,325	178,581	174,262
(비중)		100.0	100.0	100.0	7.6	7.2	9.1	92.4	92.8	90.9
전년 대비	증 감	-25,657	-20,995	-817	-8,544	-2,251	3,502	-17,113	-18,744	-4,319
	증감률	-10.7	-9.8	-0.4	-34.6	-13.9	25.1	-8.0	-9.5	-2.4

1) 다문화 혼인: 남녀 어느 한쪽이 외국인 또는 귀화자인 경우, 또는 남녀 모두 귀화자인 경우
2) 출생기준 한국인 간의 혼인: 남녀 모두 출생기준 한국인인 경우
자료: 통계청(2023a: 4).

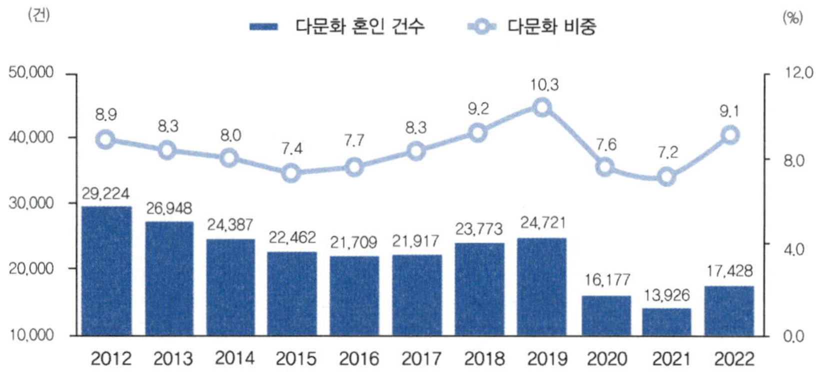

자료: 통계청(2023a: 4).

그림 6-1 다문화 혼인 건수 및 전체 혼인 중 다문화 비중(2020~2022)

2) 유형별 혼인

외국인 아내의 혼인이 11,649건으로 가장 많고, 외국인 남편은 3,479건, 귀화자는 2,300건 순으로 많은 것으로 나타났다.

외국인 아내의 혼인은 전년 대비 34.7%, 외국인 남편은 13.7%, 귀화자는 3.5% 증가하였다. 외국인 아내의 비중은 전년보다 4.7%p 증가한 반면, 외국인 남편의 비중은 2.0%p, 귀화자의 비중은 2.8%p 각각 감소하였다.

다문화 혼인 유형별 규모 및 비중은 표 6-3과 같다.

표 6-3 다문화 혼인 유형별 규모 및 비중(2020-2022)

(단위: 건, %)

	2020		2021		2022		전년 대비	
		비중		비중		비중	증감	증감률
다문화	16,177	100.0	13,926	100.0	17,428	100.0	3,502	25.1
외국인 아내[1]	10,737	66.4	8,645	62.1	11,649	66.8	3,004	34.7
외국인 남편[2]	3,024	18.7	3,059	22.0	3,479	20.0	420	13.7
귀화자[3]	2,416	14.9	2,222	16.0	2,300	13.2	78	3.5

1) 외국인 아내: 출생기준 한국인 남자 + 외국인 여자의 혼인
2) 외국인 남편: 외국인 남자 + 출생기준 한국인 여자의 혼인
3) 귀화자: 남녀 모두 또는 어느 한쪽이라도 귀화자인 경우
자료: 통계청(2023a: 5).

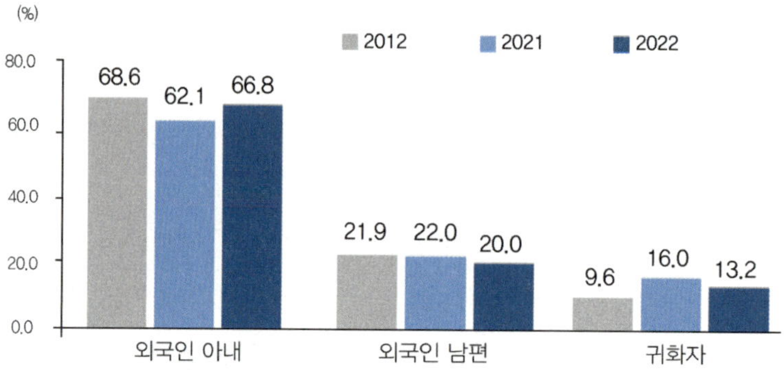

자료: 통계청(2023a: 5).

그림 6-2 다문화 혼인 유형별 규모 및 비중(2012, 2021, 2022)

3) 성·연령별 혼인

(1) 남편

다문화 혼인을 한 남편의 경우, 45세 이상의 비중이 31.2%로 가장 많고, 30대 초반(19.3%), 30대 후반(17.1%) 순으로 많았다. 전년 대비 40대 이상, 30대 후반 및 19세 이하의 비중은 증가한 반면, 20대 및 30대 초반의 비중은 감소한 것으로 나타났다.

다문화 혼인 남편 중 외국인 또는 귀화자는 19세 이하, 20대 초반, 30대 후반, 40대 초반의 비중이 증가한 반면, 나머지 연령대의 비중은 감소하였다. 다문화 혼인 남편 중 출생기준 한국인은 40대 이상에서 비중이 증가한 반면, 나머지 연령대의 비중은 감소하였다.

남편의 혼인 연령별 비중은 표 6-4와 같다.

표 6-4 남편의 혼인 연령별 비중(2021~2022)

(단위: 건, %)

	전 체		다문화 혼인[1]		외국인 · 귀화자[2]		출생기준 한국인[3]		출생기준 한국인 간의 혼인[4]	
	2021	2022	2021	2022	2021	2022	2021	2022	2021	2022
건수	192,507	191,690	13,926	17,428	4,612	5,147	9,314	12,281	178,581	174,262
계	100.0	100.0	100.0	100.0	100.0	100.0	100.0	100.0	100.0	100.0
19세 이하	0.1	0.1	0.1	0.1	0.1	0.1	0.1	0.1	0.1	0.1
20~24세	2.2	2.1	3.7	3.0	5.5	5.7	2.8	1.9	2.1	2.0
25~29세	21.3	19.6	16.9	13.5	21.8	20.3	14.5	10.7	21.6	20.2
30~34세	36	35.7	21.8	19.3	29.8	29.3	17.9	15.2	37.1	37.3
35~39세	18.6	18.9	17.1	17.1	17.2	19.8	17.0	16.0	18.7	19.1
40~44세	7.7	8.5	12.7	15.7	8.1	9.3	15.0	18.4	7.3	7.8
45세 이상	14.1	15	27.7	31.2	17.5	15.6	32.7	37.8	13.1	13.4

1) 다문화 혼인: 남녀 어느 한쪽이 외국인 또는 귀화자인 경우, 또는 남녀 모두 귀화자인 경우
2) 외국인·귀화자: 남자가 외국인 또는 귀화자인 경우
3) 출생기준 한국인: 여자가 외국인 또는 귀화자인 경우로 다문화 혼인에 해당되지만, 남자는 출생기준 한국인인 경우
4) 출생기준 한국인 간의 혼인: 남녀 모두 출생기준 한국인인 경우

자료: 통계청(2023a: 6).

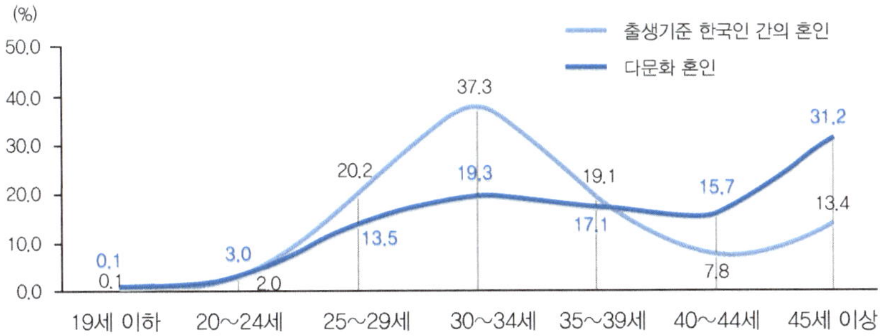

자료: 통계청(2023a: 6).

그림 6-3 남편의 혼인 연령별 비중(2022)

(2) 아내

다문화 혼인을 한 아내의 경우, 30대 초반이 24.6%로 가장 많고, 20대 후반(24.0%), 30대 후반(14.9%) 순으로 많았다. 전년 대비 19세 이하, 20대 초반, 30대 후반 및 40대 초반의 비중은 증가, 나머지 연령대의 비중은 감소하였다.

다문화 혼인 아내 중 외국인 또는 귀화자는 19세 이하, 20대 초반, 30대 후반 비중이 증가, 나머지 연령대의 비중은 감소한 것으로 나타났다. 다문화 혼인 아내 중 출생기준 한국인은 30대 및 40대 초반에서 비중이 증가, 나머지 연령대의 비중은 감소하였다.

아내의 혼인 연령별 비중은 표 6-5와 같다.

표 6-5 아내의 혼인 연령별 비중(2021~2022)

(단위: 건, %)

	전 체		다문화 혼인[1]						출생기준 한국인 간의 혼인[4]	
					외국인 · 귀화자[2]		출생기준 한국인[3]			
	2021	2022	2021	2022	2021	2022	2021	2022	2021	2022
건수	192,507	191,690	13,926	17,428	10,768	13,860	3,158	3,568	178,581	174,262
계	100.0	100.0	100.0	100.0	100.0	100.0	100.0	100.0	100.0	100.0
19세 이하	0.4	0.5	1.1	3.1	1.3	3.8	0.4	0.3	0.4	0.3
20~24세	5.2	5.3	11.9	14.3	13.3	16.7	7.1	5.3	4.7	4.4
25~29세	33.0	30.8	26.0	24.0	25.2	23.2	28.4	27.2	33.6	31.5
30~34세	32.1	33.5	25.1	24.6	23.8	22.6	29.6	32.6	32.7	34.4
35~39세	12.6	12.9	14.5	14.9	14.2	14.5	15.4	16.4	12.5	12.7
40~44세	5.4	5.7	7.8	7.8	8.0	7.8	7.1	7.7	5.2	5.5
45세 이상	11.2	11.3	13.7	11.3	14.2	11.5	11.9	10.6	11.0	11.3

1) 다문화 혼인: 남녀 어느 한쪽이 외국인 또는 귀화자인 경우, 또는 남녀 모두 귀화자인 경우
2) 외국인·귀화자: 여자가 외국인 또는 귀화자인 경우
3) 출생기준 한국인: 남자가 외국인 또는 귀화자인 경우로 다문화 혼인에 해당되지만, 여자는 출생기준 한국인인 경우
4) 출생기준 한국인 간의 혼인: 남녀 모두 출생기준 한국인인 경우
자료: 통계청(2023a: 7).

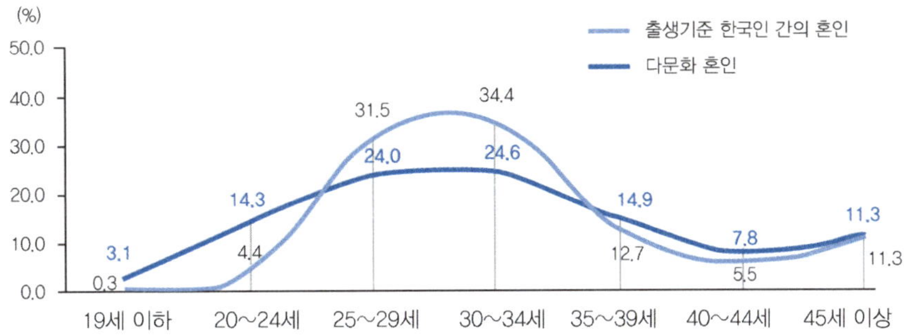

자료: 통계청(2023a: 7).

그림 6-4 남편의 혼인 연령별 비중(2022)

(3) 평균 혼인 연령

다문화 혼인을 한 남편의 평균 초혼 연령은 36.6세로 전년보다 1.6세 증가, 아내의 평균 초혼 연령은 29.9세로 전년보다 0.5세 감소하였다. 다문화 혼인을 한 남녀 간의 평균 초혼 연령 차이는 6.7세로 전년보다 2.1세 증가하였다.

다문화 혼인을 한 남편의 평균 재혼 연령은 49.7세, 아내는 40.4세로 전년보다 남편은 0.3세 증가, 아내는 0.6세 감소하였다.

평균 혼인 연령은 표 6-6과 같다.

표 6-6 평균 혼인 연령(2021~2022)

(단위: 세)

구분		전 체		다문화 혼인[1]						출생기준 한국인 간의 혼인[4]	
						외국인 · 귀화자[2]		출생기준 한국인[3]			
		2021	2022	2021	2022	2021	2022	2021	2022	2021	2022
초혼 연령	남편	33.4	33.7	35.1	36.6	33.2	33.2	36.1	38.1	33.2	33.5
	아내	31.1	31.3	30.5	29.9	29.9	29.1	31.9	32.4	31.1	31.4
남녀 연령차		2.3	2.5	4.6	6.7	3.3	4.1	4.2	5.7	2.1	2.1
재혼 연령	남편	50.7	51.0	49.4	49.7	46.7	45.8	50.3	50.7	50.8	51.3
	아내	46.5	46.8	41.0	40.4	40.5	40.0	44.9	43.1	47.4	47.9
남녀 연령차		4.2	4.2	8.4	9.3	6.2	5.8	5.4	7.6	3.5	3.4

* 연령미상 및 혼인종류 미상 제외

1) 다문화 혼인: 남녀 어느 한쪽이 외국인 또는 귀화자인 경우, 또는 남녀 모두 귀화자인 경우

2) 외국인·귀화자: 혼인 당사자가 외국인 또는 귀화자인 경우

3) 출생기준 한국인: 배우자는 외국인 또는 귀화자로 다문화 혼인에 해당되지만, 혼인 당사자는 출생기준 한국인인 경우

4) 출생기준 한국인 간의 혼인: 남녀 모두 출생기준 한국인인 경우

자료: 통계청(2023a: 9).

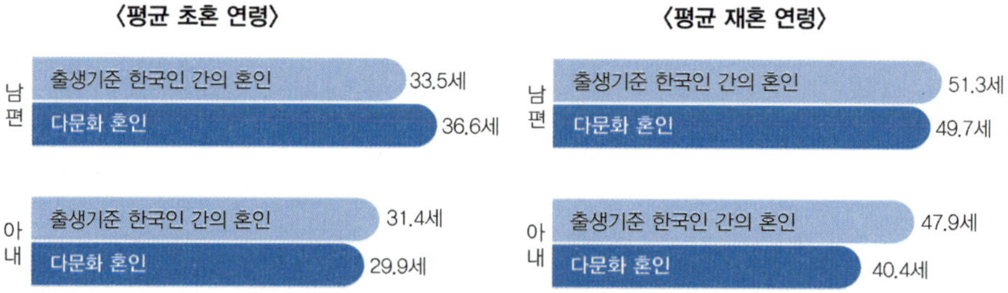

자료: 통계청(2023a: 9).

그림 6-5 평균 혼인 연령(2022)

(4) 부부 연령차

다문화 혼인에서 남편 연상부부가 74.5%로 가장 많고, 아내 연상이 19.1%, 동갑이 6.4%를 차지하였다. 남편이 10세 이상 연상인 부부는 35.0%로 전년보다 10.2%p 증가하였다.

다문화 혼인은 남편 10세 이상 연상 부부의 비중이 특히 높은 것으로 나타났다.

부부 연령차별 비중은 표 6-7과 같다.

표 6-7 부부 연령차별 비중(2021~2022)

(단위: 건, %)

		전 체		다문화 혼인[1)]		출생기준 한국인 간의 혼인[2)]	
		2021	2022	2021	2022	2021	2022
건수		192,507	191,690	13,926	17,428	178,581	174,262
계		100.0	100.0	100.0	100.0	100.0	100.0
남편연상	소 계	64.3	64.7	71.4	74.5	63.7	63.7
	1~2세	23.9	23.5	13.7	12.0	24.7	24.6
	3~5세	24.1	23.9	17.4	14.6	24.6	24.8
	6~9세	11.1	10.9	15.6	12.8	10.8	10.7
	10세 이상	5.1	6.4	24.8	35.0	3.6	3.6
동갑		15.1	14.8	7.5	6.4	15.7	15.7
아내연상	소 계	20.6	20.5	21.0	19.1	20.5	20.6
	1~2세	12.6	12.5	8.9	8.5	12.9	13.0
	3~5세	5.6	5.6	6.8	6.2	5.5	5.6
	6~9세	1.8	1.8	3.6	3.0	1.7	1.7
	10세 이상	0.5	0.5	1.8	1.4	0.4	0.4

1) 다문화 혼인: 남녀 어느 한쪽이 외국인 또는 귀화자인 경우, 또는 남녀 모두 귀화자인 경우
2) 출생기준 한국인 간의 혼인: 남녀 모두 출생기준 한국인인 경우
자료: 통계청(2023a: 10).

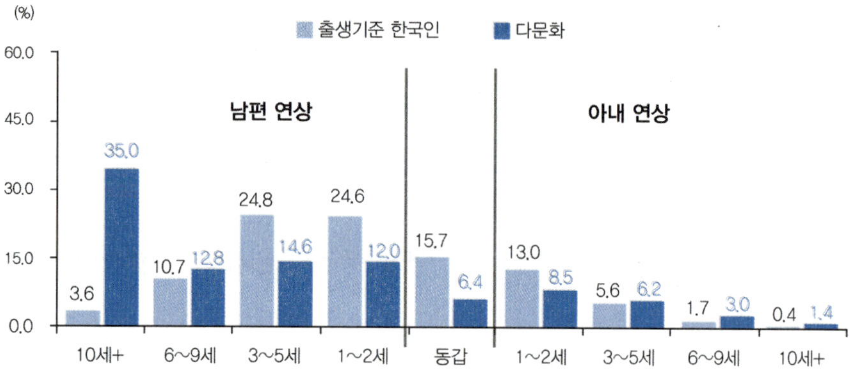

자료: 통계청(2023a: 10).

그림 6-6 부부 연령차별 비중(2022)

(5) 지역별 다문화 혼인

다문화 혼인 비중은 제주가 가장 높고, 세종, 대전 순으로 낮았다. 다문화 혼인 건수는 경기(5,127건), 서울(3,422건), 인천(1,080건) 순으로 많았다. 다문화 혼인 건수는 전년 대비 모든 시도에서 증가하였다.

각 지역별로 다문화 혼인이 차지하는 비중은 제주(10.8%), 충남(10.6%), 전남(10.4%) 순으로 높고, 세종(5.7%), 대전(6.8%), 울산(6.9%) 순으로 낮았다.

지역별 혼인 건수 및 다문화 비중은 표 6-8과 같다.

표 6-8 지역별* 혼인 건수 및 다문화 비중(2020~2022)

(단위: 건, %)

	전 체(A)			다문화 혼인(B)					다문화 비중(B/A)		
							전년 대비				
	2020	2021	2022	2020	2021	2022	증감	증감률	2020	2021	2022
전국**	213,502	191,507	191,690	16,177	13,926	17,428	3,502	25.1	7.6	7.2	9.1
서 울	45,709	37,928	36,730	3,482	3,112	3,422	310	10.0	9.3	8.2	9.3
부 산	12,292	11,221	10,782	694	614	755	141	23.0	7.0	5.5	7.0
대 구	8,455	7,402	7,621	506	474	600	126	26.6	7.9	6.4	7.9
인 천	11,798	11,080	11,075	979	887	1,080	193	21.8	9.8	8.0	9.8
광 주	5,626	4,964	4,981	355	274	355	81	29.6	7.1	5.5	7.1
대 전	6,024	5,450	5,739	341	278	391	113	40.6	6.8	5.1	6.8
울 산	4,758	4,109	4,056	295	215	278	63	29.3	6.9	5.2	6.9
세 종	1,867	1,644	1,686	66	69	96	27	39.1	5.7	4.2	5.7
경 기	58,800	55,619	55,310	4,771	4,341	5,127	786	18.1	9.3	7.8	9.3
강 원	5,923	5,670	5,632	416	317	432	115	36.3	7.7	5.6	7.7
충 북	6,747	5,946	6,272	519	440	630	190	43.2	10.0	7.4	10.0
충 남	8,605	8,120	8,141	773	649	859	210	32.4	10.6	8.0	10.6
전 북	6,142	5,397	5,485	530	378	568	190	50.3	10.4	7.0	10.4
전 남	6,417	6,249	6,268	519	436	654	218	50.0	10.4	7.0	10.4
경 북	9,159	8,262	8,325	746	493	802	309	62.7	9.6	6.0	9.6
경 남	12,100	10,662	10,693	879	661	972	311	47.0	9.1	6.2	9.1
제 주	3,024	2,686	2,759	266	208	297	89	42.8	10.8	7.7	10.8

* 부부 중 국내주소지 기준 집계 (부부가 모두 국내주소인 경우 남편의 주소지 기준)
** 전국은 국외 포함
자료: 통계청(2023a: 12).

(6) 출신 국적별 혼인

다문화 혼인을 한 외국인 또는 귀화자 남편의 출신 국적은 미국이 8.0%로 가장 많고, 중국(6.5%), 베트남(3.4%) 순으로 많았다. 전년 대비 비중은 미국과 중국의 각각 1.3%p, 2.0%p 감소, 베트남은 0.3%p 증가하였고, 건수로는 미국과 베트남은 각각 93건, 156건 증가, 중국은 54건 감소하였다.

다문화 혼인을 한 외국인 또는 귀화자 아내의 출신 국적은 베트남이 23.0%로 가장 많고, 중국(17.8%), 태국(11.1%) 순으로 많았다. 전년 대비 비중은 베트남은 9.4%p 증가, 중국과 태국은 각각 6.1%p, 0.3%p 감소하였고, 건수로는 베트남과 태국은 각각 2,118건, 343건 증가, 중국은 220건 감소하였다.

출신 국적별 혼인 건수 및 비중은 표 6-9와 같다.

표 6-9 국적별 혼인 건수 및 비중(2021~2022)

(단위: 건, %)

남편			2021	비중	2022	비중
건수			13,926	100.0	17,428	100.0
국적*	한국		9,314	66.9	12,281	70.5
	외국[1]		4,612	33.1	5,147	29.5
		미국	1,305	9.4	1,398	8.0
		중국	1,180	8.5	1,126	6.5
		베트남	445	3.2	601	3.4
		캐나다	226	1.6	313	1.8
		영국	112	0.8	166	1.0
		호주	77	0.6	153	0.9
		캄보디아	85	1.0	138	0.8
		일본	145	0.6	133	0.8
		대만	87	0.6	81	0.5
		프랑스	86	0.6	70	0.4
		기타	864	6.2	968	5.6

아내			2021	비중	2022	비중
건수			13,926	100.0	17,428	100.0
국적*	한국		3,158	22.7	3,568	20.5
	외국[1]		13,063	77.3	10,768	79.5
		베트남	1,883	13.5	4,001	23.0
		중국	3,324	23.9	3,104	17.8
		태국	1,593	11.4	1,936	11.1
		미국	496	3.6	645	3.7
		일본	729	5.2	615	3.5
		필리핀	326	2.3	576	3.3
		캄보디아	225	1.6	549	3.2
		러시아	362	2.6	298	1.7
		대만	279	2.0	213	1.2
		몽골	195	1.4	192	1.1
		기타	1,356	9.7	1,731	9.9

* 국적미상 제외

1) 귀화자는 귀화 이전 출신 국적, 외국인은 혼인 당시 외국 국적으로 분류

자료: 통계청(2023a: 11).

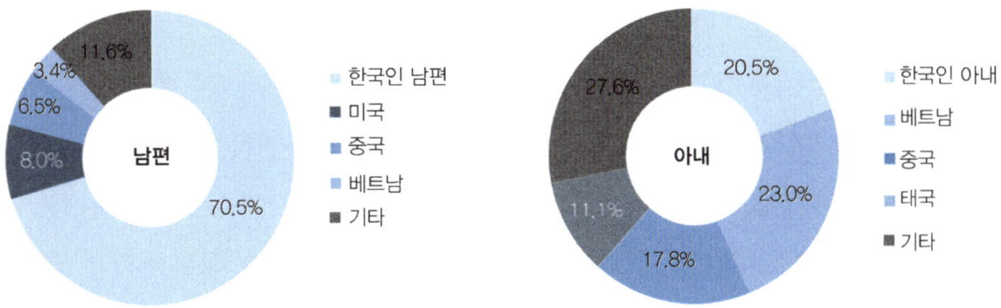

자료: 통계청(2023a: 11).

그림 6-7 출신 국적별 혼인 비중(2022)

3 결혼이주여성의 문제점과 해결방안

1) 문제점

결혼이주여성은 한국사회에 진입함에 있어서 많은 어려움에 처해 있다. 그 내용은 다음과 같다(이정은 외, 2023: 96-99).

(1) 국적 취득 및 인권 문제

국적 취득 문제는 결혼이민자에 관련된 사항으로 보인다. 결혼이주여성의 경우, 최근까지 결혼 후 한국국적을 취득하는 데 오랜 시간이 걸리거나, 국적 취득 과정에서 비합리적인 요소들, 즉 남편의 동의를 반드시 필요로 하는 조건 등으로 인하여 많은 어려움을 경험하였다.

영주권 취득 결혼이민자 21,205명의 영주권 보유기간을 살펴보면, 5~10년 미만 기간 동안 영주권을 보유한 이들이 38.1%를 차지하고 있으며, 3~5년 미만 보유자가 23.7%, 3년 미만 보유자가 27.7%이다. 평균 영주권 보유기간은 5.4년으로, 남성 결혼이민자들(7.42년)의 영주권 보유기간이 여성 결혼이민자(4.93년)보다 길다. 출신 국적별로는 대만·홍콩 출신이 평균 15.14년 동안 영주권을 보유해 가장 오랜 기간 영주권을 보유했으며, 그 다음으로는 일본 출신(7.08년)의 영주권 보유기간이 긴 것으로 나타난다.

한국국적 미취득 결혼이민자의 향후 국적 또는 영주권 취득계획을 살펴보면, 54.8%는 한국국적 취득을 계획하고 있으며 21.2%는 영주권만 받을 계획이라고 응답해, 76.0%가 한국국적 또는 영주권 취득계획을 밝혔다. 반면, 한국국적 또는 영주권 취득계획이 없는 이들은 7.0%에 불과하며, 나머지 16.9%는 모르겠다고 응답했다. 2012년과 비교하면, 한국국적 취득계획이 있는 이들은 59.5%에서 54.8%로 줄어든 반면, 영주권 취득계획이 있는 이들은 14.6%에서 21.2%로 늘어나, 결혼이민자들 사이에서 국적보다는 영주권에 대한 관심이 증가하고 있는 것으로 보인다.

최근 들어 이러한 불합리한 요소들이 시정되고 법적으로 향상된 조건이 부여되고 있으나, 한국남성과 결혼하는 외국여성의 경우, 국적 취득 과정은 기본적 인권문제로서 정책적 배려가 지속적으로 요구되는 사안이다. 또한 결혼이주여성의 경우, 인신매매성 국제결혼 중매, 결혼 후 가정폭력 및 학대의 문제들이 빈번하게 제기되고 있는데, 이는 중대한 기본적인 인권침해로 지적될 수 있다(최영민 외, 2015: 31). 이주노동자, 결혼이민자 가족은 1세대 인권이자 가장 보편적인 인권요소인 자유권적 침해상황도 심각하다. 그런 점에서 이들의 자유권적 기본권을 보장하기 위한 대책이 요구된다(김범수 외, 2010: 117).

다문화사회에서 인권문제는 중요한 사회적 이슈가 되고, 또한 그와 관련된 실천활동의 중요성도 커진다. 왜냐하면 이주노동자, 결혼이민자와 그 자녀들은 인종이나 피부색 등에 있어서 한국사회의 소수자이며, 약자이고, 따라서 차별받기 쉽기 때문이다. 특히, 순혈주의, 다른 인종과 민족에 대한 배타의식이 강한 한국사회에서는 이주노동자 또는 결혼이민자 가족 등 한국사회의 소수자와 관련된 인권문제가 발생할 가능성이 크다.

(2) 사회문화적 적응문제

결혼이주여성들이 한국에서 겪는 사회문화적 적응문제는 심각한 상황에 놓이고 있다. 다음 기사는 서로 다른 문화 속에서, 그리고 의사소통이 원만하지 못하여 답답한 가슴만 치면서 가정생활을 하는 결혼이주여성의 한 단면을 보여 준다(박화상 외, 2023: 111 재인용).

> 충북 옥천군에 사는 70대의 A 씨는 최근 태어난 손자 머리맡에 날카로운 칼이 놓여 있는 것을 보고 소스라치게 놀랐다. 칼은 베트남에서 시집 온 며느리가 넣은 것으로 밝혀졌고, A 씨는 불같이 화를 내며 며느리를 정신이상자로 몰아붙였다. 반면, 며느리는 시어머니가 화를 내는 이유를 도저히 이해할 수 없었다. 고국 베트남에서는 나쁜 기운을 타지 않고 무탈하게 성장하도록 하는 기원을 담아 아기 머리맡에 칼을 놓는 것이 풍습이기 때문이었다. 설명을 하려 해도 말이 통하지 않으니 베트남 출신 며느리는 답답한 마음에 가슴만 칠 수밖에 없었다.

첫째, 사회적 관계형성의 어려움이 있다. 여기서 '사회적 관계'는 주로 결혼이주여성이 주변의 사람들과 맺는 관계를 의미한다. 이민자는 이민자의 가족 및 친척 모임부터 학부모 모임, 지역 모임 등 다양한 모임에 참여한다. 특히, 결혼이주여성의 경우 자국인과의 모임이 정보교환과 상호부조의 주된 역할을 하는 것과 한국 배우자나 배우자 가족들이 자국인과의 만남을 그다지 반기지 않는 등의 이중적 특성이 있다(지은구 외, 2016: 317).

둘째, 문화적 갈등 또는 문화적 배경에서 오는 억압의 문제이다. 결혼이주여성의 경우, 가부장적 권위의 남편과 시댁의 문화 간 차이에서 오는 문화갈등을 경험하고 있다. 즉, 남존여비사상, 유교적 문화, 시부모와의 관계에 대한 몰이해, 한국요리의 어려움, 관혼상제의 미숙, 종교와 가치관의 차이, 음주와 사생활의 상이 등으로 갈등이 많은 빚어질 수 있다(최선화 외, 2014: 438).

셋째, 지역사회의 문화적 대응력 미비의 문제이다. 현재 다문화가족이 다수 존재하는 지역사회의 내부 대응력 또는 조정력이 검증되지 않고 있다. 다시 말해서 부족한 지역주민의식, 문화적 접촉과 충격에 대한 공식적 · 제도적 대응책이 부재한 상황에서 미래 지역사회 내의 다문화적 상황이 미지수로 남게 된다. 이러한 현상은 지역사회에 통합하지 못한 결혼이민자 가정과 지역사회 사이의 갈등이 드러나 사회문제의 원인으로 작용할 수 있다(지은구 외, 2016: 318).

(3) 사회통합의 문제

첫째, 언어소통의 어려움이 있다. 대부분 결혼이주여성들이 한국어를 습득할 기회를 갖기도 전에 출산하거나 가정의 대소사를 책임져야 하는 등 일상생활의 적응 자체에 언어로 인한 어려움을 겪고 있다. 이는 다문화가족의 자녀에 대한 언어장애로 이어진다. 어머니가 한국어를 능숙하게 하지 못하기 때문에 자녀가 발달성 언어장애를 겪고 있는 경우가 있으며, 또 자녀가 고학년으로 갈수록 아동학습 상의 문제가 발생할 소지가 많다(최선화 외, 2014: 438).

둘째, 빈곤과 자녀교육의 문제이다. 결혼이주여성들은 다문화가족이기 때문에 겪는 언어적 · 문화적 갈등, 사회적 편견 등과 같은 문화 간 차이와 함께 빈곤문제에 동시에 노출되어 있다. 이들 다문화가족의 경제적 여건은 상대적으로 열악한 경우가 많아 어려움을 겪고 있다(이성순, 2023: 114).

최근 이주민의 많은 경우가 자녀양육과 교육에 어려움을 겪고 있는 것으로 보인다. 자녀들을 보육기관에 맡기려 해도 혹시 그곳에서 상처받는 일이 있을까 봐 아이를 쉽게 맡기지도 못한다. 자녀교육문제를 전문적으로 도와주는 사람이나 단체가 소수에 그치고 있고, 이러한 문제를 하소연할 기관도 부족하다. 따라서, 이들에 대한 교육문제는 다문화가족에게는 심각한 문제가 아닐 수 없다(박화상 외, 2023: 113-114).

결론적으로 결혼이주여성이 우리글과 우리말에 익숙지 않아 자녀조차 성장과정에서 어려움을 겪게 되며, 다문화가족의 자녀들은 부모의 국적·문화 간 차이로 정체성의 혼란을 겪고 있는 것으로 나타나고 있다. 따라서, 이들 자녀가 성장했을 때 한국사회 내에서 또 다른 차별을 받는 소외계층으로 살아갈 가능성이 있다.

2) 해결방안

결혼이주여성의 문제점에 대처하기 위한 정책적 처방을 고안하여 해결하기 위한 방안은 다음과 같다(박화상 외, 2023: 114-117).

(1) 전시성, 이벤트 중심의 정책으로부터 탈피하고, 보다 장기적인 관점에서 내실 위주의 정책을 시행해야 한다. 현재 여러 종류의 이주민들 중에서 결혼이주여성이 가장 다양한 정책의 수혜를 받고 있다. 결혼이주여성에 대한 프로그램은 다른 이주민에 비해 과잉중복되는 경우가 많은 것이다. 따라서, 지나치게 방만한 프로그램을 개별 정부부처별로 그것도 이벤트성 행사를 중심으로 시행하는 것을 지양하고, 보다 장기적인 관점에서 정책이나 프로그램의 내실을 다지는 것이 중요하다.

(2) 유기적이고 통합적인 정책시행체계가 구축되어야 한다. 현재 결혼이주여성에 대한 지원과 관련해 중앙정부 단위에서는 다양한 정부 부처들이 저마다 사업을 시행하고 있다. 지방정부 단위에서도 각급 일

반행정기관이나 특별행정기관들이 제대로 된 연계나 조정 체계 없이 다양한 프로그램들을 중구난방으로 운영하고 있다. 따라서, 향후 정책시행체계나 프로그램들이 보다 체계적으로 조정되고 통합되어야 하며, 공사부문 간, 중앙 및 지방정부 간, 그리고 각급 지방행정조직들 간에 보다 명확하게 기능조정이 되어야 한다.

(3) 다문화정책과 프로그램에 대한 접근성이 제고되어야 한다. 농어촌지역의 경우, 교육 및 여가 관련 시설이 절대적으로 부족하고, 관련 정보에 대한 접근기회도 크게 부족하다. 결혼이주여성을 지원하기 위한 정책이나 프로그램의 접근성을 제고하기 위해서는 생활권에 기반을 둔 교육시스템 구축, 문화 및 복지시설의 확충, 방문교육의 활성화, 정보접근성 제고를 위한 멘토링 활성화, 정보제공 방식의 다양화 등 다양한 방인들이 고안되어야 한다.

(4) 다문화정책이나 프로그램 운영에서 획일성을 지양하고, 융통성을 제고해야 한다. 결혼이주여성을 지원하기 위한 정책이나 프로그램을 시행하는 데 결혼이주여성의 거주지역, 학력수준, 서비스 욕구, 전문성 수준, 연령, 출신국가 등의 개별적 특성을 감안하는 맞춤식이 되어야 한다.

(5) 생활공동체 단위의 소통을 강화한다. 현재 결혼이주여성을 위한 다양한 정책이나 프로그램들이 시행되고 있지만, 이것들이 대부분 생활구역이 아닌 행정구역을 단위로 시행되고 있어 접근성이 떨어짐은 물론, 결혼이주여성들이 공동체사회에 적응하는 데 큰 기여를 하지 못하고 있다. 따라서, 공동체 단위의 소규모 프로그램을 중점적으로 개발함으로써 결혼이주여성들의 교육, 사회적응, 여가활용, 사회적 네트워크 형성 등이 공동체를 중심으로 동시다발적으로 발생할 수 있게 해야 한다.

(6) 정책 및 프로그램의 통합연계성을 강화하여 시너지 효과를 거둘 수

있게 해야 한다. 즉, 현재 각 정부 부처별로 분절적으로 정책이나 프로그램이 운영되고 있어 통합적 관리에서 오는 시너지 효과를 거두지 못하고 있다. 따라서, 통합 및 연계성 제고를 통한 시너지 효과를 거두기 위해서는 우선, 어떠한 정책이나 프로그램들이 서로 연관성이 높은지를 분석해야 하며, 다음에는 통합운영의 주체를 선정하고 통합운영방식을 고안해야 한다.

(7) 적절한 성과평가와 환류가 필요하다. 현재 각 정부 부처들마다 결혼이주여성을 지원하기 위한 계획을 수립하고, 이에 입각하여 다양한 정책과 프로그램들을 시행하고 있다. 따라서, 결혼이주여성을 지원하기 위한 정책이나 프로그램의 경우는 성과평가를 의무적으로 시행하며, 평가결과를 등급화하여 차등적인 인센티브를 제공하며, 성과가 좋은 프로그램에 대해서는 모범사례로 선정하여 정보를 공유하는 것이 필요하다.

(8) 결혼이주여성에 대한 정책이나 프로그램은 상호이해를 촉진하는 방향으로 운영되어야 한다. 한국사회는 아직 다문화정책에 대한 뚜렷한 방향설정은 없지만, 현재의 세계적인 추세인 다문화주의모형을 암묵적으로는 추구하고 있다. 이러한 이념적 지향에 충실하기 위해서는 결혼이주여성에 대한 정책이나 프로그램들이 결혼이주여성만을 대상으로 하기보다는 남편, 시부모, 지역주민 등이 함께 참여하여 상호이해를 제고하는 방향으로 운영되는 것이 필요하다.

(9) 결혼이주여성에 대한 정책이나 프로그램은 이들의 자녀에 대한 배려를 강화해야 한다. 자녀들의 보육 및 학습능력 증진뿐만 아니라, 결혼이주여성과 자녀 간의 소통, 심리적·정서적 안정화, 직업, 병역문제 등에 상당한 비중을 두어야 한다. 학교교육이나 교육 프로그램에서는 학습증진에만 몰두할 것이 아니라, 결혼이주여성 자녀들의 정서적·심리적 상담의 강화, 자신감 제고, 참여 및 체험활동 장려, 환

경적 역경을 극복한 사례의 개발 등의 방한들이 고안되어야 한다. 그리고 결혼이주여성 자녀들이 머지않은 장래에 직면할 대학진학, 취업, 병역 등의 문제들에 대비하여 대학진학상담 강화 및 학자금 대출, 취업교육 지원, 이중언어 습득 지원, 적성직종 개발, 병영체험 활동 등 다양한 제도적·실제적 방안들에 대한 사전 보완을 서둘러야 한다.

(10) 결혼이주여성의 생애주기별 서비스체계를 구축해야 한다. 결혼이주여성의 입국과정 및 입국 이후의 생활을 일정한 단계로 구분하여 각 단계별로 적합한 정책적 처방책을 마련해야 한다. 구체적인 생애주기와 관련해서는 여러 의견이 존재하지만, 대개 결혼준비기, 가족형성기, 자녀양육기(임신·출산 포함), 자녀교육기, 가족역량강화기 등으로 구분하고 있다. 그런데 이러한 생애주기의 분류는 여성으로서 가정생활을 영위하는 데 주안점을 두는 것으로서, 결혼이주여성 자체로서의 다양한 욕구들, 즉 교육욕구, 사회문화적 적응, 직업훈련 및 취업, 언어, 건강, 사회보장, 주거 등 다양한 차원에서 발생하는 사회적 배제의 문제를 다루는 데는 한계가 있으며, 이는 별도로 보강되어야 한다.

CHAPTER 07

이주노동자

개 요

이주노동자는 일반적으로 취업을 위해 본국을 떠나 이주한 자를 의미하고 있으며, '외국인근로자', '이민근로자' 등 다양한 용어가 혼재되어 사용되고 있다. 국제법상 이주노동자의 개념은 UN협약, ILO협약, EU협약 등에서 논의되고 있다. 이에 따르면, 이주노동자는 국적을 가지지 않는 나라에서 유급활동에 종사하고 있거나 종사할 예정인 사람으로, 성, 인종, 국적, 종교, 연령, 재산 등에 따른 차별 없이 모든 이주노동자가 협약의 적용대상임을 밝히고 있다. 여기에서는 이주노동자에 대해서 학습하고자 한다.

학습목표

1. 이주노동자의 자국 문화 이해
2. 이주노동자의 권익옹호방법 모색
3. 이주노동자의 문화충돌 토의

학습내용

1. 이주노동자의 개념
2. 이주노동자의 실태분석
3. 이주노동자의 문제점 및 해결방안

1 이주노동자의 개념

1) 이주노동자의 정의

다문화 관련 대상자들이 본격적으로 유입되면서 사회적으로 관심을 가지게 된 주요 대상자 중 하나가 이주노동자이다. 한국사회는 이들에게는 차별배제적 정책을 적용하면서 사회 안에서 동화를 추구하는 결혼이주여성과는 다른 방식으로 처우하고 있다. 이러한 특성으로 인해 이주노동자는 다방면에서 인권침해와 차별을 경험하고 있다(조원탁 외, 2020: 271).

이주노동자(migrant worker)는 '일정 기간 다른 나라에서 경제적 수입을 목적으로 근로에 종사하는 자'를 의미한다. 그러나 한국사회에서는 명칭 자체가 외국인 노동자(foreign worker), 이민 노동자(immigrant worker), 초빙 노동자(guest worker), 단기 노동자(temporary worker), 계약 노동자(contract worker), 이방인 노동자(alien worker), 출가 노동자, 외국인근로자(국내법) 등 다양한 명칭으로 불리고 있다(이정은 외, 2023: 101). 그렇지만 '일정 기간 다른 나라에 가서 돈벌이하는 사람'을 가리킨다는 점에서는 동일하다. 외국인 노동자, 이민 노동자, 이방인 노동자는 노동력 수입국의 입장에서 '이주노동자'를 부르는 명칭이며, 송출국의 입장에서는 부적절한 용어이다. 따라서, 송출 · 정착 · 귀환이라는 이주의 전 과정을 포괄하고 있는 '이주노동자'라는 용어가 주로 사용되고 있다(이승림, 2018: 48).

국내법의 경우, 「외국인고용법」, 「출입국관리법」, 「재한외국인 처우기본법」 등 현행법상에서 이주노동자에 대한 개념과 법적 지위를 규정하고 있다. 이주노동자의 법적 용어로는 '외국인근로자'가 통상적으로 사용되고 있으며, 「외국인 고용법」 제2조에서 '외국인근로자'는 "대한민국의 국적을 가지지 아니한 사람으로서 국내에 소재하고 있는 사업 또는 사업장에서 임금을 목적으로 근로를 제공하고 있거나 제공하려는 사람"으로 정의하고 있다. 따라서, 이주노동자는 일정하게 정하여진 기간 동안 자국을 떠나 다른 나라에 가서 경제활동을 하는 사람으로 이해된다. 국제노동기구(ILO)는 이주노동자를 'migrant worker'라고 정의하고 있으며, migrant worker는 자신이 생활하고 있는 일상적인 근거지를 벗어나서 타 지역(타 국가)으로 이주하여 취업한 노동자를 통칭한다(조경자 외, 2021b: 249).

하지만 국내에서 통용되고 있는 '외국인근로자'라는 용어는 내국인과 외국인을 구분하여 국민이 아닌 사람을 부각한다는 점에서 이주하였다는 사실에 초점을 두어 노동력 송출국과 유입국의 입장을 포괄하는 '이주노동자'라는 용어가 더 개방적이고 포용적인 용어라고 할 수 있다. 국제적으로도 외국인근로자라는 표현이 국적의 차이와 차별의 의미를 담고 있기 때문에 이주노동자라는 표현을 권장하고 있는 추세이다.

그러므로 이러한 논의를 바탕으로 법적 개념인 외국인근로자 대신 이주노동자라는 용어의 사용이 적당하다고 보며, 이들은 취업을 목적으로 본국에서 다른 국가로 이주한 노동자로 정의한다.

국제법상 이주노동자의 개념은 UN협약, ILO협약, EU협약 등에서 논의되고 있다. 이에 따르면, 이주노동자는 국적을 가지지 않는 나라에서 유급활동에 종사하고 있거나 종사할 예정인 사람으로 성, 인종, 국적, 종교, 연력, 재산 등에 따른 차별 없이 모든 이주노동자가 협약의 적용대상임을 밝히고 있다. 이주노동자에 대한 이러한 정의는 ILO협약과 EU협약에서도 비슷하게 나타나고 있다. 다만, 협약에 따라 불법적인 방법과 수단으로 이주한 사람에 대해서는 상이하게 규정하고 있기 때문에 이주노동자에 포함되는 대상은 다소 차이가 있다(김홍목, 2019: 8).

국제연합(UN)에서 채택한 국제법적 지위를 갖는 각종 협약들로는 「난민의 지위에 관한 협약(Convention Relating to the Status of Refugees)」(1951, UN), 「모든 형태의 인종차별 철폐에 관한 협약(International Convention on the

Elimination of All Forms of Racial Discrimination)」(1965, UN), 「시민적 · 정치적 권리에 관한 국제조약(International Covenant on Civil and Political Rights)」(1966, UN), 「경제적 · 사회적 및 문화적 권리에 대한 국제조약(International Covenant on Economic, Social and Cultural Rights, ICESCR)」(1966, UN) 등이 포함된다. 특히, 이주노동자의 자녀와 관련된 협약들은 「유엔아동권리협약(Convention on the Rights of the Child)」(1989)과 「모든 이주노동자와 그 가족의 권리보호에 관한 국제협약(International Convention on the Protection of All Migrant Workers And Their Families)」(1990) 등이 있다. 이외에도 국제노동기구(ILO)가 채택한 「결사의 자유와 단결권의 보호에 관한 협약(Convention concerning Freedom of Association and Protection of the Right to Organize)」(1948) 등이 있다.

우리나라는 이러한 국제법과 「유엔아동권리협약」에 가입하여 이를 우리나라 국내법과 동일한 효력을 발휘하도록 하고 있으나, 아직까지 「모든 이주노동자와 그 가족의 권리보호에 관한 국제협약」은 비준하지 않은 상태이기 때문에 이 협약의 내용은 효력이 발휘될 수 없다.

2) 한국 이주노동자의 역사

한국사회는 급속한 고령화와 저출생 현상에 따른 생산연령인구(productive age population)의 감소와 연령 구성의 변화가 일어났다. 이로 인해, 생산성 저하와 저축 및 투자 감소를 초래하고 잠재성장률은 떨어지고 국가경쟁력에 큰 타격을 받을 것을 우려하였다. 그 해결책의 하나로 국내 노동시장의 일손 부족을 보완하기 위해 합법적이고 선별적으로 노동력을 공급하는 제도가 고용허가제와 방문취업제의 도입이다.

88서울올림픽을 계기로 한국의 발전이 알려지면서 조선족뿐만 아니라,

동남아시아나 중앙아시아에서 관광 비자(C-3)로 입국하고 그대로 불법체류자로 취업하는 외국인노동자가 증가하였다. 정부는 인력부족을 겪는 중소기업의 요구를 수용하고자 1991년 11월에 '산업기술 연수생 제도'를 도입하였다. 그 후 여러 가지 문제점이 노출되어, 2004년 노무현 정부에서 외국인노동자를 정식으로 수용하는 고용허가제가 시행되었으며, 고용허가제 이후 국내 외국인노동자 수는 지속적으로 증가하였다(김명희, 2019: 8).

한국사회는 1997년 외환위기에서 경제위기를 벗어나기 위해 다양한 시책이 채택되었다. 그 일환으로써 선진국 거주 '재외동포'에 대한 한국투자, 고기능 노동자의 유치를 주 목적으로, 1999년 한국 내에서의 경제활동에 대한 규제를 완화하는 내용의 「재외동포의 출입국과 법적 지위에 관한 법률(재외동포법)」을 제정하였다.

2002년에는 '취업관리제도'를 도입, 재외동포 가운데 중국 조선족이나 CIS지역의 고려인이라고 하는 한국계 외국인에 대하여 6종류의 서비스업에서 최장 3년간 취업을 허가하였다. 인력부족이 극심한 업종에 저임금 노동력을 보충하는 것이 정책적 의도였지만, 2004년 고용허가제가 실시되면서 폐지되었고 고용허가제에 통폐합되었다.

2007년에는 한국계 외국인의 취업을 우대하는 내용의 '방문취업제'가 시행되었다. 방문취업제(특례고용허가제)는 중국 및 CIS지역 만 25세 이상의 일정한 요건을 갖춘 동포들에 대해 5년간 유효한 복수사증을 발급(H-2)하고, 사증 유효기간 범위 내에서 자유로운 출입국을 허용하여 한민족 네트워크를 강화하고 고국과 동포사회의 호혜발전에 기여하기 위한 제도이다.

2013년 3월 23일 시행된 「고려인동포 합법적 체류자격 취득 및 정착지원을 위한 특별법」에 따르면, 동법 제1조는 "고려인 동포의 합법적인 체류자격 취득을 지원하고 고려인동포의 권익 증진과 생활 안정을 도모함을 목적으로 한다."라고 규정하고 있다.

2024년 8월 정부가 만성적 인력난 해소를 위해 비숙련·단기체류 위주인 외국인 근로자 비자제도를 고숙련·장기체류 중심으로 대폭 손질한다. 정부는 고숙련 인재가 장기간 국내에 체류할 수 있도록 '비자 사다리'를 구축한다는 구상이다. 유학생이 구직 비자(D-10), 숙련인력 비자(E-7), 지역 거주 비자(F-2-R)를 차례로 취득할 수 있도록 바꾼다. 또 교육·주거지원 등을 통해 단순 노무인력의 숙련기능인력 비자 전환을 대폭 높일 방침이다. 베트남 등 해외 학생이 지역의 산업관련 학과에 지원하고 현지 업체에 취업해 정주할 수 있도록 관련 비자와 장학지원도 개편한다. 정부가 '비자 사다리'를 구축해 외국 인재의 국내 장기 체류를 적극 유도하는 데 나선 것은 외국인 인력 정책의 대전환이 시급하다는 판단에서다(한국경제, 8월 7일 자).

이주노동자에 대한 견해는 크게 두 개로 나뉘고 있는데, 우선 국내 인력이 기피하는 3D 업종에서 부족한 인력을 메울 수 있다는 긍정적인 여론이 존재하는 반면, 저임금으로 국내 노동시장의 질서를 파괴하고 있다는 부정적인 시각도 존재한다. 하지만 인구절벽·고령화 등으로 생산인구가 감소가 불가피한 상황에서 '외국인근로자에 대한 효과적인 활용방안'이 필요할 뿐만 아니라, 그들의 방치는 복지 차원에서 더 큰 사회적 비용의 부담이 커질 수 있기 때문이다.

3) 이주노동자 관련 제도

(1) 고용허가제

고용허가제(employment permit system, EPS)는 이주노동자에게 고용조건에 있어 국내 노동자와 동등한 대우를 보장해 주는 제도로서, 외국인력을 고용하려는 사업자가 직종과 목적 등을 제시할 경우, 정부(노동부장관)가 그 타당성을 검토하여 허가 여부를 결정하는 외국인력 도입정책이다. 대부분의 유럽국가와 미국에서 시행되고 있으며, 2003년 8월 16일 법률 제6967호로

「외국인근로자의 고용 등에 관한 법률」이 제정되어 2004년 8월부터 시행되고 있다(주진우, 2018: 13).

고용허가제는 인력난을 겪는 중소기업 등이 외국인근로자를 합법적으로 고용할 수 있도록 정부가 허가해주는 제도다. 고용허가제로 입국한 외국인은 내국인과 동일하게 「근로기준법」과 최저임금 등의 적용을 받으며, 최대 4년 10개월까지 두 차례 일할 수 있다(한국경제, 2024년 8월 18일 자).

고용허가제는 국내 인력이 부족한 사업체에 적정 수준의 근로자를 도입하여 활용하는 동시에, 국내 노동자의 기회가 침해되지 않도록 하는 것이 중요하다. 그리고 이주노동자의 도입을 잘 이용하여 송출 비리를 방지하며, 국내 취업 이주노동자는 내국인 노동자와 동일한 조건으로 보호하는 원칙이다(황미혜 · 권영은, 2023: 133).

고용허가제는 심각한 인력부족을 겪고 있는 제조업이나 3D업종 부문의 사업체들에 대해 해외의 노동력을 공급하려는 취지에서 도입된 제도이다. 이주노동자를 고용하려는 300인 미만의 중소기업에서 내국인 노동자를 고용할 수 없음을 입증하고 필요 직종과 목적을 제시하는 경우, 정부는 그 타당성을 검토하여 허가 여부를 결정한다. 한국과 인력도입 양해각서를 체결한 나라로부터 국내로 취업하려는 신청자들 중에서 사업주가 선정한 이주노동자들은 정부로부터 고용허가서와 취업비자(E-9)를 발급받아 근무할 수 있다.

고용허가를 받은 사용자는 국외에서 직접 모집하거나, 대통령령이 정한 공공단체 또는 비영리법인을 통해 모집할 수 있으며, 이주노동자는 송출국의 국가기관 또는 그 국가가 인정하는 기관을 통해야 한다. 사용자는 1년 이내의 기간을 정하여 노동허가를 받은 이주노동자와 고용계약을 체결하게 되는데, 계약을 체결할 때, 임금 · 근로시간 · 휴일 · 휴가 등 근로조건에 관한 사항과 동거를 위한 가족동반 금지에 관한 사항 등이 포함된다.

고용허가제에 따르면, 사업주는 이주노동자를 대상으로 임금 · 근로시간

· 휴일 등의 고용조건에 대한 근로계약을 체결해야 하며, 근로조건이나 노동관계법 · 사회보험의 적용에서 내국인 노동자와 부당한 차별을 할 수 없다. 대부분의 유럽국가에 시행되고 있는 노동허가제의 경우에는 이주노동자의 자유로운 직장이동을 허용하는 반면, 우리나라의 고용허가제는 이주노동자들이 정해진 기간 동안 지정된 사업체에서만 일할 수 있는 것으로 규제하고 있다(이현숙 · 김영애, 2023: 148).

이 제도는 사업자에게 허가권을 행사함으로써 이주노동자에 대한 초과수요를 사전에 통제할 수 있으며, 사업자가 내국인 노동자를 고용할 수 없음을 입증하여야만 이주노동자를 고용할 수 있게 되므로, 내국인 노동자의 고용기회가 보장되며, 이주노동자의 고용에 따른 근로조건 악화를 방지할 수 있다. 또한 고용을 허가할 때 근로조건을 준수할 수 있는 사업자인가를 확인할 수 있어서 무자격사업자의 이주노동자 고용을 사전에 차단할 수 있다는 점에서 이주노동자의 권익을 충실하게 보호할 수 있다(이성순, 2023: 135).

(2) 이주노동자의 유형

국내 이주노동자의 유형은 비전문취업(E-9), 방문취업(H-2), 전문인력취업(E-1~E-7, C-4), 미등록 이주노동자로 크게 4가지로 구분된다. 이중에서 고용허가제로 유입되는 이주노동자는 비전문취업(E-9)과 방문취업(H-2)에 해당되며, 한국정부와 노동력 송출에 관한 양해각서(MOU)를 체결한 국가에서 인력을 수급받고 있다. 그 내용은 다음과 같다.

① 비전문취업(E-9) : 현재 인도네시아, 태국, 라오스 등 16개 국가에서 송출되고 있으며, 취업이 가능한 업종은 중소제조업, 농 · 축산업, 어업, 건설업, 일부 서비스업 등과 같이 국내에서 인력 수급이 어려운 직종에 한정된다. 또한 이들의 취업은 정주화 방지를 위해 3년으로

제한되며, 사용자의 재고용 시 1년 10개월이 연장되어 최장 4년 10개월까지 체류가 가능하다.

② 방문취업(H-2) : 중국이나 독립국가연합(구소련, CIS)지역 재외동포들의 자유로운 고국 방문과 체류상의 편의를 도모하기 위해 도입되었다. 방문취업(H-2)으로 유입된 동포들은 고용허가제 내에서도 특례 적용을 받기 때문에 취업이 가능한 업종이 폭넓고, 사업장 변경이 자유로우며, 한국어 소통이 가능하다는 점에서 비전문취업(E-9)과는 다른 조건을 가지고 있다.

③ 전문인력취업 : 비자 체계상 단기취업(C-4)을 비롯해서 교수, 회화지도, 연구, 기술지도, 전문직업, 예술흥행, 특정활동 분야(E-1~E-7)에 연수 또는 취업하려는 전문적인 기술과 능력을 가진 인력을 대상으로 한다. 각 분야에 따라 최소 2년에서 최대 5년 동안 체류 가능하며, 비자 발급에 필요한 요건과 활동범위가 상이하다.

이주노동자 유형은 그림 7-1과 같다.

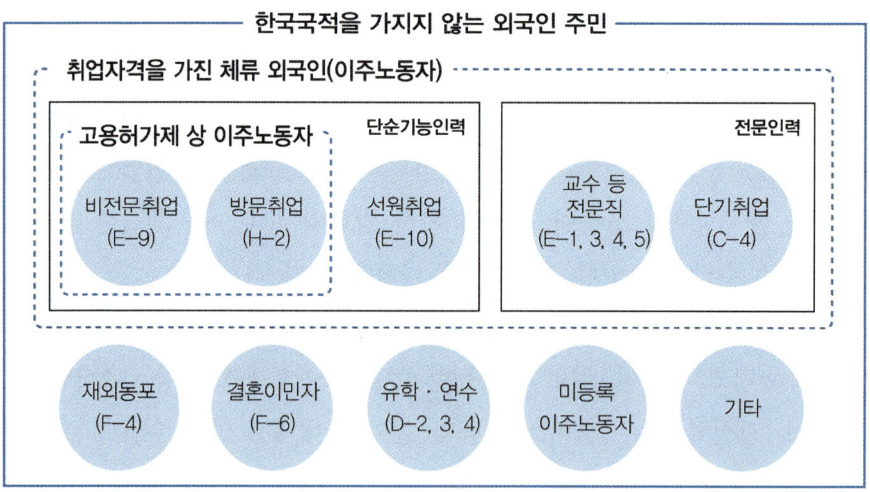

그림 7-1 이주노동자 유형

④ 미등록 이주노동자 : 체류기간 초과, 지정된 사업장 무단이탈, 밀입국 등 다양한 이유로 인해 불법체류·불법취업 상태가 된 이주노동자를 뜻한다. 이들은 국내에 체류할 수 있는 법적 자격이 없다는 신분상 제약 때문에 정부지원의 사각지대에 놓여 있으며, 합법체류 이주노동자에 비해서 처우가 열악하다.

2 이주노동자의 실태분석

통계청(2024b)의 「2023년 이민자 체류실태 및 고용조사」에 따르면, 이주노동자의 고용 현황은 다음과 같다.

1) 경제활동상태

(1) 취업자

체류자격별 취업자 비중은 전문인력(100.0%), 비전문취업(99.7%), 영주(74.8%), 방문취업(72.6%) 순으로 나타났다.

전체 외국인 취업자 중 비전문취업 비중(29.1%)이 가장 높고, 재외동포(27.1%), 영주(10.6%) 순으로 나타났다.

(2) 실업자

체류자격별 실업자 비중은 방문취업(5.2%), 유학생(3.8%), 재외동포(3.7%) 순이었다.

전체 외국인 실업자 중 기타 비중(31.9%)이 가장 높고, 재외동포(27.5%),

유학생(13.8%) 순으로 나타났다.

(3) 비경제활동인구

체류자격별 비경제활동인구 비중은 유학생(78.4%)이 가장 높고, 결혼이민(38.1%), 재외동포(31.6%) 순이었다.

전체 외국인 비경제활동인구 중 유학생 비중(32.4%)이 가장 높고, 재외동포(26.8%), 결혼이민(10.0%) 순이었다.

체류자격별 상주 외국인 고용 현황 표 7-1과 같다.

표 7-1 체류자격별 상주 외국인 고용 현황

(단위: %)

	체류자격별 경제활동상태[1]				경제활동상태별 체류자격[2]		
	합계	취업자	실업자	비경제활동인구	취업자	실업자	비경제활동인구
외국인	100.0	64.5	3.7	31.8	100.0	100.0	100.0
비전문취업	100.0	99.7	0.3*	0.0*	29.1	1.3*	0.0*
방문취업	100.0	72.6	5.2	22.2	6.8	8.6	4.2
전문인력	100.0	100.0	-	-	5.0	-	-
유학생	100.0	17.7	3.8	78.4	3.6	13.8	32.4
재외동포	100.0	64.7	3.7	31.6	27.1	27.5	26.8
영주	100.0	74.8	3.6	21.6	10.6	9.0	6.2
결혼이민	100.0	58.5	3.4	38.1	7.6	7.8	10.0
기타	100.0	46.3	8.2	45.5	10.2	31.9	20.3

1) 체류자격별 경제활동상태(취업, 실업, 비경활) 비중임.
2) 경제활동상태별 외국인의 체류자격 비중임.
자료: 통계청(2024b: 6).

2) 산업별 · 직업별 취업자

(1) 산업

체류자격별 취업자의 산업별 비중은 광 · 제조업(44.6%), 도소매 · 숙박음식업(18.4%), 사업 · 개인 · 공공서비스(15.5%), 건설업(12.1%) 순이었다.

① 광 · 제조업 비중은 비전문취업(80.4%), 결혼이민(36.8%), 재외동포(33.1%) 순이고, 건설업은 방문취업(28.2%), 재외동포(21.1%) 순으로 나타났다.

② 도소매 · 숙박 · 음식업 비중은 유학생(69.0%), 방문취업(29.4%) 순이고, 사업 · 개인 · 공공서비스는 전문인력(51.5%), 유학생(22.6%) 순으로 나타났다.

체류자격별 산업별 상주 외국인 취업자는 다음과 같다〈표 7-2〉.

표 7-2 체류자격별 산업별 상주 외국인 취업자

(단위: %)

	합계	농림어업	광제조업	건설업	도소매 · 숙박 · 음식	전기 · 운수 · 통신 · 금융	사업 · 개인 · 공공서비스
취업자	100.0	6.6	44.6	12.1	18.4	2.7	15.5
비전문취업	100.0	13.1	80.4	2.9	2.2	0.2*	1.2
방문취업	100.0	0.6*	27.5	28.2	29.4	0.6*	13.4
전문인력	100.0	1.9*	27.8	0.2*	14.2	4.5	51.5
유학생	100.0	0.3*	5.1	0.3*	69.0	2.7*	22.6
재외동포	100.0	0.8	33.1	21.1	19.9	3.2	21.9
영주	100.0	0.4*	30.9	19.8	25.6	5.2	18.0
결혼이민	100.0	3.1	36.8	11.4	27.6	2.3	18.8
기타	100.0	21.0	26.9	6.2	23.4	6.8	15.9

자료: 통계청(2024b: 7).

(2) 직업

체류자격별 취업자의 직업 비중은 단순노무 종사자(28.2%), 장치·기계조작 및 조립 종사자(24.9%), 기능원 및 관련 기능 종사자(16.9%) 순으로 나타났다.

① 단순노무 종사자 비중은 방문취업(40.5%), 비전문취업(33.1%), 결혼이민(33.0%) 순이고, 장치·기계조작 및 조립 종사자는 비전문취업(46.2%), 영주(20.1%) 순으로 나타났다.

② 기능원 및 관련 기능 종사자 비중은 방문취업(24.1%), 재외동포(22.2%), 영주(22.0%) 순이고, 서비스 종사자 비중은 유학생(35.8%), 방문취업(17.9%), 영주(17.1%) 순으로 경고합니다.

③ 관리자·전문가 및 관련 종사자 비중은 전문인력(61.4%)이 가장 높고, 농림어업 숙련 종사자는 기타(12.9%), 비전문취업(5.4%) 순으로 나타났다.

체류자격별 직업별 상주 외국인 취업자는 표 7-3과 같다.

표 7-3 체류자격별 직업별 상주 외국인 취업자

(단위: %)

	합계	관리자·전문가 및 관련 종사자	사무 종사자	서비스 종사자	판매 종사자	농림어업 숙련 종사자	기능원 및 관련 기능 종사자	장치·기계조작 및 조립 종사자	단순노무 종사자
취업자	100.0	9.0	3.9	10.7	3.1	3.3	16.9	24.9	28.2
비전문취업	100.0	0.1*	0.3*	0.0*	0.0*	5.4	14.9	46.2	33.1
방문취업	100.0	-	0.9*	17.9	0.3*	0.5*	24.1	15.7	40.5
전문인력	100.0	61.4	7.8	10.6	-	1.3*	9.7	7.8	1.5*
유학생	100.0	16.3	4.8	35.8	7.8	0.3*	1.2*	1.2*	32.8
재외동포	100.0	7.0	5.7	14.4	5.1	0.6	22.2	19.5	25.6
영주	100.0	9.3	5.4	17.1	6.1	0.2*	22.0	20.1	19.7
결혼이민	100.0	11.8	4.0	13.2	4.7	1.6	15.8	15.9	33.0
기타	100.0	15.3	7.1	9.3	4.3	12.9	8.9	12.8	29.6

자료: 통계청(2024b: 7).

3) 근로시간별 취업자

(1) 체류자격별 취업자의 근로시간은 40~50시간 미만 비중(56.5%)이 가장 높고, 50~60시간 미만(18.1%), 60시간 이상(10.5%) 순으로 나타났다.

(2) 40~50시간 미만 비중은 비전문취업(63.3%), 전문인력(63.1%), 영주(57.3%) 순으로 나타났다. 50~60시간 미만 비중은 비전문취업(27.7%), 재외동포(15.7%), 방문취업(15.0%) 순이고, 유학생은 20시간 미만(33.1%) 비중이 가장 높았다.

체류자격별 근로시간별 상주 외국인 취업자는 표 7-4와 같다.

표 7-4 체류자격별 근로시간별 상주 외국인 취업자

(단위: %)

	합계[1)]	20시간 미만	20~30시간 미만	30~40시간 미만	40~50시간 미만	50~60시간 미만	60시간 이상
취업자	100.0	3.6	4.7	5.8	56.5	18.1	10.5
비전문취업	100.0	0.1*	0.1*	0.3	63.3	27.7	7.9
방문취업	100.0	2.8*	4.3	6.3	55.5	15.0	15.2
전문인력	100.0	2.8*	4.3	10.3	63.1	12.3	6.0
유학생	100.0	33.1	30.4	18.7	13.6	0.9*	2.1*
재외동포	100.0	2.8	4.8	6.4	56.3	15.7	12.9
영주	100.0	3.4	4.7	6.4	57.3	14.7	12.6
결혼이민	100.0	5.5	9.0	9.1	53.6	11.9	10.0
기타	100.0	4.7	5.6	9.1	51.6	16.9	11.4

1) '일시휴직'이 포함되어 있어 실제 합계값이 100% 미만임.

자료: 통계청(2024b: 9).

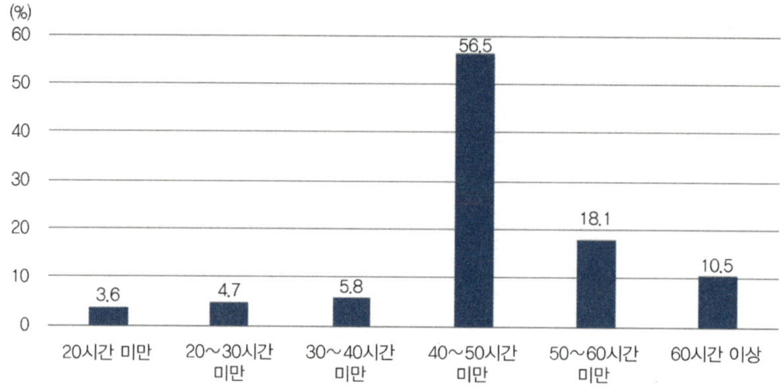

자료: 통계청(2024b: 9).

그림 7-2 외국인 취업자의 평균근로시간

4) 월평균 임금수준별 임금근로자

외국인 임금근로자의 월평균 임금 비중은 200~300만 원 미만이 50.6%, 300만 원 이상이 35.8%인 것으로 나타났다.

(1) 200~300만 원 미만 비중은 비전문취업(66.5%), 전문인력(53.9%), 방문취업(51.5%), 결혼이민(45.4%), 재외동포(44.3%) 순으로 나타났다.

(2) 300만 원 이상 비중은 영주(51.8%), 재외동포(43.0%), 전문인력(43.0%) 순이고, 유학생은 100~200만 원 미만(44.6%)이 가장 높았다.

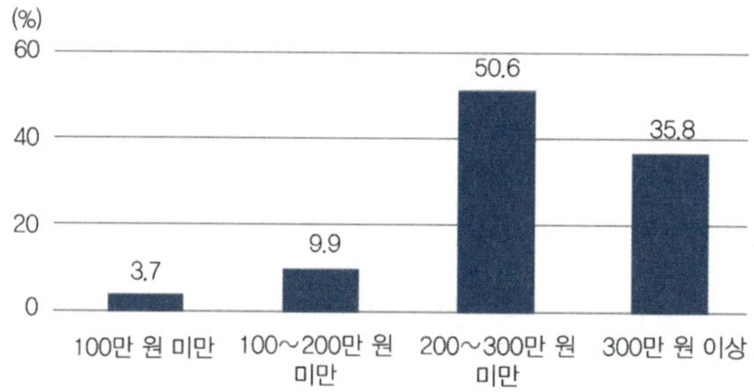

자료: 통계청(2024b: 10).

그림 7-3 외국인 임금근로자의 월평균 임금수준

체류자격별 월평균 임금수준은 표 7-5와 같다.

표 7-5 체류자격별 월평균 임금수준(임금근로자)

(단위: %)

	합계	100만 원 미만	100 ~ 200만 원 미만	200 ~ 300만 원 미만	300만 원 이상
임금근로자	100.0	3.7	9.9	50.6	35.8
비전문취업	100.0	0.1*	1.8	66.5	31.6
방문취업	100.0	1.9*	11.1	51.5	35.5
전문인력	100.0	0.2*	2.8*	53.9	43.0
유학생	100.0	43.4	44.6	11.4	0.6*
재외동포	100.0	2.1	10.7	44.3	43.0
영주	100.0	3.2	10.5	34.3	51.8
결혼이민	100.0	6.7	23.9	45.4	24.0
기타	100.0	5.6	12.1	50.3	32.1

자료: 통계청(2024b: 10).

5) 직장 만족도별 임금근로자

외국인 임금근로자의 직장 만족도 중 만족(= 매우 만족 + 약간 만족) 비중은 직장 전반적인 만족도 62.6%, 근로시간 만족도 56.7%, 임금 및 보수 만족도 55.2%로 나타났다.

(1) 직장 전반적인 만족도

전반적 만족도에 대한 만족 비중은 비전문 취업이 71.1%로 가장 높고, 방문취업(54.7%), 유학생(56.6%), 재외동포(57.3%)는 상대적으로 낮았다.

(2) 임금 및 보수 만족도

임금 및 보수에 대한 만족 비중은 비전문취업이 68.9%로 가장 높고, 재외동포(46.4%), 방문취업(47.5%), 영주(47.6%), 유학생(48.6%)은 상대적으로 낮았다.

(3) 근로시간 만족도

근무시간에 대한 만족 비중은 비전문취업이 67.2%로 가장 높고, 방문취업(45.3%), 재외동포(49.7%)는 상대적으로 낮았다.

체류자격별 직장 만족도별 상주 외국인 임금근로자는 표 7-6과 같다.

표 7-6 체류자격별 직장 만족도별 상주 외국인 임금근로자

(단위: %)

	합계	직장 전반적인 만족도			임금 및 보수 만족도			근로시간 만족도		
		만족[1]	보통	불만족[2]	만족	보통	불만족	만족	보통	불만족
임금근로자	100.0	62.6	33.7	3.7	55.2	33.1	11.7	56.7	35.4	7.9
비전문취업	100.0	71.1	25.2	3.7	68.9	25.1	6.0	67.2	27.7	5.1
방문취업	100.0	54.7	41.2	4.1	47.5	39.0	13.5	45.3	42.8	11.9
전문인력	100.0	69.3	26.1	4.6	54.8	28.5	17.0	63.3	29.8	7.0
유학생	100.0	56.6	40.0	3.4*	48.6	42.2	9.2	50.2	43.4	6.2
재외동포	100.0	57.3	38.7	4.1	46.4	37.0	16.5	49.7	40.2	10.0
영주	100.0	61.5	36.1	2.4	47.6	37.5	14.9	52.3	39.7	8.0
결혼이민	100.0	58.2	37.7	3.9	50.8	35.6	13.4	54.1	34.6	11.1
기타	100.0	59.0	37.8	3.1	55.4	35.6	8.8	55.6	37.4	7.0

1) 만족 = 매우 만족 + 약간 만족
2) 불만족 = 약간 불만족 + 매우 불만족
자료: 통계청(2024b: 11).

3 이주노동자의 문제점 및 해결방안

1) 문제점

이주노동자들이 한국사회에서 겪는 애로점은 다음과 같다(이정은 외, 2023: 109-110 ; 김경식 외, 2019: 41-45 ; 최명민 외, 2015: 186-188).

(1) 법제도적 문제

이주노동자들에게 현재 적용되고 있는 고용허가제는 3년간의 취업을 보장하며, 이 기간 동안에는 국내 근로자와 같은 노동3권을 부여받고, 사회보험 등의 가입이 가능한 근로자 신분을 가진다. 그러나 3년간의 근로기간이 끝나면 재고용 확인서를 받을 경우에만 출국하였다가, 1개월 후 재입국하여 다시 2년간 연장 후 재취업이 가능하다. 그러나 이러한 경우에도 1년 단위로 갱신해야 한다. 이 제도의 기본 원칙은 3년 단기체류정책을 고수하는 것이며, 이주노동자들의 입장에서는 재고용을 위해 많은 비용을 새로이 부담해야 하는 문제가 생긴다. 또한 이주노동자들은 가족동반을 불허하고 있어서 자녀교육 및 의료와 관련한 많은 문제들이 발생하고 있다. 외국인 노동자들과 그 가족은 기본적으로 인종차별을 금지하고 외국인의 권리를 보장해 주도록 하는 국제법에 의해 보호받게 되어 있다.

정부에서는 불법체류 이주노동자 자녀들의 경우에도 학교교육의 혜택을 받도록 하기 위해 「초·중등학교 교육법 시행령」을 개정하여 최소한의 의무교육을 제공하도록 하였다. 그러나 미등록 이주노동자와 불법체류 이주노동자의 거주지 불안정, 경제적 어려움, 신분노출 등의 이유로 자녀를 정규학교에 보내지 않는 경우가 많다.

현재 추정되는 이주노동자가정 자녀 가운데 재학 중인 아동의 수는 약

1/6에 불과한 것으로 알려져 있다. 또한 이 규정은 이주노동자가정 자녀의 초등학교 입학에는 유효하지만, 중·고등학교 입학에는 유효하지 못해 학교 밖의 이주노동자가정의 자녀들에 대한 관심이 필요하다. 교회를 중심으로 하여 초등교육과정을 가르치는 곳이 늘어나고 있으나, 주로 학원이나 공장에 다니면서 학업을 하는 경우가 대부분이어서 이들이 정규교육과정을 이수할 수 있는 대안이 필요하다.

(2) 일상생활에서의 문제

언어와 한국 물정에 서툰 이들이 민·형사상의 문제 발생 시 불이익 때문에 이주노동자 인권센터에 법적 문제로 자주 상담이 접수되고 있다. 가장 큰 문제는 민·형사 문제 발생 시 권리보장을 제대로 받지 못한다는 점이다. 불법체류자의 경우는 그 정도가 더욱 심하여 때로는 자신이 피해자이면서 가해자로 둔갑하거나 쌍방과실로 되기도 한다. 더구나 일단 형사상 문제가 발생하여 경찰에 연행되는 불법체류자는 설사 자신이 피해자임이 입증된다 하더라도 강제출국이 된다. 이 때문에 불법체류자들은 사기, 폭행, 사고 등을 당해도 제대로 자신의 권리를 주장하지 못한다. 때로 이주노동자 인권단체에서 이들의 불이익을 해소해 주고자 적극 노력하여도 정작 당사자가 거부하는 경우도 적지 않은 실정이다.

(3) 취업현장에서의 문제

많은 이주노동자들이 작업장 내에서 폭행과 폭언에 시달리고 있다. 폭행은 이주노동자들에 대한 동정적인 여론에 힘입어 예전보다는 많이 줄어들었으나, 여전히 사업주, 관리자, 동료 한국인 노동자 등에 의한 폭행사례가 끊이지 않고 있다. 폭언과 비속어 사용 등이 많은 공장에서 일상적으로 일어나고 있는데, 이는 특별히 이주노동자에 대해서만이 아니라, 거친 현장

문화에서 기인한 바가 크다. 그러나 폭언과 비속어를 듣는 이주노동자들이 받는 심리적 상처는 결코 작지 않다.

(4) 사회적 인식 문제

한국사회에서 이주노동자들과 불법체류자들에 대한 인식은 차별적 시각을 가지는 경우가 대부분이다. 한국사회의 이주근로자에 대한 차별을 기업가에 의한 경제적 차별, 한국인 근로자에 의한 사회적 차별, 정부에 의한 정책적 차별로 '삼종의 인종주의'라고 표현한다. 저임금노동을 위해 입국했다는 이유, 3D 업종에 대한 천시 경향, 그리고 단일민족의 지배적 헤게모니로 인해 이들을 한국사회의 새로운 저층계급으로 분류하고 있으며, 비인권적인 대우와 질시의 시선을 보내고 있다. 최근에는 한국 내 경제적 어려움으로 불법체류자들과 이주노동자들이 한국인의 일자리를 빼앗아간다는 시선까지 생겨 이주노동자와 그 가족들을 바라보는 시선은 더욱 부정적이 되고 있다. 특히, 아시아 등지에서 온 이주노동자를 바라보는 시각은 그 자녀에게도 그대로 적용되어 이주노동자가정이 한국사회에 정주하는데 큰 장애요인이 되고 있다.

(5) 노동, 의료 등 인권적 문제

2004년 외국인 고용허가제로 바뀌면서 외국인 노동자들에 대한 근로조건이나 임금체납문제 등이 많이 개선되고 의료나 산재보험을 받을 수도 있게 되었지만, 이는 합법적 이주노동자들의 경우이며, 불법체류자의 경우 여전히 어려운 처지에 놓여 있다. 또한 열악한 근무조건으로 인한 보건의료문제가 심각한 형편이다. 최근 외국인 노동자들의 건강실태를 보고한 연구결과를 살펴보면, 이들 가운데 다수가 근무여건이 열악한 중소기업에 근무하고 있는데, 적절한 건강과 안전에 대한 교육을 받지 못해 산업재해에 반복적으로 노출되고 있는 것으로 나타났다. 남성 근로자들은 대부분 불법체류자로 위험한 기계를 다루는 경우가 많아 근육계 손상을 입는 경우가 발생하고 있으며, 여성들은 독극물에 노출되는 위험한 상황에서 일하고 있다. 힘든 노동과 식사문제, 수면 부족 등으로 인해 설사, 감기, 충치, 외로움 등의 건강문제를 호소하고 있다.

(6) 자녀 양육 및 교육

이주노동자의 경우, 한국에서 자녀를 출산하게 되면 자녀의 출생신고는 자국 대사관이나 영사관에 하도록 되어 있으며, 현재 「국적법」상 무국적자가 된다. 자녀가 무국적자로 되면 공공서비스기관이나 교육기관에 아이를 맡기거나 입학시킬 수 없어서 자녀를 양육하거나 교육하는 데 어려울 수밖에 없다. 이들 자녀는 초등학교 입학은 가능하나, 중등학교의 경우 학교장의 재량에 달려 있어서 이주노동자가정의 부모들은 자녀의 입학을 허락해 줄 학교를 찾는 데 많은 시간을 소비하고 있다.

대부분의 이주노동자가정은 경제적 소득이 낮고 주거환경이 열악하여 가정의 교육기능도 취약한 경우가 많으며, 또래 아동들에 비해 기초학습능력이 낮은 편이다. 미취학 아동의 경우에도 보육시설에 보내지 못해 가정에서 방치되거나, 학령기 아동의 경우에도 부모의 손길을 충분히 받지 못하고 무분별한 대중문화에의 노출로 인해 학업집중도가 떨어지기도 한다. 학령기 자녀를 둔 이주노동자 부모들은 자녀가 학교에 안정적으로 정착하도록 하기 위해 한국어 교육, 한국 친구 사귀기, 숙제 및 교과 공부, 시험 준비 도움, 나이에 맞는 학년 배치를 원하고 있다. 자녀가 한국 학교에 다니게 되면 한국 친구 사귀는 것을 가장 많이 원하고 있다.

2) 해결방안

이주노동자의 문제점에 대한 해결방안은 다음과 같다(박상화 외, 2023: 149-151; 조경자 외, 2021b: 276-277).

(1) 이주노동자 제도의 방향

이주노동자가 한국사회에 안정적인 적응을 할 수 있도록 지원하기 위해 관련 정책을 재정비하고, 필요한 서비스를 제공해야 한다. 이주노동자를 위해 지원되어야 하는 제도 및 정책적 대책을 살펴보고자 한다. 그 내용은 다음과 같다(김혜영 외, 2021: 290-292).

① 선발 이민국가들의 시행착오를 답습하지 말아야 한다. 문화다양성에 맞는 모형으로 정책목표를 선택하여 이주정책을 실천하고, 캐나다의 '신속한 입국 시스템'과 같은 일반 이주노동자 선발체계의 과감한 개선이 필요하다.

② 고용허가제에서 노동허가제로의 전환이 필요하다.

'노동권 보장' 집회 중인 이주노동자들 (2024. 5. 1)

현재의 고용허가제(Employment permit system)는 사업주(사장) 허가 없는 이주노동자의 이직(사업장변경)을 제한하고 있기 때문이다. 고용허가제는 이주노동자에 대한 노동력 착취, 임금체불, 여성노동자 성폭력, 비인간적 숙소 강제 등의 문제가 발생했을 때에도 사업주로부터 불이익을 받을 것을 우려하여 문제제기와 항의를 어렵게 할 수 있다는 비판을 받는다. 노동허가제 주장자들은 "고용허가제의 이주노동자 사업장 변경 제한은 모든 차별과 억압의 출발"이라고 지적한다.

③ 각국의 이민 전담 조직을 살펴보고, 한국 실정에 맞는 이주 관련 정책을 통합하여야 한다. 더불어 이를 전담하여 집행할 수 있는 기관을 신설하는 것이 필요하다.

④ 이주노동자 사회보장제도의 취지와 현실에 부합하는 개선이 필요하다. 4대 보험 개선안으로는 건강보험의 사각지대가 생기지 않게 사업장 변경 기간에 의무가입과 장기요양보험 징수의 원천 금지가 필요하다. 또한 이주노동자 지원 근거 논란 방지와 확대를 위한 고용보험의 의무가입, 산재보험의 적용범위 확대, 국민연금의 적용 배제나 미납부 실태조사와 처벌 강화도 필요하다. 이주노동자 전용보험 개선안으로는 귀국비용보험을 개선하거나 폐지하고, 출국만기보험 요율을 현실화하여야 한다. 그리고 보증보험의 보장한도를 확대하고, 상해보험을 보다 실효성 있는 제도로 전환하여야 한다.

(2) 이주노동자 실천의 방향

① 이주노동자 주거 환경 개선

이주노동자들의 인권을 보호하고, 주관적 삶의 질을 향상시키기 위해 고용허가제를 기초로 하여, 이주노동자 고용허가 시 최소한의 주거기준을 충족할 수 있도록 「근로기준법」이 개정되어야 한다. 현재 「외국인고용법」에는 주거에 대한 규정이 없기 때문에 컨테이너나 비닐하우스와 같은 열악한 주거에서 생활하는 이주노동자들이 꾸준히 증가될 것으로 예상된다.

② 이주노동자의 정서적 지지와 삶의 질 개선

외국인복지센터, 다문화가족지원센터, 종교단체 및 외국인노동자쉼터 등에서의 자조모임을 통해 타국 및 자국 국가 출신의 노동자들과 유대관계를 맺고 정서적 지지를 경험한다면, 이주노동자들의 주관적 삶의 질이 증진될 수 있을 것이다. 또한 언어소통의 어려움과 문화적 차이를 경험하는 이주노동자의 고충을 상담해 주고, 한국생활에 적응할 수 있는 실질적인 도움이 되는 사회적 지원이 중요하다. 따라서, 효과적인 상담을 받을 수 있도록 외국인복지센터의 전문상담사 및 사회복지사와의 연계망을 확보한다면 그들의 주관적 삶의 질이 증대될 수 있다.

③ 외국인복지센터의 확대

현재 일부 지방자치단체가 자체적으로 조례를 만들어서 이주노동자를 위해 외국인복지센터를 운영하는 등의 노력을 하고 있다. 외국인복지센터는 교육, 상담, 문화, 여가, 의료 등을 이주노동자 대상으로 실시하고 있고, 외국인 대상자의 프로그램 참여 및 만족도가 높은 편이지만, 외국인 근로자를 대상으로 한 전국 단위의 복지센터는 없는 현실이다. 따라서, 경기도 내에서 운영되고 있는 외국인복지센터가 전국 단위의 사업으로 확대되어야 한다.

III

PART

문화다양성 정책

CHAPTER 08

다문화가족정책

개 요

여성가족부는 5년마다 「다문화가족정책 기본 계획」을 수립하고 있다. 이 기본 계획은 다문화가족정책의 기본 방향과 발전시책을 말하며, 이는 법정계획이다. 최초 2008년부터 시작하였으며, 현재 「제4차 다문화가족정책 기본 계획(2023~2027)」을 시행 중이다. 여기에서는 다문화가족정책을 학습하고자 한다.

학습목표

1. 3차 기본 계획 숙지
2. 정부 각 부처 간 업무관련성 파악
3. 실제 적용과의 토의

학습내용

1. 기본 계획의 개요
2. 추진 정책

1 기본 계획의 개요

1) 기본 계획 수립의 배경

「다문화가족지원법」 제3조의2는 "여가부장관은 다문화가족 지원을 위하여 5년마다 다문화가족정책에 관한 기본 계획을 수립하여야 한다."라고 규정하고 있다. 이에 따라, 여가부는 5년마다 「다문화가족정책 기본 계획」을 수립하고 있다. 이 기본 계획은 다문화가족정책의 기본 방향과 발전시책을 말하며, 이는 법정계획이다. 최초 2008년부터 시작하였으며, 현재 「제4차 다문화가족정책 기본 계획(2023~2027)」을 시행 중이다.

2) 기본 계획 추진방향

(1) 결혼이민자의 정착과 자녀양육 지원을 넘어 현 정부 국정과제를 반영하여 다문화가족 자녀의 성장단계별 맞춤형 지원 강화에 중점
- 다문화 아동·청소년이 동등한 출발선 위에서 우리 사회의 미래 인재로 성장할 수 있도록 취학전후·청소년기 등 성장단계별 지원서비스 체계화

(2) 결혼이민자의 다변화된 수요를 반영하여 정착주기별, 가구유형별 촘촘한 지원서비스 강화

(3) 다문화가족이 우리 사회의 구성원으로 자리매김하여 조화롭게 살아갈 수 있도록 우리 사회의 다문화 이해 증진 및 차별적 인식 해소

(4) 범부처, 지자체 협력 강화를 통해 효율적인 다문화가족정책 추진

3) 향후 변동 사항

향후 달라지는 모습은 그림 8-1과 같다.

추진방향	핵심 성과지표	2021년		2027년
1. 자녀 학업 · 진로 지원	• 다문화가족 자녀의 학업적응도	4.23점	➡	학업적응도 향상(4.38점)
	• 다문화가족 자녀의 학력격차 비율	31%p		학력격차 완화(26%p)
2. 다문화가족 정착 지원	• 결혼이민자의 한국생활 적응 비율	37.9%	➡	적응 비율 증가(47.9%)
3. 다문화 수용성 제고	• 차별 경험 비율	16.3%	➡	차별 경험 감소(13.8%)
	• 다문화 수용성 척도	71.39점	➡	수용성 제고(74.39점)

자료: 여가부(2023: 8).

그림 8-1 향후 변동 사항

4) 비전 및 목표

비전 및 목표는 그림 8-2와 같다.

비전	다문화가족과 함께 성장하는 조화로운 사회	
목표	다문화 아동 · 청소년의 동등한 출발선 보장	다문화가족의 안정적 생활환경 조성

대과제	중과제
다문화 아동 · 청소년 성장단계별 맞춤형 지원	① 영유아 자녀양육 지원 ② 학령기 다문화 아동 학습역량 제고 ③ 다문화 청소년 진로개발 지원 ④ 다문화 아동 · 청소년의 정서안정 기반 조성
결혼이민자 정착주기별 지원	① 건전한 국제결혼 환경 조성 ② 다문화가족 가구상황별 맞춤형 지원 ③ 결혼이민자 경제활동 참여 확대 ④ 가정폭력 예방 및 피해자 보호
상호존중에 기반한 다문화 수용성 제고	① 다문화 이해교육 확대 ② 다양성 존중 인식 확산 ③ 다문화가족 사회참여 활성화
다문화가족정책 추진기반 강화	① 다문화가족정책 환류 시스템 구축 · 운영 ② 다문화가족 지원 서비스 접근성 제고 ③ 다문화가족정책 협력체계 강화

자료: 여가부(2023: 8).

그림 8–2 비전 및 목표

5) 다문화 아동·청소년 지원체계

다문화 아동·청소년 지원체계는 그림 8-3과 같다.

동등한 출발선 보장을 위한 다문화 아동·청소년 맞춤형 지원체계 강화

<table>
<tr><th rowspan="2">전달체계
성장단계</th><th>다문화가족
지원체계</th><th>각급 학교 및
교육부 지원체계</th><th>청소년 등 기타
지원체계</th></tr>
<tr><th>양육 및 성장</th><th>교육 및 학교적응</th><th>각종 자원 연계</th></tr>
<tr><td>영유아
미취학</td><td>• 양육단계별 부모교육 및 지역 돌봄공동체 강화
• 언어발달 및 생활지도 강화
• 이중언어 친화적 가족환경조성</td><td>• 학교 준비 격차 해소를 위한 유치원 단계 지원체계 강화</td><td>• 누리과정에 다문화교육 반영</td></tr>
<tr><td>초등
취학전후
기초학습기</td><td>• 정보제공, 학부모 교육품앗이
• 가족센터 내 기초학습 지원 강화
• 이중언어 기초교육
• 정체성 확립 및 부모-자녀관계 증진(자녀성장지원)</td><td>• 학교교육 진입 안내 및 지원
• 한국어학급 등 한국어 교육 강화
• 학교적응 지원(징검다리과정)
• 학습결손 보완(두드림학교)</td><td>-</td></tr>
<tr><td>중·고등학생
진로탐색기</td><td>• 이중언어 교육·인재DB 연계
• 청소년 진로컨설팅·상담 강화
• 대학생 멘토링 연계</td><td>• 진로체험 정보제공(꿈길) 및 진로교육(진로탄탄)
• 청소년기 심리상담 강화 (학교, 교육지원청 등)
• 교원 등 다문화 교육 역량 강화 및 다문화 교육 근거 마련
• 학교폭력 예방 및 피해자 지원</td><td>• 청소년수련시설 등 활용한 체험프로그램 강화
• 청소년국제교류 참여 확대
• 다문화 청소년 중심 진로체험처 발굴·확대
• 폴리텍 다솜고등학교 운영
• 지역사회 청소년 통합 지원 체계를 통한 위기 청소년 지원</td></tr>
<tr><td>후기
청소년기</td><td>• 지원 수요 등 조사
• 맞춤형 서비스 연계체계 구축</td><td>-</td><td>• 폴리텍 전문기술과정 참여 확대
• KOICA·KOTRA 등 기관과 연계한 글로벌 전문인력 양성
• 청소년상담복지센터 등을 통해 후기청소년 심리상담 지원·연계</td></tr>
</table>

이주배경 유형별 맞춤형 지원 추진

중도입국 자녀	• 법무부 정보연계를 통한 공교육 진입 지원 • 가족센터-학교 간 한국어 교육 연계 • 레인보우스쿨을 통한 한국어·사회적응 지원 • 이주배경청소년 통계 구축 추진	귀환 다문화가족 자녀	• 귀환가족·자녀 규모 파악 • 자녀 대상 돌봄, 한국어 교육, 한국문화이해 프로그램 제공

자료: 여가부(2023: 8).

그림 8-3 다문화 아동·청소년 지원체계

2 추진 정책

1) 다문화 아동 · 청소년 성장단계별 맞춤형 지원

(1) 영 · 유아 자녀양육 지원

가. 부모의 영유아 자녀양육 역량강화(여가부)

① 부모교육 및 돌봄친화적 환경조성

- 임신, 출산, 영 · 유아기 등 단계별 맞춤형 부모교육 실시
- 가정 내 이중언어 사용 활성화를 위해 이중언어의 장점 등에 대한 교육을 실시하고, 이중언어를 활용한 부모-자녀 간 상호작용 프로그램 운영
- 지역사회 내 공동육아나눔터를 확대하여 육아 공간을 제공하고, 돌봄 품앗이 활동 지원

나. 영유아 자녀의 성장 · 발달 지원(여가부)

① 건강한 성장 · 발달을 위한 서비스 지원

- 다문화 아동의 언어발달 상태를 평가하고, 적절한 언어교육을 제공하여 언어발달 지원
- 정서발달과 생활습관 형성, 건강지도 등 찾아가는 생활지도 서비스 운영

② 다문화 유아에 대한 교육 지원(교육부)

- 유치원의 다문화학급 내 교사, 부모, 유아를 위한 지원자료 개발
  - 교사 : 다문화 유아 놀이 · 생활지도, 학부모 소통법 등

- 부모 : 유아교육 이해·참여 지원자료
- 유아 : 학급 내 다문화 친구를 이해할 수 있도록 하는 다문화 프로그램 등

• 유아학비 등 지원 대상을 다문화가족 등으로 확대 추진
  - (2022) 저소득층 대상 월 15만 원의 유아학비 추가 지원 → (2023) 방과 후 과정비, 특성화 프로그램비도 지원

(2) 학령기 다문화 아동 학습역량 제고

가. 학령기 다문화 아동 학교 적응 지원(교육부)

① 학교교육 준비 지원

• 다문화 유아 교수·학습자료 배포, 국·공립 유치원에서 멘토링 활동 등 학교 준비 격차 해소를 위한 유치원 단계 지원체계 강화
• 시·도교육청 및 지역 다문화교육지원센터를 통해 입학·편입학, 정책학교, 학적 생성 등 공교육 진입 전 과정 지원
• 다문화학생과 학부모의 방문이 잦은 유관기관에 공교육 진입 안내 자료 배포
• 법무부 정보연계를 통해 초등학교 입학 예정인 만 6세 중도입국 자녀 학부모 대상 입학 안내자료 제공 등 절차 안내 강화

② 학부모 역량 제고(여가부, 교육부)

• 다문화 학부모에게 학제·학교생활 등 안내를 강화하고, 자녀교육 관련 상담 기회 확대
• 교육정보 나눔을 위한 다문화가족 부모 품앗이 자조모임 등 운영
• 가족센터의 통번역지도사 및 다누리콜센터를 통해 다문화 학부모에게 학교 공지와 가정통신문 등 통번역 지원

③ 학교적응을 위한 징검다리 과정 운영(교육부)

- 초등 입학 및 학교급 전환기 학습자 특성에 맞는 준비교육 운영
- 학부모가 함께 참여할 수 있도록 학부모용 안내자료 다국어 제작 · 배포

나. 학령기 다문화 아동 기초학습 지원

① 한국어 교육 강화 여가부, 교육부

- 한국어 집중교육을 위한 한국어 학급 확대 및 찾아가는 한국어 교육 실시 등 학교 내 한국어 교육 강화
  - (2022년) 444학급→(2023년) 527학급→(2024년) 570학급내외(잠정)→(2025년~) 단계적 확대
  - 한국어 교육과정 학습자료 개발 및 교원연수 등 역량강화 추진
- 한국어 학급이 운영되지 않는 지역이나 학교 밖 지원이 필요한 경우 가족센터와 연계하여 중도입국 자녀 등에 대한 한국어 교육 실시

한국어 학급	가족센터 한국어 교육
■ 대상 : 학교 내 다문화학생 ■ 개소수 : ('22) 444개 학급	■ 대상 : 중도입국자녀(학교 밖 청소년 포함) ■ 개소수 : 228개 센터

↓

학교 내 한국어학급과 가족센터의 한국어 교육 간 연계 · 협력 강화

② 기초학력 향상 지원(여가부, 교육부)

• 취학전후 기초학습 지원 프로그램을 운영하는 가족센터를 단계적으로 확대하고, 찾아가는 서비스 등 사업 방식 다양화

※ 2022년 신규 도입한 기초학습 지원프로그램이 일부 지역에서만 운영되고 있어 지역별 편차가 있으며, 센터방문방식으로만 운영되어 접근성 한계 개선 필요

현 행	개 선
▪ 운영현황: ('22년) 90개 가족센터 ▪ 운영방식: 가족센터 방문	▪ 운영현황: ('23년) 138개 →('24년) 160개 내외(잠정) →('25년~)단계적 확대 ▪ 운영방식: 가정, 공공기관 등으로 찾아가는 서비스 도입 추진

• 청소년방과후아카데미에서 숙제·보충학습·독서지도 등의 학습지원과 다문화 특화 프로그램 실시 등 방과 후 돌봄 지원

청소년방과후아카데미 개요

① 목적 : 방과 후 돌봄이 필요한 청소년에게 종합서비스를 제공하여 건강한 성장 및 자립역량 배양
② 지원대상 : 방과 후 돌봄이 필요한 청소년(초4~중3)
③ 규모/유형 : 2022년 기준 전국 342개소 / 기본형, 농산어촌형, 장애형, 다문화형
④ 프로그램 : 지역여건, 학부모의 수요를 고려한 기초학습, 체험활동, 급식, 상담, 캠프 운영 등

• 다문화학생이 어려워하는 교과 주요 개념과 어휘 등에 대한 교과보조 교재 및 영상콘텐츠 제작, 배포

• 디지털 기반 교육혁신 시범교육청의 디지털 선도학교 운영과 연계하여 다문화학생 대상 맞춤교육 지원사례 발굴 및 확산 추진

③ 다문화학생 밀집지역의 기초학력 제고(교육부)

- 다문화학생 밀집학교에 기초학력 '두드림 학교' 우선 지정 등 추진
  - 복합적 요인에 의한 학습부진 학생에 대한 종합 지원을 제공
- 다문화학생 밀집지역에 교육력 제고 등을 위한 교육국제화특구 운영
  - 특구 내에 「초·중등교육법」 제23조(교육과정 등) 및 제29조(교과용 도서의 사용)를 적용받지 않는 학교를 운영할 수 있어 교육과정 운영 자율성 확보 가능

다. 이주배경 청소년 지원

① 이주배경 청소년 현황 분석(여가부, 통계청, 법무부, 교육부)

- 통계청 등 행정데이터 연계를 통한 이주배경 청소년 종합통계 구축 추진
- 관계부처 통계자료 연계를 통해 다문화학생 취학률 등 교육기회 보장 관련 지표 시범 발굴 추진

※ 통계청, 교육부(다문화학생 학적 통계) 등 행정데이터 연계하여 유형별·연령별·지역별 현황 등 분석

② 이주 배경 청소년 한국어 교육 등 사회 적응 지원(여가부)

- 한국어 능력부족 등으로 어려움을 겪는 이주배경 청소년에게 레인보우스쿨에서 상담, 한국어 교육, 진로교육, 사회적응 프로그램 등 지원
  - 위탁기관별 상황에 따라 주간, 야간, 주말 등 운영방식 다변화 추진
  - 이주민 밀집지역 중심으로 지역 내 자원 연계사업 활용 지속 추진
- 국립청소년수련시설 등과 협력하여 이주 배경 청소년 등에게 청소년활동 참여기회 제공

③ 학교 밖 다문화 청소년 지원(여가부)

- 학업중단 다문화 청소년 정보를 학교밖청소년지원센터로 연계하여 상담 · 건강검진 · 학력취득 · 직업훈련 등 지원
- 다문화 청소년 중 학업을 중단하는 고등학생도 사전 동의 절차없이 학교밖청소년지원센터로 연계할 수 있도록 법률 개정 추진

※ 의무교육(초 · 중) 대상 청소년이 학교를 그만두는 경우, 사전 동의 없이 학교밖청소년지원센터로 연계 가능(「학교 밖 청소년 지원에 관한 법률」 개정, 2021. 9월 시행)

(3) 다문화 청소년 진로개발 지원

가. 다문화 청소년 진로 · 직업 프로그램 확대

① 다문화 청소년 맞춤형 진로프로그램 다각화(여가부, 교육부)

- 가족센터의 청소년상담사를 활용한 다문화 청소년 대상 진로컨설팅 프로그램 단계적 확대
  - (2022년) 78개소→(2023년) 113개소→(2024년) 130개소 내외(잠정)→(2025년~) 단계적 확대

청소년기 상담 · 진로컨설팅 개요

① 대상 : 만 7~18세 다문화가족 자녀

② 지원내용

- 상담 : 학령기 다문화가족 자녀가 가정 내 문제, 학업, 교우관계 등 생활 전반에서 느낄 수 있는 고민을 편안하게 상담할 수 있도록 지원
- 진로지도 : 다문화가족 자녀가 본인의 적성과 강점을 고려하여 스스로 진로를 설계할 수 있도록 외부 전문기관과 연계 등 진로컨설팅 제공

• 유관기관의 대학생 멘토링사업과 연계하여 사업 효과성 제고
  - 다문화학생 멘토링장학금사업(한국장학재단) : 다문화가족 학생과 대학생 간 멘토링을 통해 다문화학생의 학교생활 적응 및 기초학습을 지원하고, 대학생에게는 장학금을 지원
• 진로체험지원센터와 가족센터 등의 협업을 통해 다문화학생 중심 진로체험처 지속 발굴 · 확대
  - 진로체험 정보제공 시스템('꿈길')을 통해 진로체험 관련 정보 상시 제공
• 다문화학생의 특성을 고려한 진로교육 프로그램 보급 및 맞춤형 '원격영상 진로멘토링' 제공

② 다문화 청소년 직업교육 강화(고용부)

• 다문화 청소년 특화 기숙형 기술고등학교(폴리텍 다솜고등학교) 운영
• 전문기술과정 등 직업훈련과정 선발 시 다문화 청소년 참여 확대 추진

* 고용노동부 산하 공공 직업교육훈련기관인 폴리텍대학에서 운영하는 교육과정 중 하나로, 취업을 원하는 만15세 이상인 미취업자 대상 직업훈련 제공

나. 다문화 아동 · 청소년의 이중언어 역량강화 및 인재 양성

① 이중언어 교육 및 인재 DB 활용 활성화(여가부, 교육부)

• 가족센터 내 이중언어 교육 프로그램 개발 및 기초 · 심화 학습과정 실시
  - 결혼이민자 부모의 언어를 직접 배울 수 있는 이중언어 교실운영 및 사업대상 확대

※ 기존 이중언어 지원은 가정 내 이중언어 사용 활성화를 위한 환경조성 위주였으나, 이중언어 직접 교육을 선호하는 이용자의 수요를 반영하여 사업 개선

  - 이중언어 전담인력을 확충하고, 온 · 오프라인 병행 수업 도입 추진

현 행		개 선
▪ 대상: 영유아 자녀를 둔 다문화가족 ▪ 내용: 다문화가족 부모 대상 이중 언어 사용코칭 ▪ 운영방식: 센터 방문	➡	▪ 대상: 만 12세 이하 자녀를 둔 다문화가족 ▪ 내용: 다문화가족 자녀가 직접 이중언어를 배울 수 있는 프로그램 추가 ▪ 방식: 편리한 서비스 이용을 위한 온-오프라인 혼합 방식

- 우수한 이중언어 능력을 갖춘 다문화 아동 · 청소년을 인재DB에 등록하고, 국제교류 · 해외봉사단, 장학생 추천 등 적재적소에 연계
- 국립국제교육원, 대학 등과 협력하여 이중언어 인재양성을 위한 온 · 오프라인 강좌 운영 추진
  - 초 · 중 · 고 학생 등을 대상으로 다문화가족지원센터 등 다양한 기관과 연계하여 운영

② **국제교류 참여를 통한 다문화 청소년 글로벌 역량강화(여가부, 외교부, 산업부)**

- 청소년국제교류, 해외자원봉사단, 국제청소년서밋 등 국제교류 프로그램에 다문화 청소년 참여기회 확대
- 이중언어 능력과 특정분야 전문성을 갖춘 청년층 차세대 무역전문 인력 양성(다문화 무역인) 추진

다. 다문화 후기 청소년(만 19세 이상) 지원

① **다문화 후기 청소년 지원 수요 등 실태 파악(여가부, 통계청)**

- 통계청 협업을 통해 다문화 후기 청소년의 규모 등 현황 파악 추진
- 다문화가족실태조사 등을 통해 다문화 후기 청소년의 지원 수요 등 실태 파악

② **다문화 후기 청소년 맞춤형 서비스 연계(여가부, 고용부)**

- 가족센터의 청소년 상담사 등을 통해 다문화 후기 청소년을 발굴하여 초기 상담을 제공하고, 지원 수요에 따른 유관기관 서비스 연계 추진
  - 청소년상담복지센터 등을 통해 다문화 후기 청소년 맞춤형 심리상담 지원
  - 폴리텍대학, 내일이룸학교 등을 통한 직업훈련 제공
  - 청년일자리도약장려금을 통한 취업 촉진 및 청년내일채움공제로 경제적 지원 확대

  * 청년일자리도약장려금 : 6개월 이상 실업, 고졸 이하 학력, 국민취업지원제도 참여자 등 취업애로청년에 해당하는 경우 지원
  * 청년내일채움공제 : 5인 이상 50인 미만 제조업·건설업 중소기업에 신규 취업 시 2년 후 만기금(1,200만 원) 지급

  - 국민내일배움카드, K-디지털 기초역량훈련(K-Digital Credit) 등 제도를 통해 다문화 청소년의 신기술·디지털 분야 기초역량 개발 지원

K-디지털 기초역량훈련(K-Digital Credit)

① 개념 : 국민들이 디지털 역량 부족으로 노동시장 진입 및 적응에 어려움을 겪지 않도록 신기술·디지털 분야 기초역량 개발을 지원하는 정부 지원 훈련
② 대상 : 국민내일배움카드를 발급받은 사람
③ 훈련내용 : 코딩, 빅데이터 분석 등 기초 디지털 영역부터 최근 등장한 메타버스까지 다양한 신기술 과정 및 직무융합과정들이 초·중급으로 구성
④ 참여방법 : 직업훈련포털(www.hrd.go.kr)에서 수강신청 가능

- 가족센터의 1인 가구 사회적 관계망 형성 프로그램 제공

후기 청소년 지원체계(안)(가족센터)

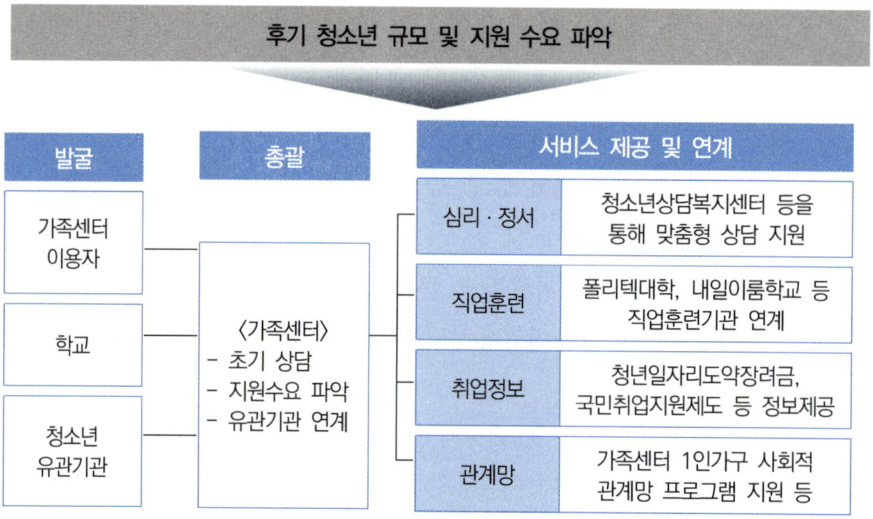

2) 결혼이민자 정착주기별 지원

(1) 건전한 국제결혼 환경 조성

가. 국제결혼중개 피해예방을 위한 제도적 기반 강화

① 국제결혼중개 피해 방지를 위한 제도 개선 추진(여가부)

- 이용자의 과도한 비용 부담을 방지하기 위해 결혼중개수수료의 상·하한선 제시 검토
- 속성결혼 관행으로 인한 피해를 예방하기 위한 방안 마련 추진
  - 맞선에서 결혼식까지 평균 5.7일 소요 : (1~3일) 42.0% > (10일 이상) 37.3% > (4~6일) 13.6% > (7~9일) 7.0% 순(2020년 결혼중개업 실태조사)

② 국제결혼중개업 관련 통계기반 정비 (여가부)

- 국제결혼중개 이용자 피해사례조사 등 실태조사 내실화
- 국제결혼중개업체 행정처분 현황, 결혼중개실적 등 상세 정보 공시를 통해 통계정보 제공 강화
  - 지자체별 매월 15일까지 홈페이지에 중개업체의 현황(상호, 대표자, 신고·등록일, 소재지, 영업·휴업·폐업) 및 최근 3년 이내의 영업정지 이상의 행정처분 및 과태료 처분 현황 공시

나. 국제결혼중개업 관리·감독 강화 및 교육 확대

① 온라인상의 국제결혼중개업 모니터링 등 점검(여가부)

- 국제결혼중개업체의 온라인상 인권침해성 표시·광고 모니터링에 대한 법적 근거 마련 추진
- 온라인상의 거짓·과장 등 불법 표시·광고 행위를 차단하기 위해 상시 모니터링 전담체계 강화

② 지방자치단체의 국제결혼중개업 관리·감독 강화(여가부, 지자체)

- 국제결혼중개업에 대한 온·오프라인 지도점검 및 개선조치 내실화
- 지자체 지도점검 역량강화를 위해 국제결혼중개업 담당공무원에 대한 교육훈련을 확대하고 업무매뉴얼 제작·배포
- 지자체 국제결혼 지원사업의 성차별 등 요소를 점검하고 개선을 위한 권고 추진
  - 특정 성별 영향평가 실시(2020년)→지자체 권고(2021.9.)→미이행 지자체 이행점검(2023년~)→성차별적 국제결혼 지원사업 자제요청(~2023년 말)

③ 국제결혼중개업자 · 국제결혼(예정)자 대상 교육 강화(여가부, 법무부)

• 국제결혼중개업자뿐 아니라, 종사자까지 교육을 확대하고, 교육회차 확대, 온라인 교육 실시 등 교육 내실화 추진

현 행		개 선
▪대상 : 결혼중개업자 ▪회차 : 7회 280여 명 ▪방식 : 집합교육(6시간)	➡	▪대상 : 결혼중개업자 및 종사자 ▪회차 : 14회 500여 명 ▪방식 : 온라인 및 집합교육(8시간)

• 국제결혼 당사자 간 상호이해 제고를 위한 결혼이민(예정)자 대상 현지 사전교육, 배우자 대상 국제결혼안내프로그램 등 제공

현지사전교육	• (대상) 현지 결혼이민예정자/ 베트남(하이퐁, 호치민, 껀터), 필리핀, 태국 • (내용) 사전정보제공 프로그램 및 상담서비스 제공
피해예방교육	• (대상) 국제결혼중개업 이용자 • (내용) 피해예방 교육, 국제결혼 제도 이해 및 가족상담 등
국제결혼 안내 프로그램	• (대상) 베트남 등 국가*의 국민을 결혼동거 목적으로 초청하려는 사람 * 중국, 베트남, 필리핀, 캄보디아, 몽골, 우즈베키스탄, 태국 • (내용) 현지 국가의 제도 · 문화 · 예술 등 소개, 결혼사증 발급절차 및 기준, 인권교육, 상담 · 피해사례 공유 등

• 국제결혼중개 피해 구조 강화를 위해 국제결혼중개 피해상담전화 홍보를 강화하고, 상담 시 통번역 지원

  - 국제결혼피해 상담전화(02-333-1311, 한국건강가정진흥원), 한국소비자원, 대한법률구조공단

(2) 다문화가족 가구상황별 맞춤형 지원

가. 결혼이민자 초기 적응 지원 강화

① 결혼이민자의 의사소통 및 조기 적응 지원(여가부, 법무부)

• 가족센터를 통한 통번역 서비스 제공 및 실용 한국어 교육 강화

- 조기적응프로그램, 사회통합프로그램 콘텐츠 내실화 및 가족센터의 부부교육 등 각종 교육과 연계 강화
- 다문화가족 초기 적응기의 복잡한 문제해결을 위한 초기 상담, 수요 파악, 서비스 연계 등을 지원하는 사례관리 서비스 강화

② 결혼이민자에 대한 한국생활 정보제공 강화(여가부)

- 다누리콜센터를 통한 다국어 상담 및 종합정보 제공 기능 강화

다누리콜센터 개요

① 주요 기능 : 다문화가족, 이주여성 등 대상 상담, 통번역, 정보제공, 폭력피해 긴급 지원 등
  - 긴급 구조와 위기 개입을 위한 보호시설 및 유관기관 연계, 3자통화 기능으로 경찰 · 응급 · 병원 · 관공서 등에서 현장 의사소통 지원 등

② 지원 언어(총 13개 언어) : 베트남어, 중국어, 타갈로그(필리핀)어, 몽골어, 러시아어, 태국어, 크메르(캄보디아)어, 일본어, 우즈베키스탄어, 라오스어, 네팔어, 영어, 한국어)

③ 이용방법 : 다누리콜센터 1577-1366, 다누리포털 www.liveinkorea.kr, 모바일앱 '다누리' 등

- 종합가이드북 한국생활안내를 지속 현행화하고, e-book, 다누리앱 등을 통해 접근성 제고
- 한국생활에 꼭 필요한 주제별 정보를 담은 '정보 더하기' 내실화
  - 정보 더하기 : 외국인 건강보험 당연가입제도, 영유아 건강검진, 긴급복지지원, 어린이집 생활이야기 등 주제별 정보제공

나. 장기 안착기 다문화가족 지원 확대

① 장기 정착 다문화가족 맞춤형 프로그램 다양화(여가부, 방통위)

- 장기 정착 결혼이민자의 미래설계와 역량강화를 지원하는 자립지원 패키지를 전국 가족센터 공통필수사업으로 확대

자립지원패키지	• (미래찾기) 본인의 역량 분석, 비전설정, 지역자원 찾기 • (길찾기) 학부모 · 직업인 · 사회인으로서의 역량강화 • (서비스연계) 지역사회 내 필요한 서비스 탐색 및 연계 지원

- 다문화가족 구성원이 참여하는 가족관계 및 상호이해 증진 프로그램 강화
- 다문화가족 손자녀양육 지원을 위해 국내에 체류하는 조부모(결혼이민자의 부모)에 대한 교육, 상담 등 서비스 도입 추진
- 미디어 이해 · 활용 격차 해소를 위해 다문화가족 대상 맞춤형 디지털 미디어 리터러시 교육 지원
  - 리터러시 교육 : 미디어에 대한 쉬운 접근과 올바른 이해, 효과적 활용 및 창작을 지원하는 미디어 리터러시 역량제고 교육
- 결혼이민자의 노후대비 지원을 위한 노년기 1인 가구 대상 노년준비교육 추진

② 생활안전교육 실시 및 다국어 지원(여가부, 행안부, 경찰청, 소방청, 질병청)

- 한국생활 중 발생할 수 있는 재난 등 상황에 대비하여 가족센터, 유관기관을 통한 다문화가족 재난안전교육 활성화
- 한국생활에 도움이 되는 운전면허 교실, 외국인 도움센터, 119생활안전교육 등 지속 운영
- 감염병 · 재난상황 발생 시 방역지침 다국어 안내 및 다국어 재난대

응 정보제공 등 정보 접근성 강화

- 대형사고, 재난 경험 후 발생한 트라우마 등 사후 회복을 위한 심리 상담 시 다누리콜센터 등을 통해 통역 지원
- 각종 사건·사고 대응을 위한 112, 119시스템 내 다국어, 비언어적 신고체계 운영

다. 취약 다문화가족의 생활 지원

① 다문화 한부모가족 지원 내실화(여가부, 법무부)

- 다문화 한부모가족의 자녀양육 지원 등을 위한 사례관리 지원
- 저소득 한부모가족의 생활안정을 위한 아동양육비 지원 지속 확대
- 전국 가족센터에서 양육비 이행 상담, 정보안내 및 면접교섭 등 지원
- 한부모 결혼이민자가 안정적으로 체류하며 자녀를 양육할 수 있도록 체류안정 및 자녀양육 지원 등을 위한 제도 지속 운영 및 점검
  - 체류안정 : F-6-2(미성년 자녀양육), F-6-3(혼인단절), F-2-15(자녀가 성년이 된 자녀양육자) 등 사증 운영
  - 자녀양육 지원 : 다문화가족의 자녀양육 지원 등을 위해 결혼이민자의 부모 등을 초청할 수 있는 방문동거(F-1-5) 비자를 운영 중이며, 한부모 결혼이민자는 체류가능기간, 횟수 등 우대

② 본국 귀환 다문화가족 현지 지원 강화(여가부, 외교부, 복지부)

- 본국 정부와 협력하여 귀환 가족·자녀의 규모 파악 추진
- 귀환 결혼이민자·자녀의 현지 생활지원을 위한 돌봄·교육, 체류·법률, 건강·의료, 상담 등 서비스 제공
- 현지 한국기업과의 취업연계 및 한국국적의 자녀가 성장한 이후 역귀환 등을 고려하여 한국어 교육 및 한국문화 이해 프로그램

강화

- 현지에서 '한-베 자녀 여름캠프' 등 한국 학생들과 상호교류 기회 확대

• 베트남에서 실시하고 있는 본국 귀환 다문화가족 지원 사업모델(국외 다문화가족지원센터)을 타 국가(지역)로 확산 추진

(3) 결혼이민자 경제활동 참여 확대

가. 결혼이민자 자립 · 취업 역량강화 지원

① 결혼이민자 자립 · 취업 기초 소양 함양 지원(여가부, 문체부, 교육부)

• 결혼이민자 등의 한국어 능력제고를 위해 한국어 교육과정과 교육자료를 내실화하고, 한국어 교육협의체 운영을 통해 관계부처 간 협업 추진

• 가족센터에서 취업기초소양교육을 실시하고, 자립지원패키지를 통해 미래설계 및 자립 역량강화 지원

• 학점은행제, 독학학위제를 통한 고등교육 기회 안내 및 검정고시 지원

② 결혼이민자 직무 역량강화 지원(여가부, 교육부)

• 새일센터를 통해 기업 등 현장 수요를 반영한 결혼이민자 맞춤형 직업교육훈련 프로그램 제공

• 평생교육지원체계를 활용하여 직업 역량강화 프로그램 제공

- K-MOOC 플랫폼을 통해 한국어 강좌를 운영하고, 다양한 학문분야의 강좌에 외국어 자막서비스 확대

③ 결혼이민자 농업인 양성 농식품부, 지자체

- 전문농업인이 결혼이민농업인을 지도하는 맞춤형 교육 등 결혼이민자 정착단계별 농업교육 지원
- 농촌지역 결혼이민자의 농가도우미 연계 서비스 제공
  - 농가도우미 : 출산 또는 출산예정 여성농업인이 출산으로 영농을 일시 중단하는 경우, 농가도우미가 영농을 대행할 수 있도록 지원

나. 결혼이민자 취·창업 지원

① 결혼이민자 맞춤형 일자리 발굴 등 취업 지원(여가부, 고용부, 지자체)

- 가족센터의 통번역, 이중언어 전문인력 및 지역사회 내 다문화 지원 시설 종사자 등 결혼이민자 맞춤형 취업기회 확대 추진
- 기관 간 연계(가족센터-새일센터-고용센터 등)를 통한 구직자 발굴·연계
- 집단상담, 국민내일배움카드제, 국민취업제도 등을 통한 취업지원
- 취업 후 고용이 유지될 수 있도록 새일센터 등을 통해 사후관리 서비스 제공
- 지역맞춤형 일자리 창출사업, 지역공동체 일자리사업 등 지자체 일자리사업 추진 시 결혼이민자 참여 보장 및 독려

② 결혼이민자 창업 지원 프로그램 제공(여가부, 중기부, 고용부)

- 창업 훈련, 경진대회, 자금지원, 창업보육센터, 단계별 멘토링 및 컨설팅 등 창업지원서비스 제공
- 새일센터 내 창업상담사 배치로 창업서비스 연계 지원
- 사회적 기업 취·창업 지원을 위해 결혼이민자 등 여성 특화 사회적 기업가 아카데미 개설 및 맞춤형 멘토링 등 제공

- 다문화가족지원단체, 선배 사회적기업 등과의 네트워크를 통해 맞춤형 멘토링 제공
- 결혼이민자 등 취약계층을 채용하는 사회적 기업에 대한 지원 지속

(4) 가정폭력 예방 및 피해자 보호

가. 입국 전-입국 초기의 폭력피해예방 프로그램 내실화

① 현지 사전교육, 국제결혼안내프로그램의 폭력피해예방교육 강화(여가부, 법무부)

② 현지 사전교육(결혼이민자), 국제결혼 안내프로그램(배우자) 내 폭력피해예방 관련 교육내용 모니터링 및 개선

③ 폭력예방교육 운영 확대(여가부)

- 다문화가족 밀집지역 등으로 찾아가는 폭력예방교육 운영 확대

나. 폭력피해 대응체계 내실화

① 가정폭력 등 실태 파악을 위한 방안 마련(여가부)

- 다문화가족 가정폭력실태 등 파악을 위한 연구, 조사 등 추진

② 다기관 협업을 통한 신속한 긴급지원(여가부, 경찰청, 지자체)

③ 다누리콜센터의 폭력피해 상담역량을 강화하고 경찰 현장출동, 긴급피난처, 전문상담소 연계 등 긴급지원 강화

- 가족센터 사례관리 등을 통한 폭력피해 발견 시 전문상담소로 연계 강화
- 지역사회 내 폭력피해예방과 지원을 위한 다기관 협력네트워크를 구축하여 결혼이민자 지역안전망 강화 추진

④ 폭력피해 지원체계 안내 등 접근성 제고 여가부, 경찰청

• 112신고앱, 다누리콜센터-상담소-보호시설 등 지원체계에 대한 온·오프라인 다국어 안내 및 홍보 강화

전문상담소	보호시설
▪기능 : 폭력피해 이주여성, 동반 자녀에 대한 고용·체류 등 상담 및 상담을 위한 통·번역, 임시 보호 지원 ▪운영현황 : 상담소 9개소	▪기능 : 폭력피해 이주여성, 동반 자녀에 대한 보호 및 의료·법률·주거·직업훈련 등 제공 ▪운영현황 : 쉼터 28개소, 그룹홈 3개소, 자활지원센터 1개소

다. 폭력피해자 보호·자립지원 강화

① 전문상담소·보호시설을 통한 지원 강화(여가부, 경찰청)

• 폭력피해 이주여성 보호시설(쉼터, 그룹홈, 자활지원센터) 등을 통한 통번역, 법률, 의료, 주거, 자립지원 강화

• 폭력피해 이주여성 전문상담소 상담원의 역량강화 등 안정적 운영기반 강화

• 보호시설 종사자, 이용자의 안전보장을 위한 보호시설-경찰서 간 핫라인 등 협업 강화

• 보호시설 퇴소 후 자립지원을 위한 자립지원금 확대 추진

② 폭력피해자에 대한 체류안정 지원 강화(법무부)

• 폭력피해를 입은 결혼이민자의 체류안정을 위한 「출입국관리법」 제25조의2(결혼이민자에 대한 특칙) 등 제도 지속 운영 및 점검

 – 법 제25조의2 : 가정폭력 등을 이유로 재판, 수사 또는 그 밖의 권리구제절차가 진행 중인 국민의 배우자에 대해서는 절차가 종료될 때까지 그리고 피해회복 등을 위하여 필요하다고 인정되는 경우, 체류기간 연장을 허가할 수 있음.

3) 다문화가족정책 추진기반 강화

(1) 다문화가족정책 환류시스템 구축 · 운영

가. 정책환경과 수요에 기반한 지원체계 내실화

① 정책기초자료 수집을 위한 실태조사 실시(여가부)

- 3년 주기 실태조사를 통해 다문화가족의 현황, 어려움, 지원수요 등을 파악하여 기본 계획 및 각종 대책 마련의 기초 자료로 활용
- 국민 다문화 수용성 조사를 실시하여 다문화 수용성 변화 추이 분석 및 국민 다문화 수용성 조사 법적근거 마련 검토

② 다문화가족 지원 현장 의견수렴 및 환류 강화(여가부)

- 가족센터 등 현장간담회를 통해 종사자 및 이용자 의견수렴 강화
- 전국 가족센터장과의 소통을 통한 서비스전달체계 발전방안 모색
- 다문화가족 참여회의 등 정책당사자의 정책제언을 바탕으로 지원서비스 발굴 · 확대 추진

(2) 다문화가족 지원서비스 접근성 제고

가. 대상자 발굴과 서비스 안내를 위한 기관 간 연계 강화

① 신규 입국자 정보 연계 확대(여가부, 법무부, 지자체)

- 조기적응프로그램, 현지사전교육 수료자 중 개인정보 제공에 동의한 결혼이민자 정보를 가족센터로 연계, 서비스 안내 활성화
- 가족센터의 지원이 필요한 결혼이민자 발굴을 위해 주민센터, 출입국관서 등과 연계 강화

② 행정복지센터-가족센터 간 연계 추진(여가부)

- 행정복지센터 찾동이(찾아가는 동주민센터)와 연계하여 지역주민에게 '찾아가는 가족센터' 운영

나. 정책수혜자 중심의 서비스 접근성 제고

① 정부24, 복지로 등 온라인시스템 연계 강화(여가부, 행안부, 복지부)

- 가족센터 홈페이지 등을 통해 다문화가족 지원서비스에 대한 온라인 안내를 강화하고, 서비스 신청 편의 증진
- 정부24, 복지로 등을 통해 다문화가족 지원서비스를 안내하고 및 온라인으로 서비스를 신청할 수 있도록 시스템 연계 추진

② 다문화 친화적인 공공서비스 제공(여가부, 지자체)

- 지자체, 학교 등 공공기관 홈페이지, 정책홍보책자 등 다국어 지원 확대
- 지역사회 내 통·번역 자원 활용 및 인근 지역 자원과의 연계·협력을 통한 다언어 통·번역 지원체계 마련 추진
- 지역사회의 특성을 반영한 다양한 다문화가족 지원사업 확대 추진

(3) 다문화가족정책 협력체계 강화

가. 범부처 다문화가족정책 조정과 협력 강화

① 다문화가족정책 관련 정부위원회 간 연계·협력 강화(국조실, 여가부, 법무부)

- 다문화가족정책위원회-외국인정책위원회 등을 통한 정책조정 및 간사 부처 간 협력 강화

- 실무협의체, 실무분과위원회의 정례적 개최를 통한 정책협의 강화
- 연간 다문화가족정책 시행계획 및 추진실적 점검·환류 체계의 실효성 제고

② 이민정책과 다문화가족정책 간 연계·협력 강화(여가부, 법무부)

- 이민자 증가 등 정책환경 변화에 대응한 이민정책 및 다문화가족정책의 종합적 정책방향 협의 활성화
- 이민자의 초기적응, 장기정착 등 정착단계별 효율적 지원을 위한 연계·협력 강화

나. 중앙-지방 간 다문화가족정책 협력체계 구축

① 중앙과 지방 간 소통·협력체계 마련(여가부, 지자체)

- 시·도 과장 회의 및 지자체 간담회 등을 통한 소통·협력 강화

② 지역 내 유관기관 협력 강화 및 정책 우수사례 확산(여가부, 지자체)

- 지역자원 및 유관기관을 활용한 지역 특화 다문화가족 서비스 개발
- 연간 다문화가족정책 시행계획 추진실적 분석 등을 통해 지자체 정책 모범사례를 발굴하여 확산

다. 주요 결혼상대국과의 국제협력 강화

① 결혼이민자의 인권보호를 위한 국제협력 강화(여가부, 외교부)

- 결혼이민자의 인권보호를 위한 국가 간 정보교환 및 제도개선 추진

② 국제결혼이민관 역할 내실화(여가부)

- 베트남 국제결혼이민관을 지속 파견하여 결혼이민자 인권침해 예방

• 결혼이민자 다수 국가 대상 국제결혼이민관 파견 확대 추진

국제결혼이민관 개요

① 주요 기능 : 주재국 정부(여성연맹) 및 관계기관 등과 협력, 다문화가족 지원사업 점검, 국제결혼 인권상담 및 사건사고 현지대응 등
② 파견기관/인원 : 주베트남 한국대사관(하노이)/과장급(4급) 1명
③ 추가 검토지역: 베트남(호치민), 태국, 필리핀 등

CHAPTER 09

외국인 이주민과 사회통합

개 요

사회적 배제는 일반적으로 사회현상, 즉 정치 · 경제 · 사회 · 문화 등 모든 분야에서 발생하는 배제형태를 말한다. 배제에는 각 분야별로 사회적 배제가 발생할 수 있다. 사회통합은 지역 갈등, 진보와 보수 간 이념 갈등, 세대, 소득과 부의 양극화로 인한 계층 갈등에 대해 통로를 만들어 수렴하고, 해소하여 건전한 사회를 유지하는 일을 뜻한다. 여기에서는 외국인 이주민에 대한 사회적 배제와 사회통합을 학습하고자 한다.

학습목표

1. 사회적 배제의 대상
2. 사회통합의 필요성
3. 사례연구

학습내용

1. 외국인 이주민과 사회적 배제
2. 사회통합과 외국인 이주민

1 외국인 이주민과 사회적 배제

1) 사회적 배제의 일반적 이해

(1) 사회적 배제의 개념

사회적 배제 풍자

배제(exclusion)는 사회학적 측면에서 '사회적 배제(social exclusion)'라고 일컫는다. 일반적으로 사회현상, 즉 정치 · 경제 · 사회 · 문화 등 모든 분야에서 발생하는 배제형태를 말한다(이척희, 2020: 126). 따라서, 배제에는 각 분야별로 사회적 배제가 발생할 수 있다. 예를 들어, 정치적 참여의 봉쇄를 강조할 때 정치적 배제, 경제적 이익으로부터 차별을 받을 때 경제적 배제, 사회적 소외로부터 오는 사회관계적 배제, 문화적 혜택을 누리지 못하는 경우에 문화적 배제가 발생할 수 있다(김영철 · 이평화, 2023: 125). 여기에서 보듯이, 배제의 개념은 '어떤 것'으로부터의 배제를 의미한다. 대개의 '통상적'이거나 바람직하다'고 여겨지는 '사회활동에 참여하는 것으로부터 배제된다'는 것을 의미한다. 배제라는 개념은 '사회적 위험의 총체성'의 성격을 가진다(김수진, 2019: 15). 따라서, 기존의 빈곤(poverty)이나 불평등(inequality)의 개념으로부터의 확장이라는 협의의 개념을 시작으로 사회통합을 저해하고 인간의 기본권까지 관련된 광의의 개념으로 매우 다양하게 사용된다.

막스 베버

사회적 배제는 사회문제의 하나로서 나타난 개념이다. 사회적 배제에 대해 최초로 연구한 학자는 베버(Max Weber, 1864-1920)이다. 베버는 사회적 배제를 하나의 사회적 폐쇄(social closure)의 형태로 파악했다. 즉, 어느 특정 집단이 자신의 우월한 지위나 특권을 유지하기 위해 다른 집단을 희생시키려는 시도라고 이해하였다(Burchardt et. al., 2002: 1-2). 그러나 이러한 사회적 배제현상에 대한 연구는 분석적 차원으로 발전하지 못하다가, 1960년대에 들어서면서, 프랑스 드 골(Charles De Gaulle, 1890-1970) 대통령 당시 경제기획성의 책임자였던 마세(Pierre Masse)에 의해서 최초로 공식적인 사용이 시작하였다. 그는 사회적 배제에 대해 사회보험제도의 사각지대에서 머무르고 있는 사람으로, 즉 국가의 행정대상에서 제외된 사람들을 일컫기 위한 개념으로서 '사회적 배제'를 사용하였다(문진영, 2004: 257).

샤를 드 골

유럽연합(EU)도 1970년대 들어, 특히 빈곤으로 인한 사회적 배제현상에 대해 관심을 갖기 시작하였다(김태수, 2009: 58). 르느와르(René Lenoir)는 사회적 배제에 관한 인식의 지평 확장을 한 이후, 현실세계에서 사회적 배제를 극복하기 위한 정책을 모색하기 시작하였다(심창학, 2001: 189-191). 르느와르가 사회적 배제의 핵심에 '사회부적응(social misfit)'이 있다고 정리한 이후, 유럽은 '빈곤을 넘어서서 사회적으로 배제되는 현상'을 학문적으로 연구뿐만 아니라, 정책적 대안에 대해 적극적인 모색을 하기 시작하였다(Sen, 2000: 1-2). 즉, 르느와르는 '사회적 배제된 자(les esx-lus)'라고 범주화하면서 빈곤에 대해 새로운 접근을 시도하였다.

1980년대에는 사회적 배제의 개념이 유럽 전역에서 더욱 빈번하게 사용되었는데, 사회적 배제의 논의를 근로빈곤계층과 장기실업자를 둘러싼 신빈곤 개념현상에 대한 논쟁으로 구체화하였다(김순양, 2013: 41). 특히, 1980

년대 이후 사회적 배제의 개념이 현실정책과 연계되는 데에는 유럽연합의 역할이 컸다. 즉, 1980년대 중반 이후, EU는 단일 유럽시장을 구축하기 위해서는 사회적 통합이 절실함을 깨닫고, 이를 위한 방안으로 사회적 배제의 극복을 핵심정책으로 채택하였다. EU는 회원국의 빈곤과 불평등문제가 유럽통합의 걸림돌이라고 인식하고, 이에 대처하기 위한 다양한 정책적 대응책들을 모색하게 되었다. 구체적으로 '유럽사회헌장(European Social Chapter)'은 1989년 사회적 배제의 개념을 처음 공식적으로 사용하였다. 그리하여 유럽공동체 내부에서 단일한 시장을 성립시키기 위해서는 사회적 통합이 필요하다는 지적이 제기되었고, 사회적 배제가 핵심적 정책 개념으로 제시되었으며, 이후 유럽연합은 회원국들 간 빈곤과 불평등 문제가 유럽통합의 가장 큰 장애라고 인식하면서 사회적 협약을 통해 사회적 배제를 철폐하기 위한 공동의 노력을 하자고 합의하였다.

사회적 배제는 1990년경에 이르러서 기존의 빈곤과 불평 등을 대체하는 사회정책의 대표적 용어로 자리 잡게 되었다(강현정, 2009: 6). 즉, 르느와르는 빈곤을 넘어서는 체계적 배제로 사회적 배제로 개념화하면서 이 개념의 저작권을 가질 정도가 되었다. 따라서, 이 개념 자체는 처음에 사회학자들이 불평등(inequality)을 초래하는 새로운 원인을 지적하기 위해 사용한 것이며, 현재도 불평등에 관한 여러 가지 사회조사에 활용되고 있다. 오늘날 사회적 배제 담론은 빈곤과 불평등을 동일선상에서 이해하고 있는 등 다양한 논의가 이루어지는 가운데 사회적 배제의 개념은 점차 넓은 범위에서 그 해석이 이루어지기 시작하여 현재와 같은 개념에 이르렀다(최혜지, 2019: 5-6).

기든스

기든스(Giddens, 2021: 450)에 따르면, 사회적 배제(social exclusion)는 개인들이 사회에 포괄적으로 참여하는 길이 막혀 있는 상황을 말한다. 그에 따르면, 교육시설은 낙후되었고, 고용기회가 거의 없는 빈민주거지역에 사는 사람들은 결과적으로 대부분의 사람들에게는 보다 더 윤택하게 삶을 영위할 수 있는 기회조차 얻지 못할 것이다. 또한 사회적 배제라는 개념은 사회적 포섭(social inclusion)이라고 하는 정반대의 의미도 함축하는 것으로서, 주변화된 집단(marginalized groups)을 사회적으로 포섭하는 노력은 현대정치 아젠다에서 중요한 부분을 차지하고 있다. 하지만 시도되는 방식은 사회마다 다양하게 모습을 보여 주고 있다.

사회적 배제의 개념은 다양한 의미를 함축하고 있다. 사회적 배제의 개념을 감안할 때, 기든스(Giddens, 2021: 451)가 "사회적 배제라는 개념에 대해 개인의 책임성에 의문을 제기한다고 볼 수 있다."라고 한 주장은 유의미하다. 다시 말해서 무엇보다도 배제라는 단어는 누군가가 또는 무엇인가가 누군가에 의해 철저히 외면되었다는 의미를 지니고 있다. 개인들이 스스로 통제할 수 없는 결정에 의해 배제당하는 사례는 분명히 존재한다. 예를 들어, 은행은 특정 지역에 거주하는 사람들에게 당좌계정을 트거나 신용카드를 발부하는 일을 거부하기도 한다. 일시적으로 해고당한 사람들은 나이 때문에 더 이상 일자리를 구할 수 없을지도 모른다.

그러므로 사회적 배제는 단순한 물질적 결핍상태를 의미하는 빈곤 개념과는 달리, 역동성, 다차원성, 사회적 관계성 등의 속성을 가지는 것으로서, 빈곤 그 자체보다는 빈곤화과정에 초점을 맞춘다. 그리고 소득에서의 궁핍함을 넘어 다차원에서의 사회적 불이익으로 확대하여 해석하고 대상범위를 개인에서 가족과 지역사회로 확대하며, 사회통합을 위한 참여와 권한 부여 등을 실천과제로 제시한다. 따라서, 사회적 배제에 대한 극복이나 완화는 사회복지실천의 중요한 방향을 제시한다.

(2) 사회복지와 사회적 배제의 상관성

사회적 배제의 논의는 빈곤에 관한 논의에 비해 다양한 사회적 박탈과 박탈에 동태적 이해를 제공한다는 면에서 전통적 복지 논의를 확장하는 계기가 되고 있다. 물론 사회적 배제에 있어서 서구 선진국들의 논의는 크게 다르지 않다. 즉, 블레어(Tony Blair)에 따르면, 사회적 배제는 개인이나 지역에서 실업 및 저숙련 노동, 불량 주택, 가족 붕괴, 높은 범죄 환경, 열악한 건강상태 등과 같이 서로 관련된 문제들의 조합으로 고통받을 때 발생되는 것을 지칭한다(신광영, 2010: 18 재인용). 즉, 다양한 사회문제로 인하여 고통받을 때 사회적 배제는 나타난다고 파악하고 있기 때문에, 사회적 배제는 사회에서 발생하는 사회문제의 해결을 통하여 극복될 수 있다. 이러한 견해는 이미 널리 알려져 오래된 사회문제에 대해 새로운 용어를 사용한 것이다.

그럼에도 불구하고, 사회적 배제는 전후 서구 유럽의 복지정책 전환을 의미하는 새로운 핵심어로 인식되고 있는데, 그 이유는 복지가 물질적 차원을 넘어 다양한 차원에서 복지에 대한 논의를 가능하게 하기 때문이다. 드 한(De Haan)은 이에 대해 "사회적 배제 개념이 분석과 정책을 위해서 구체적인 맥락의 틀을 제공할 수 있다."(신광영, 2010: 18 재인용)라고 주장한다. 즉, 저소득이나 빈곤 등의 사회현상은 사회적 배제의 결과물이라는 점에서 공적부조를 통해 저소득층을 적정 소득으로 증대시키거나 또는 빈곤을 제거하는 것에만 있는 것이 아니라, 사회적 배제를 제거하거나 약화시키는 것이 중요하다. 복지정책을 통하여 재화의 부족을 충족시켜 주는 것은 소극적 복지이다. 사회적 배제로 인한 최종적 결과에 대해 국가가 개입함으로써 개입의 효과가 가시적으로 나타날 수 있지만, 사회적 배제로 고통받는 사람들에게 사회적인 통합을 가져오지는 못한다. 이에 반해, 적극적 복지는 사회적 배제 그 자체를 약화시키거나 또는 제거하는 복지정책이다.

흔히 이것은 부정적 결과를 예방하기 위하여 실시되는 정책이기 때문에 복지정책이라고 불리지 않았던 국가정책이다. 교육정책, 노동시장정책, 그리고 조세정책 등은 일반적으로 복지정책으로는 인식되지 못했다. 빈곤과 박탈이 발생하는 것을 방지하기 위해서 국가정책에서 제도적으로 개입한다는 것은, 사후적으로 이루어지는 치유를 목적으로 하는 소극적 복지정책보다 더 적극적인 예방적이고 성장 가능한 복지정책이라는 점에서 적극적 복지정책이다.

(3) 사회적 배제의 유형분석

배제는 그 근본개념을 바탕으로 해서 사회적 배제의 하위영역에 한 다양한 주장이 존재하고 있다. 또한 하위영역 구성들은, 예를 들어 가구의 경제적 곤란, 기본적 욕구충족의 어려움, 지속적 소비의 어려움, 열악한 주거환경, 나쁜 건강상태, 친구 및 친지 등 주위로부터 소외, 직업 및 주요 활동에서의 불만족 등을 사회적 배제의 구성요소로 하고 있다(김미영, 2013: 18).

『사회학』
(Giddens, 2021)

사회적 배제는 네 가지 차원으로 분류한다(Giddens, 2021: 543-544).

첫째, 빈곤(poverty) 또는 적절한 소득과 자원(adequate income and resources)에서의 배제이다. 그에 따르면, 빈곤은 개인으로서 극복하기 어려운 빈곤조건들을 창출하는 사회적 과정(social processes)을 강조한다. 따라서, 빈곤은 사회적 불평등의 측면이다. 사회적 배제는 빈곤의 개념을 포함하는 더욱 포괄적 개념이 된다.

둘째, 노동시장(labour market)의 배제다. 그에 따르면, 개인에게 노동은 유효적절한 소득을 제공해 줄 뿐 아니라, 사회참여의 핵심적 방법이기도 하기 때문에 매우 중요성을 띤다. 따라서, 노동시장에서의 배제는 다른 사회적 배제, 즉 빈곤이나 서비스에서의 배제, 그리고 사회적 관계에서의 배제를 초래할 수 있다.

셋째, 서비스(service)의 배제이다. 이는 기초적인 서비스 접근에서 차단되는 것이다. 이것은 가정에서 전기 또는 수도가 끊기는 것을 말하는 것일 수도 있고, 사회적인 면에서 교통이나 쇼핑, 그리고 금융서비스를 이용하지 못하는 것일 수도 있다. 또한 서비스로부터의 배제는 개인이 서비스를 이용할 수 없는 개인적인 차원의 문제일 수도 있으며, 공동체 전체가 서비스를 이용하기 어려운 집단적 차원의 문제일 수 있다. 기든스에 따르면, 인구의 약 25%가 2~3개 정도의 기초적인 서비스의 이용을 못 하고, 인구의 50%가량만이 공공서비스와 민간서비스를 합한 모든 서비스를 이용할 수 있는 경우도 있었다.

넷째, 사회적 관계에서의 배제(exclusion from social relations)이다. 이는 일상적인 사회활동에 참여하지 못하거나, 도움이 필요할 때 실질적이고 정서적이고 도움을 받지 못하거나, 시민적 활동에 참여하지 못하는 경우 등이 있다. 따라서, 기든스는 사회적 배제에 있어서 경제적, 사회적 관계의 배제 측면을 강조하고 있는데, 사회적 배제를 사회문제의 측면에서 이해하고 있다.

2) 한국인의 이주민에 대한 일반적인 태도

외국인에 대한 한국인의 일반적인 태도는 다음과 같다(박화상 외, 2023: 206-207).

우선, 사회적 소수자(사회문제)와 외국인 이주민(이주민문제) 간 태도비교를 통해 분석해 보면, 일반적 사회문제와 외국인 이주민문제에 대한 심각성 인식비교를 통해 외국인 이주민문제에 대한 심각성 인식수준을 파악할 수 있다. 그 후 사회적 소수자에 대한 일종의 감정적 태도로서의 사회적 거리감 정도와 그들의 정치적·사회적 행동에 대한 행동적 태도로서의 용인 정도를 외국인 이주민에 대한 정도와 비교함으로써 외국인 이주민에 대한 감정적·행동적 수용수준을 알 수 있다.

첫째, 한국인은 환경문제, 고령화문제, 소득양극화, 종교갈등, 이혼율 증가, 청년실업, 저출산문제 등 다른 사회문제에 비해 상대적으로 국제결혼 증가, 이주노동자 증가는 그 심각성의 정도를 낮게 인식하고 있음을 알 수 있다. 그중 국제결혼 증가문제에 대해서는 연령이 높을수록, 교육수준이 낮을수록, 소득이 낮을수록 심각성이 크다고 인식하고 있는 것으로 나타났다.

둘째, 한국인은 외국인 이주민에 대한 사회적 거리감이 마약 상습복용자나 범죄 경력자, 동성애자보다 적고, 장애인이나 타 종교인보다는 크다. 한국인이 외국인 이주민에게 장애인이나 타종교인보다 더 친밀감을 느끼고 있다는 점은 눈여겨볼 만한 점이다. 이주민을 이웃으로 두고 싶지 않은 정도를 인구사회학적 변수별로 살펴보면, 연령이 높을수록 외국인을 이웃으로 두고 싶지 않다는 응답이 높았던 것은 비교적 예상 가능한 결과이다. 그에 반해, 지역규모별로 보면 오히려 대도시에서, 그리고 지역별로 보면 대표적인 대도시인 서울이나 부산·울산·경남에서 외국인과 이웃하고 싶지 않다는 응답이 크게 높았던 것은 일견 놀랍다. 범죄경력자와 이웃하고 싶지 않다는 응답에서도 비슷한 경향을 볼 수 있는데, 아마 그것은 실제 외국인을 접하는 경험이 많아서일 수도 있고, 또는 도시 중산층 이상의 보수적 성향을 보여 주는 것일 수도 있다

셋째, 한국인들은 이주노동자, 종교적 극단주의자, 반정부주의자, 동성애자, 인종주의자 등의 사회적 편견 대상자들의 공개집회에 대해 평균적으로

허용 불가에 더 기울어지는 의식을 가지고 있으나, 그중에서 이주노동자의 공개집회를 가장 크게 용인하고 있다. 다른 사회적 편견 대상자들보다는 이주노동자에 대해 상대적으로 더 큰 용인도를 가지고 있다는 것이다. 여기에서 하나 더 눈여겨볼 만한 것은, 이주노동자 다음으로 정치적 용인도가 높은 집단이 인종주의자이며, 인종주의자의 용인도가 동성애자보다 상대적으로 더 높다는 점이다. 우리 사회는 아직 동성애자보다는 인종주의자에 대해 더 정치적으로 용인하고 있음을 알 수 있는 대목이다. 인구사회학적 변수별 이주노동자의 공개집회에 대한 용인도는 교육수준이 높을수록 크며, 직업별로는 전문관리직과 학생이 가장 크고 생산직과 자영업·자영농이 가장 적다. 이는 국제결혼문제에 대한 심각성이나 이주노동자·이주민에 대한 사회적 거리감이 적은 집단이 외국인 노동자에 대한 공개집회에 대한 용인에 대해서도 다른 집단보다 상대적으로 더 큰 용인도를 보여준다는 것을 알 수 있게 해 준다.

3) 사회적 배제의 사례

이주라는 생활사건은 개인이 경험한 바 없는 새로운 사회에의 적응과 통합이라는 과제를 남긴다. 이주민의 삶을 사회적 배제의 관점에서 살펴야 할 이유를 논의하고 이주민의 사례적 배제의 사려들은 다음과 같다(최혜지, 2019: 30-35).

이주민문제의 골자는 선주민보다 낮은 사회적·정치적·경제적 지위에 있다. 경제적 자원과 사회적 기회의 불평등은 이주민이 사회적 자원을 분배하는 의사결정체계로부터 소외된 결과이다. 이주민을 향한 편견과 왜곡된 고정관념은 경제적 자원과 사회적 기회의 부당한 분배를 정당화하는 이념으로 작동하여, 권리주체로서 이주민의 동등성을 부정한다. 이와 같은 구조화된 차별로 인해 이주민의 시민적 권리는 다양한 방식으로 제약될 수밖에 없다.

이주민의 사회경제적 불평등과 사회적 차별이 소거된 이상적 상태는 사회통합으로 개념화된다. 사회통합은 다문화시대 국가발전의 동력이며, 지속 가능한 사회구성의 기본 과제이다. 대표적인 사회적 약자인 이주민의 주류사회 내 편입은 사회통합의 중심과제이며, 다문화시대에 이주민에 대한 사회적 포용은 다문화시대 사회통합의 열쇠이다.

그런데 이주민에 대한 차별과 사회적 배제는 이주민 삶의 질을 저하하고 사회구성원 간 불평등을 심화하여 사회안정과 통합을 위협하므로 이주민의 구조적 차별을 근절하고 자기발전의 동등한 기회가 보장되어야 한다. 이와 같이 원인으로서의 사회적 차별과 결과로서의 불평등, 그리고 지향하는 이상으로서 사회통합을 관통하는 주제는 사회적 배제이다. 즉, 사회적 배제는 민족적 소수자의 불리한 처지의 주요 원인이며, 기제이고 또한 결과이다.

사회적 배제의 다차원적 특성은 이주민의 문제를 경제적 요소로 축소해 고찰하는 오류를 극복하게 한다. 사회적 배제는 이주민의 불평등을 사회, 문화, 정치 등 삶의 다양한 차원에서 포괄적으로 조명하는 강점을 갖는다. 또한 사회적 배제는 개인이 사회적으로 배제되는 경로에 집중함으로써 이주민의 사회통합을 저해하는 사회구조적 요인들을 파악하게 한다. 따라서, 이주민이 경험하는 삶을 사회적 배제의 관점으로 조명함으로써 이주민의 불평등을 주류사회로부터 격리되고 소외되는 다차원적 기제를 통해 설명할 수 있다.

4) 대상자별 사회적 배제

사회적 배제의 유형에는 다양한 분류가 있을 수 있으나, 여기에서는 기든스를 중심으로 논의된 사회문화적 배제, 경제적 배제, 주거배제에 대하여 문화다양성의 대상자별로 사회적 배제를 다음과 같이 논하고자 한다 (최혜지, 2019: 91-104 ; 김순양, 2013: 99-314 ; 김태수, 2009: 124-125).

(1) 결혼이주여성

결혼이주여성들은 다양한 정부 차원의 지원에도 불구하고, 그들의 상당수가 여전히 사회적 배제를 경험하고 있다. 그 내용은 다음과 같다.

① 사회문화적 배제

결혼이주여성들은 결혼을 통해서 한국에 입국함과 동시에, 출신국과는 상이한 사회문화적 환경하에서 생활하게 된다. 물론 중국, 베트남, 일본 등과 같은 일부 국가들은 한국과 유교적 전통을 공유하기도 하지만, 그렇다고 이들 국가 역시 한국과 사회문화적 속성이 동일한 것은 아니다. 따라서, 결혼이주여성의 대부분이 한국에 대한 정보와 지식이 부족한 이주 초창기에는 한국의 사회문화에 적응하는 데 어려움을 겪고 있다. 한국의 사회문화적 토양 역시 그동안의 단일민족 전통하에서 이질적인 것에 대한 배타적인 성향이 강하며, 오랫동안 누적되어 온 권위주의적인 사회문화적 특성으로 인하여 우리보다 경제적으로 낙후된 국가들로부터 유입된 결혼이주여성에 대해서는 차별적인 성향이 강하다. 즉, 이질적인 것에 대한 배타적 성향과 자신보다 열등한 것에 대한 차별적 성향은 결혼이주여성들을 사회문화적으로 배제시키는 데 중요한 요인으로 작용하고 있는 것이다.

정책적인 측면에서도 그동안 결혼이주여성에 대한 다양한 지원에도 불구하고, 전달체계의 파편화, 연계 및 조정 체계의 부실, 프로그램의 적실성 부족 등 다양한 원인들로 인하여 제대로 성과를 발휘하지 못하고 있다.

물론 결혼이주여성의 이러한 사회문화적 배제의 원인이 한국사회에만 있는 것은 아니며, 결혼이주여성 본인에게도 적지 않은 귀책사유가 있다. 대부분의 결혼이주여성들은 한국의 사회문화 및 가족제도 등에 대한 충분한 사전 지식과 정보를 가지지 못한 상태에서 단기간에 결혼을 성사하는 경우가 대부분이다. 그리고 대부분의 결혼이주여성들이 한국어에 대한 이해도가 낮은 상태에 있는데, 이는 이들이 한국의 사회문화에 적응하는 데 중요한 장애요인이 된다. 따라서, 이러한 복합적인 원인들로 인하여 많은 결혼이주여성들이 한국의 사회문화에 제대로 적응하지 못하고 있으며, 이는 이들로 하여금 기족생활이나 공동체생활 등에서도 어려움을 초래하게 한다. 그 결과, 결혼이주여성의 경우는 지역사회에 적극적으로 참여하지 못하거나, 한국의 이웃들과 적극적으로 어울리지 못하며, 사회적 네트워크의 취약성으로 인하여 어려운 일이 생기더라도 동향의 지인들에게 의존하는 성향이 강한 것이다.

② 경제적 배제

대부분의 결혼이주여성들은 한국보다 경제적 수준이 낮은 국가 출신들이며, 이들의 주요 결혼이주의 동기는 경제적인 이유 때문이다. 실제로 이들과 결혼한 한국남편들의 상당수가 처가에 일정액의 생활비를 매달 송금하는 경우가 적지 않다. 따라서, 결혼이주여성에게 경제문제는 매우 중요하며, 이들의 경제적 만족도가 곧 이들의 한국생활에 대한 민족도의 상당부분을 결정한다고 보아도 무리는 아니다. 그러나 실제로는 결혼이주여성의 대부분이 경제적으로 빈곤상태에 직면해 있으며, 한국사회에 대한 전반적인 이해부족과 언어상의 제약으로 인하여 적절한 경제적 권한을 행사하지 못하고 있다. 즉, 경제적 배제상태에 직면해 있는 것이다.

이처럼 결혼이주여성의 대다수는 경제적인 빈곤상태에 처해 있는데, 더구나 대부분의 결혼이주여성들은 이러한 빈곤에 더해서 재산권의 행사로부터도 배제되어 있다. 한국의 가부장주의적 가족관계 속에서 대부분의 재산은 남편의 명의로 소유되고 관리된다. 게다가 결혼이주여성의 가구소득이 대부분 불안정한 상태에 있으며, 결혼이주여성들 자신이 정상적인 직업을 가지지 못하는 경우가 많기 때문에 결혼이주여성들이 자신의 몫을 확보하기도 쉽지 않다. 물론 가족들도 결혼이주여성들이 한국의 경제생활에 숙달되어 있지 못한 상황에서 이들에게 재산관리를 맡기기를 꺼린다.

③ 주거배제

주거상태는 소득수준에 크게 의존한다. 즉, 거주지역에 따라 다소 차이는 있을 수 있지만, 대체로 소득수준이 높을수록 주거상태가 양호하다. 그러나 결혼이주여성의 경우는 전술하였듯이, 대체로 가구소득수준이 한국인부부 가정에 비해서 낮다. 그리고 이들의 거주지역도 대체로 도시 외곽이나 농어촌지역인 경우가 많다. 따라서, 대부분의 결혼이주여성들은 주거상태가 열악한 상황에 처해 있다. 이것이 특히 문제가 되는 것은, 주거상태가 결혼이주여성들의 생활만족도에도 영향을 미치지만, 자녀들의 교육환경과도 밀접한 관련성이 있다는 점이다. 대체로 주거환경이 열악한 지역일수록 교육환경이 열악한 경우가 많으며, 이는 자녀들의 교육성취도에 부정적인 영향을 미치게 된다.

그러므로 결혼이주여성의 대다수가 자신의 집을 소유하지 못하고 전·월세로 생활하는 비율이 높으면, 잦은 이사 등으로 생활의 안정을 찾기가 어렵게 된다. 따라서, 이는 다시 한국사회 적응을 어렵게 하고 있다.

(2) 이주노동자

이주노동자는 1990년대 이래 이른바 3D 업종을 중심으로 구인난이 심각해지면서 본격적으로 유입되기 시작하였다. 이들은 대부분이 중국이나 동남아시아 등 우리보다 경제적으로 낙후된 국가 출신들로서, 초기에는 산업연수생제도로 입국하였으나, 불법체류자가 증가함에 따라 이들의 인권 문제 등이 심각한 사회적 이슈가 되었다. 현재 이주노동자들은 작업현장에서 노동권이 침해당하고 있음은 물론, 사회생활 전반에서 차별을 받는 경우가 많고, 한국사회에 적응하는 데 어려움을 겪고 있다. 이주노동자에 대한 사회적 배제는 다음과 같다.

① 사회문화적 배제

이주노동자의 주된 입국 동기는 경제적인 면에 있지만, 이들이 한국에 거주하고 있는 동안에는 한국의 사회문화적 환경에 접촉하지 않을 수 없다. 따라서, 이들이 한국의 사회문화에 잘 적응하게 하는 것은, 이들이 직장 바깥에서의 행복한 삶을 누리는 데 필요한 것임은 물론, 이들이 한국인들의 사회적 특성을 잘 이해함으로써 직장 내에서의 동료관계를 원만하게 하는 데도 큰 영향을 미치게 된다. 그리고 이들이 한국의 사회문화에 잘 적응하게 되는 것은, 궁극적으로 이들의 노동인권 침해를 스스로 방지하고 구제하는 데도 영향을 미치게 된다. 따라서, 다문화사회로의 변화에 대응하기 위해 어느 국가든 이주민들의 사회문화적 적응을 촉진하기 위한 다양한 정책들을 시행하고 있는 것이다.

그러나 현실적으로는 대부분의 이주노동자들이 한국의 사회문화에 대한 이해도가 부족하며, 그 결과 사회문화적 배제를 경험하고 있다. 물론 이들의 사회문화적 배제는 이들로 하여금 한국사회에 대해 부정적 인식을 갖게 하며, 여러 면에서 불이익을 겪게 한다. 구체적으로 이들이 한국에서 사회문화적 배제에 직면하게 되는 이유들을 보면, 우선 이주노동자들의 한국어 구사능력이 낮으며, 따라서 한국의 사회문화를 이해하거나, 한국인들과 교류를 하기가 어렵다. 이들이 한국어에 대한 이해도가 낮은 것은, 근본적으로 이들이 영구체류를 목적으로 하는 것이 아니라, 3년 이내의 기간으로 방문을 하는 것이기 때문에 한국어를 배워야겠다는 의지가 부족하기 때문이다. 이들은 대체로 작업장에서 필요한 기본 용어 정도를 이해하는데 만족하고 있으며, 체계적으로 한국어를 습득하고 이를 통하여 한국의 사회문화를 잘 이해하려는 의욕은 부족하다. 그리고 고용허가제하에서는 이주노동자를 고용하고자 하는 사업주가 신체조건, 학력 등과 더불어 한국어능력을 충족하는 적격자를 직접 선발할 수 있게 하고 있지만, 한국어를 제대로 구사할 줄 아는 인력이 드물기 때문에 한국어 구사가 가능한 인력을 채용하는 것이 현실적으로 어렵다. 한국어자격시험의 경우도 극히 초보적인 단계의 것이다. 입국 이후에 행하는 취업교육과정에서도 한국어를 수강하게 하고 있으나, 20시간 전후의 교육시간 내에 한국문화 이해, 관계법령, 산업안전보건, 기초기능 등도 동시에 수강해야 하기 때문에 이를 통하여 한국어능력을 제고하기는 어렵다.

이주노동자들의 의식주생활, 종교 가치관 차이 등도 이들의 한국의 사회문화에 대한 적응을 어렵게 한다. 예를 들어, 동남아지역으로부터 이주한 이주노동자들이 손으로 음식을 먹는 것에 대해서 한국사람들이 불결하게 생각한다거나, 종교상의 이유로 특정 음식을 먹지 못하는 것을 비난하거나, 술을 억지로 마시게 하거나, 특정 종교를 강요하는 등의 행위 등은 이주노동자들로 하여금 한국의 사회문화에 대한 접촉을 꺼리게 하는 요인으로 작용할 수 있다.

이주노동자들의 경우, 상당수가 한국인들과 적극적으로 교류하고 사회적 연결망을 형성하기보다는, 주로 같은 국가출신들과 어울리는 경향이 있는데, 이 역시 이들의 사회문화적 적응을 저해하는 것이다. 물론 이는 이들이 한국어능력이 부족하고, 한국인으로부터 차별대우를 받는 것이 싫어서일 수도 있지만, 결과적으로는 이들의 한국의 사회문화에 대한 이해를 지체시킨다. 따라서, 이들이 휴일을 이용하여 한국의 사회문화를 이해하기 위한 시설을 방문한다거나, 여행을 하는 등의 여가생활을 하기는 어려울 것으로 보인다.

이주노동자들의 사회문화적 적응을 저해하는 데는 무엇보다도 외국인에 대한 한국인들의 인식 및 한국사회의 배타성이 큰 영향을 미친다. 한국사회의 경우, 오랫동안 단일민족국가를 형성하여 왔기 때문에 이질적인 것에 대한 배타성이 매우 강하다. 그리고 이러한 배타주의는 한국사회의 고질적 병폐인 권위주의 성향과 결합되어, 대부분이 경제적으로 빈곤한 국가에서 입국한 이주노동자에 대해서는 차별적 성향을 보이게 되는 경우가 많다. 따라서, 이주노동자를 공동체 성원으로서 포용하려는 자세가 부족하다.

② 경제적 배제

이주노동자들이 국내에 입국하는 주된 동기는 경제적인 이유이다. 이는 기본적으로 한국에서의 임금수준이 본국에서보다 훨씬 높다는 것을 전제로 하는 것이다. 실제로 이주노동자의 임금수준은 근래 들어서 지속적으로 상승하여, 사업주의 입장에서는 이주노동자를 고용하는 것이 큰 메리트가 없다고 할 정도가 되고 있다. 즉, 이주노동자를 고용할 경우, 임금 외에도 숙식비 추가 지급, 이주노동자 전용보험의 의무가입 등으로 인한 부대비용으로 인해 내국인 고용과 별로 차이가 없다. 따라서, 이주노동자를 고용하는 것이 국내에서 필요한 인력을 구하지 못한 상태에서 불가피한 조치이며, 경제적인 측면에서는 큰 도움이 되지 않는다는 것이다.

그러나 이러한 사업주들의 평가에도 불구하고, 다른 실증적 조사들에 의하면 이주노동자, 특히 일반 이주노동자들은 여전히 내국인 근로자에 비해서 임금수준이 크게 낮은 상태이며, 빠르게 상승하는 국내 물가수준 등을 감안하면, 이들이 현재의 임금수준에서 경제적으로 적절한 수준의 생활을 영위하기는 쉽지 않을 것으로 본다. 더구나 이주노동자들의 대다수는 국내로 입국하는 과정에서 소개비 등의 명목으로 적지 않은 금전지출을 하였기 때문에, 3년이라는 짧은 기간 동안에 이러한 비용을 모두 상쇄하고 적절한 수준의 저축을 하기는 쉽지 않을 것으로 보인다.

③ 주거배제

이주노동자들의 임금수준은 높지 못한 편이며, 더구나 임금체불문제도 심각하다. 그리고 이들의 주된 입국 동기는 3년이라는 짧은 기간 동안의 힘든 노동을 통하여 적절한 수준의 금전을 마련하여 본국으로 돌아가는 것이다. 따라서, 이주노동자들은 낮은 수준의 임금에도 불구하고, 저축을 하거나 본국으로 송금을 함으로써 자신의 목표를 달성하고자 한다. 더구나 이들은 한국의 높은 물가 수준하에서 기본적인 생활은 유지해야 한다. 따라서, 대부분의 이주노동자들은 주거에 많은 지출을 하기가 어려운 형편에 있으며, 그 결과 이들의 주거환경은 상당히 열악할 것으로 예측된다.

2 사회통합과 외국인 이주민

1) 사회통합의 일반적 이해

현대사회는 정치 · 경제 · 사회 · 문화 등 여러 영역에서 다양한 사회갈등이 발생함으로써 사회통합의 논의가 확대되고 있다. 사회통합은 이질적이고 다양한 사람들로 이루어지는 사회구성원이 정체성을 갖도록 통합하는 일이다. 통합이 이루어지지 않으면, 갈등과 대립이 폭동과 소요로 나타나게 된다.

사회통합의 정의는 사회과학 분야에서 다양하게 존재한다. 대표적 사회통합 개념 정의에는 록우드(David Lockwood)의 구성원 간 평화유지, 하버마스(Jürgen Habermas)의 사회규범 등에 대한 원활한 의사소통, 기든스(Anthony Giddens)의 집단 간 호혜적인 상호작용 등이 있다.

20세기 말부터 사회통합의 개념은 국제사회를 중심으로 활발하게 논의되고, 사회정의와 사회복지의 관점에서 재해석되었다. 국제연합(UN)은 1994년 사회통합을 핵심적 의제로 다루면서 국가와 사회는 개인이나 집단에 대하여 배제가 아닌 포용으로 정의 · 복지 · 자유를 제공하며, 해체가 아닌 조화와 유대로 사회질서를 유지하는 것이라고 정의한다. 또한 유럽연합(EU)은 양극화 격차를 최소화하기 위한 복지를 보장할 수 있는 역량이라고 정의하고 있다.

현대 문명사회는 국민 생활을 저해하는 대립적 갈등을 조정 · 해결하려면 각각의 영역에서 사회통합 역할이 다음과 같이 강조된다(박동욱, 2022: 8). 첫째, 사회복지국가 헌법의 이념 및 가치 추구를 통한 사회통합, 둘째, 사회정의 실현 정치를 통한 사회통합, 셋째, 사회적 약자를 포용하는 헌법재판을 통한 사회통합, 넷째, 세대 간 갈등 조정 · 해소를 위한 국민연금의 헌법적 의무를 통한 사회통합 등의 역할이 수반되어야 한다.

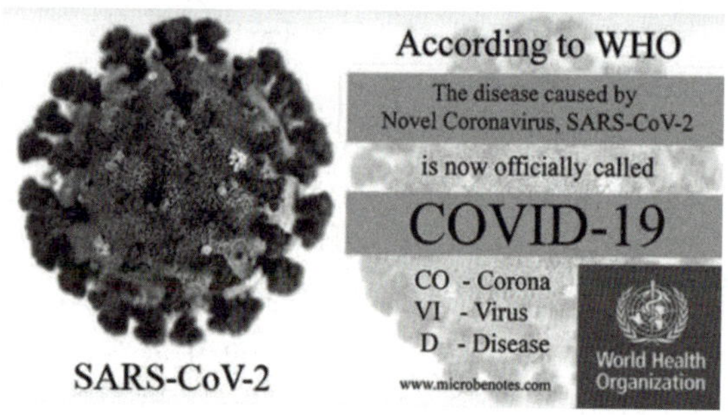

코로나19

지금 우리나라는 코로나19 팬데믹(pandemic)으로 인해 국가가 사회구성원들의 사회통합을 위해 필연적으로 개입해야 할 절박한 상황을 맞이하고 있다. 4차 산업혁명에서 가장 약한 고리인 고용시장과 21세기 전 지구적인 코로나19 팬데믹은 사회적 약자를 포함한 다수의 국민에게 심각한 불안감과 위기감을 불러오고 있다. 즉, 지금 우리 사회를 최고로 지배하는 주된 의식은 코로나19로 인한 삶에 대한 불안(anxiety)일 것이다. 국가에 의해 강제되는 코로나19의 예방과 퇴치를 위한 사회적 거리두기는 개인의 표준적 삶을 정상궤도에서 탈선시켰다. 특히, 소상공인을 비롯하여 개인화(individualization) 시대를 살아가는 프리랜서, 비정규직 노동자 등 사회적 약자들은 코로나19에 의한 새로운 사회규범과 제도에서 보호받지 못함으로써 사회적 불안과 갈등의 진원이 되고 있다. 이러한 시대적 상황에 비추어 포스트 코로나19(Post-COVID-19)는 필연적으로 고용 비대칭형 경제성장이 예상되며, 이에 따른 사회적·경제적 양극화는 심각한 사회갈등을 유발할 것은 명약관화하다.

사회통합은 지역 갈등, 진보와 보수 간 이념 갈등, 세대, 소득과 부의 양극화로 인한 계층 갈등에 대해 통로를 만들어 수렴하고, 해소하여 건전한 사회를 유지하는 일을 뜻하며, 다음과 같은 방법이 있다(박찬욱, 2013: 61-93).

① 민주주의의 지속적인 발전을 통한 사회통합력 신장
② 권력분산, 견제와 균형을 보장하기 위한 제도
③ 정부의 청렴성, 민의대응성 및 효율성을 높임.
④ 시민참여 거버넌스 도입 확산
⑤ 사회지도층의 공정사회 만들기 운동 주도
⑥ 정당개혁, 국회 운영 쇄신

사회통합은 국가의 중요한 역할 가운데 하나이다. 국가의 사회통합 의무는 헌법의 기본 원리에 포섭된다. 사회통합을 위한 국가의 의무는 다양하다. 그중 몇 가지 중요한 역할을 살펴보면 다음과 같다(박동욱, 2022: 10).

첫째, 국가는 사회통합을 위해 헌법이 지향하는 법치국가 원리와 문화국가 원리에서 파생된 구체적 법률을 통해 가장 기본적인 의무인 사회구성원을 보호하여야 한다.

둘째, 국가는 민주적 기본질서의 이념과 가치에 직결되는 자유·평등·복지 등과 관련된 사회통합에 개입하고, 필요한 예산을 집행함으로써 개인과 사회의 동질성을 확보하고 연대성을 형성하여야 한다.

셋째, 국가는 헌법에서 규정한 경제질서 범주 내에서 사회구성원들이 인간다운 삶을 영위할 수 있는 경제활동을 보장하고, 노사구성원 간의 갈등과 분열에 개입하여 상호의존성의 강화를 통한 사회통합을 도모하여야 한다.

넷째, 국가는 과잉금지원칙을 행정행위나 공권력의 행사에서 철저히 준수함으로써 사회구성원들과의 관계에서 갈등 야기를 사전적으로 예방하여 사회통합 역할은 수행하여야 한다.

다섯째, 국가는 사회국가 원리에 의해 공정으로서의 배분적 정의를 실천하고 사회적 약자의 보호를 통하여 세대 간 사회통합을 실행하여야 한다.

2) 외국인 이주민의 사회통합 이해

세계화가 급속히 진행됨에 따라 상품뿐 아니라, 사람과 문화까지도 국경을 넘나드는 추세가 가속되고 있어서 인종 · 종교 · 문화 갈등과 대립을 방지하고, 문화다양성을 보호하며, 증진시키는 일이 필요하다. 세계는 빈부격차의 확대, 종교분쟁 등 문화다양성을 위협하는 일에 직면해 있어서, 소통하고 문화다양성을 인정하여 이런 세계화로 인한 문화발전이 정체할 위험으로부터 해결하는 일이다(김규찬, 2023: 201).

미국이나 캐나다는 국가 출범 초기부터 다양한 인종과 문화가 뒤섞여 형성되었다. 유럽에서도 여러 문화가 유입되어 형성된 국가인 네덜란드, 영국, 프랑스와 독일 등에서는, 이주집단 간 상이점을 해소하고, 평등한 노동, 고용, 교육을 통한 기본적인 자질을 키워주는 조치를 통해 경제적 사회통합 개선계획을 추진하고 있다.

우리나라에서는 1990년대 이후 이주노동자들의 유입과 2000년대 이후 국제결혼에 따른 결혼이주여성이 지속적으로 증가하고 있다.

3) 사회통합정책

(1) 이주민 관련 법제도

다문화사회는 다양한 배경과 인종의 사람들로 구성된다. 다문화가족의 수가 증가됨에 따라 정책이나 다양한 사회적 프로그램의 필요에 따라 정부 각 부처는 사회통합을 위한 각종 정책이나 행사를 진행해 오고 있다. 그러나 특히 사회통합이라는 명분 아래, 다문화가족들이 국내에서 적응하는 것을 돕고 지원하기 위해 여러 가지 정책과 교육 프로그램을 진행해 왔으나, 이에 대한 문제점이 드러나고 있다. 각 부처 소관 법률들은 정책 목적이 각 행정관리정책에 산발적이고 일시적이라는 비판이 있다. 또한 국내에 거주하는 외국인은 계속 증가하고 있다. 이러한 상황에서 국가는 다문화사회를 세계화시대의 경쟁력 증진과 선진화 기회를 제공해야 한다. 이를 위해 체계적인 통합정책을 일관성 있게 추진해야 하는데 이를 뒷받침하는 법률적 보완이 필요하다.

한국은 이주 유형에 따라 차별적인 정책이 시행되고 있다. 「출입국관리법」, 「국적법」, 「재외동포의 출입국과 법적 지위에 관한 법률」 등의 법률에 의해 이주민을 분류하고 있다.

(2) 문화다양성의 대상자별 정책

한국사회에 나타난 이주민에 대한 정책은 다음과 같다(김규찬, 2023: 209-211; 배경임 외, 2022: 101-104).

① 이주노동자

한국은 1987년 이후 이주노동자의 송출국 위치에서 이주노동자 유입국으로 전환되었다. 국내 노동력 부족 해결을 목적으로 1991년 해외투자업체 연수제도를 시행하였고, 1992년 이주노동자에 대한 출입국관리법에 의해 잠정적 입국을 허용하였다. 부득이한 사유로 유효한 여권이나 사증소지 등 입국허가 요건을 갖추지 못한 외국인에 대해 입국허가 여부가 결정될 동안 주거제한 등의 조건을 붙여 잠정적으로 증가시키는 계기가 되었다.

2003년 「외국인 근로자의 고용 등에 관한 법률」이 제정된 이후, 이주노동자들의 취업활동이 가능한 체류자격에 해당되는 사증발급 시 국내 고용환경이 고려되도록 하는 사안과 외국인의 체류자격 및 체류상한기간 재조정이 있었는데, 이를 계기로 이주노동자의 유입이 본격화되었다.

2004년 고용허가제 도입은 이주노동자의 유입을 가속화시키고 있다. 고용허가제는 이주노동자를 노동자로 인정하고 노동권을 보장하는 제도로, 최장 근로기간을 5년 미만으로 설정하고 있다. 그럼에도 불구하고, 이주노동자들에게는 정주불허의 원칙을 유지하면서 고용허가제를 통해 합법적인 지위를 보장하고 있다. 이들은 주로 단기계약으로 입국하며, 정해진 직종에만 취업이 가능하고, 사업자 변경 및 가족재결합이 불가하다. 일반귀화나 특별귀화 요건을 충족하지 못한 경우, 이주민의 영주체류자격을 인정하지 않으나, “대한민국에 공로가 있는 자나 특정 분야에서 탁월한 능력을 소유하여 대한민국에 보탬이 될 수 있는 자”는 특별귀화요건으로 인정하며, 교육수준이나 전문적 기술을 보유한 외국인들의 한국 유입은 환영하고 있다는 점에서 차별적으로 수용하고 있다는 것을 알 수 있다.

② 결혼이민자

결혼이민의 다수를 차지하고 있는 결혼이주여성의 경우, 그 체류자격은 2011년부터 거주(F-2)에서 결혼이민(F-6) 자격이 신설되었으며, 한국국민의 배우자로 영주권 신청자격에서 2년이면 신청할 수 있는 조건이 주어지고 있다. 결혼이주여성은 결혼이민자 중 다수를 차지하고 있다. 결혼이주여성은 결혼이민비자를 발급받는다. 이 비자는 “대한민국 국민의 배우자나 국민과 혼인관계에서 출생한 자녀를 양육하고 있는 부 또는 모로서 법무부 장관이 인정한 사람”에 한해 발급된다. 또한 “대한민국 국민의 배우자와 혼인한 상태로 국내에 체류하던 중 그 배우자의 사망이나 실종, 그 밖에 자신에게 책임이 없는 사유로 정상적인 혼인 관계를 유지할 수 없는 사람으로서 법무부 장관이 인정한 사람”도 이에 해당한다. 외국인이 국제결혼으로 한국에 거주하기 위해서는 한국인 배우자의 초청이 필요하다.

결혼이주여성은 다음의 절차에 따라 귀화할 수 있다.

결혼이민비자로 입국하여 거주한 지 2년이 지나면 귀화 신청이 가능하다. 한국 거주기간이 2년 이상만 되면 신청자격이 주어지므로 결혼이주여성의 한국생활에 안정성을 보장한다는 긍정적 측면이 있다. 그러나 일반적인 귀화의 요건을 충족해야 한다는 점에서 여전히 높은 장벽이다. 그 예로, “생계유지 능력이 있어야 한다.”는 조항이 있는데, 3천만 원에 달하는 재산현황을 서류로 제출하거나, 재직하고 있는 직장의 재직증명서 등을 제출해야 하는 조항이다. 이와 관계하여 「국적법」은 지속적으로 개정되고 있다. 예를 들어, 1997년 개정된 내용을 보면, 종전의 부계혈통주의가 부모양계주의로 전환(부 또는 모 어느 한편이 대한민국 국적자면 그 자녀에게 국적을 부여함.) 되었다. 그리고 2004년에는 “국민인 배우자와 혼인한 상태로 대한민국에 주소를 두고 있던 중 그 배우자가 사망·실종되거나 자신의 귀책사유 없이 혼인생활을 계속할 수 없는 경우 또는 혼인에 의해 출생한 미성년자녀의 양육 등의 필요가 있는 경우에는 외국인 배우자의 인권보장과 아동보호 차원에서 국적 취득을 허용”하는 방향으로 「국적법」이 개정되기도 했다. 이는 혼인상태 지속 여부에 따른 불안정하고 종속적인 결혼이주여성의 법적 지위를 개선한 것이다.

③ 재외동포

구소련 지역의 고려인들과 중국의 조선족 동포들은 「재외동포의 출입국과 법적 지위에 관한 법률」, 「외국인 근로자의 고용 등에 관한 법률」, 「국적법」에 연관되어 있으며, 재외동포 및 영주권자 유형과 방문취업제 대상자의 유형이 뒤섞인 상태로 그 신분과 지위가 불안정하다. 1999년 제정된 「재외동포의 출입국과 법적 지위에 관한 법률」은 재외동포에 대한 법적 우대를 규정하는 것으로, 중국, 소련 등에 거주하는 해외동포, 즉 현실적으로 가장 법적인 보호를 받아야 할 대상이 적용대상에서 제외됨으로써 많은 비판에 직면하기도 했다. 이 법률은 불법체류 외국인의 대부분을 중국동포가 차지하게 되는 상황을 초래하기도 했다. 이후 2004년 동 법률이 개정되어 드디어 200만 명의 중국동포, 50만 명 CIS(구소련, Commonwealth of Independent States, 독립국가연합)지역 동포가 그 대상에 포함되었다.

(3) 차별금지 관련

'이민자통합정책지수(MIPEX)'는 이민자 사회통합정책에 대한 평가에서 활용할 수 있는 지표이다. 지표에는 세 범주가 중요한 기준인데, 인종·민족, 종교·신념, 국적이다. 한국은 국가인권위원회를 2001년에 설립하고 이주민을 포함한 소수자들의 인권보호를 위해 노력하고 있다. 위원회의 활동범위는 피해자의 진정이 없는 경우에도 인권침해나 차별행위가 있다고 믿을 만한 상당한 근거가 있다고 인정할 때는 직권으로 조사할 수 있어 넓은 편이다. 2007년 12월 차별금지 사유에 "인종, 피부색, 출신민족"이 포함된 「차별금지법안」이 국무회의를 통과했지만, 발의조차 되지 못하고 폐기되었다. 2009년에는 「인종차별금지법안」 관련 공청회(국가인권위원회 주최)가 개최되었으나, 법안이 상정되지 못했다.

이주노동자의 경우, 「노동법」상 근로자의 지위가 보장되고 차별받지 않도록 기본적인 법제도의 정비는 이루어졌다고 볼 수 있으나, 「출입국관리법」상 불법체류자인 까닭에 열악한 노동환경과 차별을 배제하기에는 한계가 있다.

(4) 이주민의 정치참여

한국은 이주민들에게 지방선거 선거권을 허용하고 있다. 이주민의 권리 인정 측면에 있어서 다른 나라와 비교할 때 선진국가에 속하지만, 이주민들에게 정당가입이 허용되지 않고, 정치활동을 할 수 없게 한 것은 모순되는 상황이다.

참정권 인정과 정치참여 현황을 보면, 2005년 「공직선거법」 개정을 통해 지방자치단체장 선거와 지방의원 선거에서 "영주권 취득일로부터 3년이 경과한 19세 이상의 외국인"으로서 자치단체 내에서 외국인으로 등록되어 있는 모든 사람에게 선거권을 부여하였다. 그리고 교육감을 뽑는 선거 역시도 영주권 취득일 후 3년이 경과한 18세 이상의 외국인은 선거권이 있다. 또한 주민투표, 주민소송, 주민소환제도에 외국인의 참여를 모두 보장하고 있다. 이러한 선거권 보장으로 전국동시지방선거에서는 지역에 따라 이주민의 영향력이 상당하여 보수정당의 이의제기로 한국사회에 또 하나의 논쟁거리가 되고 있다.

외국인 선거권에 관한 사회적 합의사항을 보면, 국정선거와 지방선거를 구분하고 있으며, 선거권과 피선거권을 구분하고 있다. 즉, 외국인에게는 정당가입이나, 정치자금 기부도 금지된다. 또한 합리적인 이유 없이 피선거권을 인정하지 않는 점과, 대한민국 국민이 아닌 사람은 선거운동을 할 수 없는 것은 문제점으로 지적되고 있다. 정치활동의 자유가 없는 이주민은 자신들의 이익을 대변하는 정치적 단체를 결성할 수 없다. 다만, 영주권자에 한해 지방의회 선거권만 주어진다.

4) 문화다양성과 사회통합

문화다양성의 관점에서 본 사회통합은 다음과 같다(배경임 외, 2022: 92-94).

(1) 세계시민주의적 관점의 사회통합

전 지구적인 인구이동으로 인해 세계 각국의 국가가 지향하고 있는 사회통합은 주민들이 정주국으로 통합되는 것을 목적으로 하고 있다. 다문화사회에서 주민과 정주민의 사회통합은 국가발전의 중요한 요인으로 인식되기 때문이다. 사회통합은 한 주류의 사람들과 소수 사람들이 하나의 우산 아래 모여서 사회적 안에서 발생될 수 있는 갈등을 최소화하는 과정이다. 따라서, 사회통합은 주류의 집단과 소수의 집단 간의 평등 보장, 구조적 차별 극복, 이해와 교류 등 상호존중을 위한 노력이 전제되어야 가능하다.

한국사회에서의 사회통합은 이민자에게만 초점이 맞추어져 있는 단방향적 사회통합의 관점이 우세하다. 한국사회의 사회통합에 대한 이해는 "이민자는 소득, 건강, 노동, 정치 등 다양한 영역별 삶의 차원에서 인간으로서의 절대적 자원과 정주민과의 상대적 차원 모두에서 어떠한 이유로도 차별과 불평등을 받지 않아야 한다."는 시혜적 입장이 주를 형성하고 있다. 사회통합의 완성은 이주민과 정주민 전부에게 해당되는 문화다양성의 정체성 협상과정을 통해 형성되는 다문화 생활세계이다. 곧 이주민과 정주민이 동등한 책임과 권리, 관계 속에서 상호작용을 통해 다문화사회 공간을 만들어 세계시민주의적 관점으로 사회통합을 이루어 나가야 한다.

(2) 문화다양성의 공존을 위한 정주민과 이주민의 관계

다문화사회의 정주민은 이주민의 유입으로 인해 가치관의 혼란, 노동시장에서의 경쟁 등을 경험하면서 이주민이 정주민들의 문화와 생활양식이 존중받을 것을 기대함과 동시에, 이주민 정착방안을 마련하고자 한다. 반면에, 이주민은 자신들의 문화적 고유성과 가치를 인정받고 보존하며, 정주민들과 동등한 자격과 능력을 부여받음으로써 주류사회(mainstream society)에 진입하고자 한다. 따라서, 서로 다른 이해관계 속에서 일어나는 다양한 문화의 정체성 협상과정은 문화다양성을 인정해야 하고 공평해야 한다. 또한 다수의 정주민과 소수의 이주민 사이의 문화다양성의 공존으로 새로운 다문화 생활세계를 형성하기 위한 기반으로서 사회통합이 매우 중요하며 필요하다.

이러한 상황 속에서 한국사회의 사회통합은 차별과 편견으로부터의 탈피, 기존 단일민족 신화를 넘어서 문화다양성에 기초한 정체성 협상과정을 통해 다문화사회 공간을 새롭게 창출해 나가야 한다.

(3) 사회통합의 다양한 층위

사회통합을 세 가지 층위로 분류한다.

첫째, 사회적 포용(social inclusion)으로 빈곤과 실업을 포함한 사회적 위험으로부터 국민을 보호하는 것이다.

둘째, 사회적 융합(social integration)으로 동등한 기회와 권리를 모든 사람에게 제공함으로써 통합적 목표를 지향하는 것이다.

셋째, 사회적 응집(social cohesion)으로 공동체 구성원이 공동의 비전을 공유하고, 공동체에 대한 소속감을 가지며, 다양한 배경을 가진 구성원이 긍정적이고 강력한 관계를 발전시켜 나가도록 하는 것이다.

사회통합은 이러한 세 가지 층위를 포괄하는 의미로써 어떠한 특정 틀에 모든 사회구성원을 조정하려는 노력이 아니라, 다양한 개인들을 한 공동체가 수용하려는 노력을 의미한다. 정주민과 이주민을 이분법적으로 경계 지어 '단선적인 동화과정'을 강조하는 것이 아니라, 이주민이 가지고 있는 문화의 고유성과 특수성을 인정하고, 동등한 문화적 정체성 협상 과정을 통해 새로운 다문화사회를 형성하는 데 토대를 마련하는 것이다.

CHAPTER 10

문화다양성 관련 법제도

개 요

문화다양성의 법제도적 측면을 위해 사회복지 관련법들 중 가장 기본이 되는 「국적법」, 「출입국관리법」, 「재한외국인 처우 기본법」, 그리고 다문화 대상자별로 이슈가 되고 있는 각종 사안과 관련이 많은 「외국인근로자의 고용 등에 관한 법률」, 「다문화가족지원법」, 「결혼중개업의 관리에 관한 법률」, 「난민법」 등에 대해, 개별법의 입법 제정 이유와 목적 그리고 주요 내용 등을 이해할 필요가 있다. 여기에서는 문화다양성 관련법을 학습하고자 한다.

학습목표

1. 사회복지 관련법의 기초 이해
2. 외국인 관련 조항 숙지
3. 문제점 및 개선방안 연구

학습내용

1. 「다문화가족지원법」
2. 「출입국관리법」
3. 「외국인근로자의 고용 등에 관한 법률」
4. 「결혼중개업의 관리에 관한 법률」

1 「다문화가족지원법」

1) 개요

(1) 제정 이유

「다문화가족지원법」은 결혼이민자 및 그 자녀 등으로 구성되는 다문화가족은 언어 및 문화적 차이로 인하여 사회부적응과 가족구성원 간 갈등 및 자녀교육에 어려움을 겪고 있다. 이에 따라, 다문화가족의 구성원이 우리 사회의 구성원으로 순조롭게 통합되어 안정적인 가족생활을 영위할 수 있도록 하기 위한 가족상담·부부교육·부모교육 및 가족생활교육 등을 추진하고, 문화의 차이 등을 고려한 언어통역, 법률상담 및 행정지원 등의 전문적인 서비스를 제공하도록 하는 등 다문화가족에 대한 지원정책의 제도적인 틀을 마련하려는 것이다.

(2) 법령체계도

「다문화가족지원법」은 하위법으로 시행령(대통령령), 시행규칙(여성가족부령), 행정규칙(여성가족부고시) 등이 있다.

(3) 목적(제1조)

「다문화가족지원법」은 다문화가족 구성원이 안정적인 가족생활을 영위하고 사회구성원으로서의 역할과 책임을 다할 수 있도록 함으로써, 이들의 삶의 질 향상과 사회통합에 이바지함을 목적으로 한다.

2) 주요 내용

(1) 용어의 정의(제2조)

① 다문화가족: 다음의 어느 하나에 해당하는 가족

- 「재한외국인 처우 기본법」 제2조 제3호의 결혼이민자와 「국적법」 제2조부터 제4조까지의 규정에 따라 대한민국 국적을 취득한 자로 이루어진 가족
- 「국적법」 제3조 및 제4조에 따라 대한민국 국적을 취득한 자와 같은 법 제2조부터 제4조까지의 규정에 따라 대한민국 국적을 취득한 자로 이루어진 가족

② 결혼이민자 등: 다문화가족의 구성원으로서 다음 각 목의 어느 하나에 해당하는 자

- 「재한외국인 처우 기본법」 제2조 제3호의 결혼이민자
- 「국적법」 제4조에 따라 귀화허가를 받은 자

③ 아동 · 청소년: 24세 이하인 사람

(2) 국가와 지방자치단체의 책무(제3조)

① 국가와 지방자치단체는 다문화가족 구성원이 안정적인 가족생활을 영위할 수 있도록 필요한 제도와 여건을 조성하고 이를 위한 시책을 수립 · 시행하여야 한다.

② 특별시 · 광역시 · 도 · 특별자치도 및 시 · 군 · 구에는 다문화가족지원을 담당할 기구와 공무원을 두어야 한다.

③ 국가와 지방자치단체는 이 법에 따른 시책 중 외국인정책 관련 사항에 대하여는 「재한외국인 처우 기본법」의 규정에 따른다.

(3) 다문화가족정책

① 기본 계획 수립

여성가족부장관은 다문화가족지원을 위하여 5년마다 다문화가족정책에 관한 기본 계획을 수립하여야 한다.

- 기본 계획 내용
  - 다문화가족지원정책의 기본 방향
  - 다문화가족지원을 위한 분야별 발전시책과 평가에 관한 사항
  - 다문화가족지원을 위한 제도 개선에 관한 사항
  - 다문화가족지원을 위한 재원 확보 및 배분에 관한 사항
  - 그 밖에 다문화가족지원을 위하여 필요한 사항

- 기본 계획은 다문화가족정책위원회의 심의를 거쳐 확정한다. 이 경우 여성가족부장관은 확정된 기본 계획을 관계 중앙행정기관의 장과 특별시장 · 광역시장 · 도지사 · 특별자치도지사에게 알려야 한다.
  - 여성가족부장관, 관계 중앙행정기관의 장과 시 · 도지사는 매년 기본 계획에 따라 다문화가족정책에 관한 시행계획을 수립 · 시행하여야 하며, 관계 중앙행정기관의 장과 시 · 도지사는 전년도의 시행계획에 따른 추진실적 및 다음 연도의 시행계획을 대통령령으로 정하는 바에 따라 매년 여성가족부장관에게 제출하여야 한다(제3조의3).

② 다문화가족정책위원회의 설치

다문화가족의 삶의 질 향상과 사회통합에 관한 중요 사항을 심의 · 조정하기 위하여 국무총리 소속으로 다문화가족정책위원회를 두며, 정책위원회는 다음의 사항을 심의 · 조정한다(제13조의4).

- 다문화가족정책에 관한 기본 계획의 수립 및 추진에 관한 사항

- 다문화가족정책의 시행계획의 수립, 추진실적 점검 및 평가에 관한 사항
- 다문화가족과 관련된 각종 조사, 연구 및 정책의 분석·평가에 관한 사항
- 각종 다문화가족 지원 관련 사업의 조정 및 협력에 관한 사항
- 다문화가족정책과 관련된 국가 간 협력에 관한 사항
- 그 밖에 다문화가족의 사회통합에 관한 중요 사항으로 위원장이 필요하다고 인정하는 사항

정책위원회는 위원장 1명을 포함한 20명 이내의 위원으로 구성하고, 위원장은 국무총리가 되며, 위원은 대통령령으로 정하는 중앙행정기관의 장과 다문화가족정책에 관하여 학식과 경험이 풍부한 사람 중에서 위원장이 위촉하는 사람이 된다.

정책위원회에서 심의·조정할 사항을 미리 검토하고 대통령령에 따라 위임된 사항을 다루기 위하여 정책위원회에 실무위원회를 둔다.

(4) 다문화가족지원정책

① 문화다양성 교육 지원

국가와 지방자치단체는 다문화가족에 대한 사회적 차별 및 편견을 예방하고 사회구성원이 문화적 다양성을 인정하고 존중할 수 있도록 다문화 이해교육을 실시하고 홍보 등 필요한 조치를 하여야 한다. 여성가족부장관은 홍보영상을 제작하여 방송사업자에게 배포하여야 한다. 여성가족부장관은 「방송법」의 지상파방송사업자에게 대통령령으로 정하는 비상업적 공익광고 편성비율의 범위에서 홍보영상을 채널별로 송출하도록 요청할 수 있다(제5조).

국가와 지방자치단체는 결혼이민자 등이 대한민국에서 생활하는데 필요

한 기본적 정보를 제공하고, 사회적응교육과 직업교육 · 훈련 및 언어소통 능력 향상을 위한 한국어 교육 등을 받을 수 있도록 필요한 지원을 할 수 있다. 국가와 지방자치단체는 교육을 실시함에 있어 거주지 및 가정환경 등으로 인하여 서비스에서 소외되는 결혼이민자 등이 없도록 방문교육이나 원격교육 등 다양한 방법으로 교육을 지원하고, 교재와 강사 등의 전문성을 강화하기 위한 시책을 수립 · 시행하여야 한다(제6조).

② **가족폭력 예방 노력**

국가와 지방자치단체는 「가정폭력방지 및 피해자보호 등에 관한 법률」에 따라 다문화가족 내 가정폭력을 예방하기 위하여 노력하여야 한다. 국가와 지방자치단체는 가정폭력으로 피해를 입은 결혼이민자 등을 보호 · 지원할 수 있다. 국가와 지방자치단체는 가정폭력의 피해를 입은 결혼이민자 등에 대한 보호 및 지원을 위하여 외국어통역 서비스를 갖춘 가정폭력 상담소 및 보호시설의 설치를 확대하도록 노력하여야 한다(제8조).

③ **의료 및 건강관리**

국가와 지방자치단체는 결혼이민자 등이 건강하게 생활할 수 있도록 영양 · 건강에 대한 교육, 산전 · 산후 도우미 파견, 건강검진 등의 의료서비스를 지원할 수 있다(제9조).

④ **아동 · 청소년 보육 및 교육**

국가와 지방자치단체는 아동 · 청소년 보육 · 교육을 실시함에 있어서 다문화가족 구성원인 아동 · 청소년을 차별하여서는 아니 된다.

국가와 지방자치단체는 다문화가족 구성원인 아동 · 청소년이 학교생활에 신속히 적응할 수 있도록 교육지원대책을 마련하여야 하고, 특별시 · 광역시 · 특별자치시 · 도 · 특별자치도의 교육감은 다문화가족 구성원인 아동

·청소년에 대하여 학과 외 또는 방과 후 교육 프로그램 등을 지원할 수 있다.

국가와 지방자치단체는 다문화가족 구성원인 18세 미만인 사람의 초등학교취학 전 보육 및 교육지원을 위하여 노력하고, 그 구성원의 언어발달을 위하여 한국어 및 결혼이민자 등인 부 또는 모의 모국어 교육을 위한 교재지원 및 학습지원 등 언어능력 제고를 위하여 필요한 지원을 할 수 있다.

「영유아보육법」 제10조에 따른 어린이집의 원장, 「유아교육법」 제7조에 따른 유치원의 장, 「초·중등교육법」 제12조에 따른 각급 학교의 장, 그 밖에 대통령령으로 정하는 기관의 장은 아동·청소년 보육·교육을 실시함에 있어 다문화가족 구성원인 아동·청소년이 차별을 받지 아니하도록 필요한 조치를 하여야 한다(제10조).

⑤ 다국어 서비스 지원

국가와 지방자치단체는 지원정책을 추진함에 있어서 결혼이민자 등의 의사소통의 어려움을 해소하고 서비스 접근성을 제고하기 위하여 다국어에 의한 서비스 제공이 이루어지도록 노력하여야 한다(제11조).

여성가족부장관은 다국어에 의한 상담·통역 서비스 등을 결혼이민자 등에게 제공하기 위하여 다문화가족 종합정보 전화 센터를 설치·운영할 수 있다(제11조의2).

2 「출입국관리법」

1) 개요

(1) 제정 이유

「출입국관리법」은 현행 외국인의 입국, 출국과 등록에 관한 법률은 대한민국 국민의 출입국에 관하여는 규정하고 있지 아니하고, 임시상륙허가를 비롯하여 대한민국에 출입국하는 선박 등의 장 및 운수업자의 책임 등에 관한 사항 등도 미비하여 이를 정비하려는 것이다.

① 국민의 출입국에 관한 절차를 규정함.
② 외국인의 출입국 절차와 임시상륙허가제도를 두도록 함.
③ 대한민국 내에서 30일 이상 거주하고자 하는 외국인은 법무부장관의 거주허가를 받고 외국인등록을 하도록 함.
④ 이 법에 위반하여 입국 또는 상륙한 자 등에 대한 강제퇴거 제도 등을 두도록 함.
⑤ 선박 등의 장, 승무원 및 운수업자의 준수사항을 명시함.
⑥ 출입국사열관은 그 직무집행 중에 제복을 착용하도록 함.

(2) 법령체계도

「출입국관리법」은 하위법으로 시행령(대통령령), 시행규칙(법무부령), 행정규칙(법무부훈령, 법무부고시) 등이 있다.

(3) 목적(제1조)

「출입구관리법」은 대한민국에 입국하거나 대한민국에서 출국하는 모든 대한민국 국민(선원을 제외한다. 이하 국민이라 한다)과 외국인의 출입국의 공정한 관리와 대한민국에 체류하는 외국인의 거주 및 등록에 관하여 규정함을 목적으로 한다.

2) 주요 내용

(1) 용어의 정의(제2조)

① 외국인: 대한민국의 국적을 가지지 아니한 자

② 입국: 대한민국 안에서 거주 또는 체류하거나 통과하기 위하여 대한민국 안의 지역으로 들어오는 것이며, 거주는 30일 이상, 체류는 16일 이상 30일 미만, 통과는 15일 이내이다.

- 출국: 대한민국 외의 지역으로 퇴거하거나 여행하는 것

③ 출입국관리관: 출입국관리사무소의 장

④ 출입국사열관: 출입국항에서 출입국관이 사무에 종사하는 공무원 중 법무부장관이 임명한 자

⑤ 선박 등: 외국의 국적을 가진 선박 · 항공기 기타의 교통기관 및 대한민국의 국적을 가진 선박 · 항공기 기타의 교통기관으로서 외항자격을 가진 것

⑥ 승무원: 선박 등의 승무원

⑦ 출입국항: 출국 또는 입국을 할 수 있는 대한민국의 항구 · 비행장 기타 국경지로서 각령으로 정하는 곳

⑧ 이선: 대한민국 외의 지역에서 선박 등으로부터 무단히 이탈하거나 상륙한 후 선박 등의 장 기타 책임자로부터 지정받은 시일 내에 귀환하지 아니함.

(2) 국민의 출입국

① 국민의 출국신고(제3조): 여권 또는 이에 갈음할 수 있는 증명서(이하 旅券이라 한다) 및 향선국의 입국사증을 소지한 국민이 출국하고자 할 때에는 법무부장관에게 출국신고를 하여야 한다.

② 출국의 금지(제4조)

- 출국신고를 위하여 제출한 서류에 허위의 사실이 기재되었을 때
- 출국목적이 대한민국의 이익에 배반될 우려가 현저하다고 인정될 때
- 범죄의 수사를 위하여 그 출국이 부적당하다고 인정될 때

③ 재외국민의 출입국(제6조): 이 법에 규정된 것 외에 재외국민의 출입국에 관하여 필요한 사항은 각령으로 정한다.

(3) 외국인의 입국 및 상륙

① 외국인의 입국

- 입국(제7조): 외국인이 입국하고자 할 때에는 유효한 여권과 법무부장관이 발급한 사증을 소지하여야 한다.
- 입국자격(제8조): 외국인으로서 입국하고자 하는 자는 각령이 정하는 입국자격을 가져야 한다.
- 입국의 금지(제9조)
  - 전염병환자·마약중독자 기타 공중위생상 위해를 미칠 우려가 있다고 인정되는 자
  - 무기 또는 화약류를 위법하게 소지하고 입국하려는 자
  - 대한민국의 국시에 위배되거나 경제질서를 교란하는 행동을 할 우려가 있다고 인정되는 상당한 이유가 있는 자
  - 공안을 해하거나 풍속을 문란하게 하는 행동을 할 우려가 있다고 인정되는 상당한 이유가 있는 자

- 심신장애자 · 방랑자 · 빈곤자 기타 구호를 요하는 자
- 퇴거명령을 받은 후 5년이 경과되지 아니한 자

② 외국인의 상륙

• 임시상륙허가(제12조)

- 제9조 제1호에 해당되는 자 중 대한민국 안에 확실한 신원 및 재정보증인이 있는 자로서 보건사회부장관이 상륙하여도 무방하다고 인정한 자
- 제9조 제5호에 해당되는 자로서 대한민국 안에 확실한 감호인과 신원 및 재정보증인이 있는 자
- 제7조 제1항의 규정에 의한 사증을 소지하지 아니하고 입국하려는 자로서 그 사유가 특히 부득이하다고 인정되는 자
- 출입국관리관은 전항의 규정에 의한 허가를 한 때에는 그 외국인에게 임시상륙허가서를 발급하여야 한다.
- 출입국관리관은 제1항의 규정에 의한 허가를 할 때에는 그 외국인에 대하여 거주지의 제한 기타 필요한 조건을 붙일 수 있다.
- 출입국관리관은 전항의 규정에 의한 허가를 할 때에는 그 승무원에 대하여 상륙시간 · 행동범위 기타 필요한 제한을 할 수 있다.
- 출입국관리관은 제1항의 규정에 의한 허가를 한 때에는 그 승무원에게 승무원상륙허가서를 발급하여야 한다.
- 출입국관리관은 필요하다고 인정될 때에는 상륙허가 기간을 갱신할 수 있다.

• 관광을 위한 통과상륙허가

- 선박 등에 타고 있는 외국인으로서 관광을 하기 위하여 그 선박 등이 기항하는 다른 출입국항에서 그 선박 등에 귀선할 수 있게

통과할 것을 희망하는 자에 대하여는 출입국관리관은 그 선박 등의 장 또는 운수업자의 신청에 의하여 관광을 위한 통과상륙을 허가할 수 있다.

- 출입국관리관은 전항의 규정에 의한 허가를 할 때에는 그 외국인에게 관광을 위한 통과상륙허가서를 발급하여야 한다.

(4) 외국인의 거류와 출국

① 외국인의 거류

• 거류(제19조)

- 대한민국에 거주 또는 체류하는 외국인은 그 입국자격에 따르는 유효기간에 한하여 거주 또는 체류할 수 있다.
- 전항의 외국인이 그의 입국자격에 관련되는 활동 외의 활동을 하고자 할 때에는 미리 법무부장관의 허가를 받아야 한다.

• 거주허가(제21조): 대한민국에서 거주하고자 하는 외국인은 법무부장관의 거주허가를 받아야 한다.

② 외국인의 출국

• 외국인의 출국신고(제23조)

- 출국하고자 하는 외국인은 법무부장관에게 출국신고를 하여야 한다.
- 법무부장관은 전항의 규정에 의하여 출국신고를 접수한 때에는 출국일 · 출국지 및 거주지나 체류지로부터 출국지까지의 경로를 지정할 수 있다.

③ 강제퇴거

• 강제퇴거(제26조)
- 제7조 또는 제11조의 규정에 위반하여 입국한 자
- 입국 후에 제9조 각호의 1에 해당하는 사유가 발견되거나 발생된 자
- 제13조 내지 제18조의 규정에 위반하여 상륙한 자
- 제20조 내지 제22조의 규정에 위반한 자
- 제23조 또는 제25조의 규정에 위반한 사실이 있는 자
- 대한민국의 법률에 의하여 금고이상의 형을 받고 석방된 자
- 대한민국 안에서 정당활동에 가담하거나 이를 조종한 자
- 제13조 내지 제18조의 규정에 의하여 상륙한 외국인으로서 출입국관리관이 과한 제한에 위반한 자

• 전항의 규정에 의하여 강제퇴거의 명령을 받은 자의 수용 및 절차에 관하여 필요한 사항은 각령으로 정한다.

(5) 외국인의 등록

① 외국인의 등록(제27조): 대한민국 안에 거주하는 외국인으로서 제21조의 규정에 의한 거주허가를 받은 자는 각령이 정하는 바에 의하여 그의 거주지를 관할하는 시·읍·면의 장에게 등록하여야 한다.

② 외국인등록부(제28조): 시·읍·면의 장은 외국인등록부를 비치하고 외국인의 등록사항을 기재하여야 한다.

③ 거주지변경(제29조): 제27조의 규정에 의하여 등록을 한 외국인이 그 거주지를 변경한 때에는 전거주지를 관할하는 시·읍·면의 장에게 신고하여 거주허가증의 등록란에 증인을 받은 후 신거주지를 관할하

는 시 · 읍 · 면의 장에게 새로이 등록하여야 한다.

④ 등록보고(제30조): 제27조 또는 전조의 규정에 의한 등록을 받은 시 · 읍 · 면장은 서울특별시장 · 부산시장등 관할도지사를 거쳐 법무부장관에게 이를 보고하여야 한다.

이외에도 제6장 선박 등 및 승무원, 제7장 선박 등의 장 및 운수업자의 책임, 제8장 벌칙, 제9장 보칙, 부칙으로 되어 있다.

3 「외국인근로자의 고용 등에 관한 법률」(약칭: 외국인고용법)

1) 개요

(1) 제정 이유

「외국인고용법」은 내국인근로자에 대한 고용기회 보호의 원칙하에 외국인근로자를 체계적으로 도입함으로써 인력수급을 원활히 하여 중소기업 등의 인력부족을 해소하고 지속적인 경제성장을 도모하는 한편, 외국인근로자에 대한 효율적인 고용관리와 근로자로서의 권익을 보호하기 위한 장치를 마련하려는 것이다.

(2) 법령체계도

「외국인고용법」은 하위법으로 시행령(대통령령), 시행규칙(고용노동부령), 행정규칙(고용노동부고시) 등이 있다.

(3) 목적(제1조)

「외국인고용법」은 외국인근로자를 체계적으로 도입 · 관리함으로써 원활한 인력수급 및 국민경제의 균형 있는 발전을 도모함을 목적으로 한다.

2) 주요 내용

(1) 용어의 정의

① 외국인근로자의 정의(제2조) : '외국인근로자'는 대한민국의 국적을 가지지 아니한 사람으로서 국내에 소재하고 있는 사업 또는 사업장에서 임금을 목적으로 근로를 제공하고 있거나 제공하려는 사람을 말한다. 다만, 취업활동을 할 수 있는 체류자격을 받은 외국인 중 취업분야 또는 체류기간 등을 고려하여 대통령령으로 정하는 사람은 제외한다(제18조 제1항). 또한 「외국인고용법」은 외국인근로자 및 외국인근로자를 고용하고 있거나 고용하려는 사업 또는 사업장에 적용한다.

② 외국인력정책위원회(제4조)

- 외국인근로자의 고용관리 및 보호에 관한 주요 사항을 심의 · 의결하기 위하여 국무총리 소속으로 외국인력정책위원회를 둔다.
- 심의 · 의결 사항
  - 외국인근로자 관련 기본 계획의 수립
  - 외국인근로자 도입 업종 및 규모 등
  - 외국인근로자 송출국가의 지정 및 지정취소
- 정책위원회는 위원장 1명을 포함한 20명 이내의 위원으로 구성
- 정책위원회 산하에 외국인력정책실무위원회 설치

(2) 외국인근로자 고용절차

① 내국인 구인 노력(제6조)

- 직업안정기관에 우선 내국인 구인 신청
- 직업안정기관의 장은 사용자가 적절한 구인 조건을 제시할 수 있도록 상담·지원
- 구인 조건을 갖춘 내국인의 우선 채용 노력
- 외국인 명부 작성(제7조)
- 외국인근로자 고용허가
  - 직업소개를 받고도 인력을 채용하지 못한 경우에는 고용노동부령으로 정하는 바에 따라 직업안정기관의 장에게 외국인근로자 고용허가 신청
  - 고용허가 신청의 유효기간은 3개월
  - 외국인구직자 명부에 등록된 사람 중 적격자 추천
- 근로계약(제9조)
  - 표준근로계약서 사용, 계약 체결
  - 한국산업인력공단 대행
  - 사용자의 사증발급인정서 신청(제10조)
- 외국인 취업교육(제11조)
  - 외국인근로자의 외국인 취업교육

(3) 외국인근로자의 고용관리

① 출국만기보험·신탁(제13조)

- 사업장은 보험·신탁 가입
- 퇴직금 제도 설정
- 지급시기는 출근한 때부터 14일 이내

- 소멸시효 3년

② 건강보험 적용(제14조)

③ 외국인근로자의 고용관리(제17조)

- 근로계약 해지 및 변경 시 직업안정기관에 신고

④ 취업활동 기간의 제한(제18조)

- 외국인근로자의 취업활동: 입국 후 3년 이내

⑤ 재입국 취업의 제한

- 출국 후 6개월 이내 재취업 금지

⑥ 외국인근로자 고용의 제한(제20조)

- 고용허가 또는 특례고용가능확인 없이 외국인근로자를 고용한 자
- 외국인근로자의 고용허가나 특례고용가능확인이 취소된 자
- 「출입국관리법」을 위반하여 처벌을 받은 자

⑦ 외국인근로자 관련 사업(제21조)

- 외국인근로자의 출입국 지원사업
- 외국인근로자 및 그 사용자에 대한 교육사업
- 송출국가의 공공기관 및 외국인근로자 관련 민간단체와의 협력사업
- 외국인근로자 및 그 사용자에 대한 상담 등 편의 제공 사업

(4) 외국인근로자의 보호

① 차별 금지(제22조)

② 기숙사의 제공 등(제22조의2)

- 「근로기준법」 제100조 기준 준수
- 정보 사전 제공
  - 기숙사의 구조와 설비
  - 기숙사의 설치 장소

- 기숙사의 주거 환경
- 기숙사의 면적

③ 보증보험 등의 가입(제23조)

- 사용자는 임금체불에 대비한 보증보험 가입
- 외국인근로자는 상해보험 가입

④ 외국인근로자 관련 단체 등에 대한 지원(제24조)

⑤ 외국인근로자 권익보호협의회 설치(제24조의2)

4 「결혼중개업의 관리에 관한 법률」(약칭: 결혼중개업법)

1) 개요

(1) 제정 이유

「결혼중개업법」은 현대사회에서 만남의 기회가 한정된 성인남녀에게 결혼을 위한 상담 및 알선 등 관련 서비스를 제공하는 결혼중개업과 관련하여 최근에 특히 국제결혼이 급격히 증가하면서 사회문제가 발생하고 있으므로, 이에 대한 법적규율을 마련함으로써 건전한 결혼문화의 형성에 기여하려는 것이다.

(2) 법령체계도

「결혼중개업법」은 하위법으로 시행령(대통령령), 시행규칙(여성가족부령), 행정규칙(여성가족부고시) 등이 있다.

(3) 목적(제1조)

「결혼중개업법」은 결혼중개업을 건전하게 지도·관리하고 결혼중개업 이용자의 피해를 예방하여 그 이용자를 보호함으로써 건전한 결혼문화 형성에 이바지함을 목적으로 한다.

2) 주요 내용

(1) 용어의 정의(제2조)

① 결혼중개: 결혼을 위한 상담 및 알선 등의 행위

② 결혼중개업: 수수료·회비, 그 밖의 금품을 받고 결혼중개를 업으로 행하는 것

③ 국내결혼중개업: 대한민국의 국적을 가진 사람을 대상으로 하는 결혼중개업

④ 국제결혼중개업: 대한민국의 국적을 가진 사람과 외국인을 대상으로 하는 결혼중개업

⑤ 결혼중개업자: 결혼중개업의 신고를 하거나, 결혼중개업의 등록을 한 자

(2) 국제결혼중개업의 등록(제4조)

① 국제결혼중개업을 하고자 하는 자는 교육을 받고, 자본금 요건 및 보증보험금, 중개사무소 등 기준을 갖추어 중개사무소를 두고자 하는 지역을 관할하는 특별자치시장·시장·군수·구청장에게 등록

② 특별자치시장·시장·군수·구청장은 제1항에 따른 국제결혼중개업을 등록한 자에 대하여 등록증을 내주어야 한다.

(3) 결혼중개계약서의 작성 등(제10조)

① 결혼중개업자는 결혼중개를 목적으로 수수료 · 회비, 그 밖의 금품을 이용자에게 받고자 할 때에는 다음 각 호의 방법으로 계약을 체결하여야 한다. 이 경우 이용자가 계약서 내용을 이해할 수 있도록 충분하게 설명하여야 한다.

- 국내결혼중개업자: 서면 또는 전자문서
- 국제결혼중개업자: 서면

② 계약 체결 시 계약서 교부

- 수수료 · 회비 등에 관한 사항
- 해약 또는 해지할 경우 수수료 · 회비 등의 반환에 관한 사항
- 결혼중개업자의 배상책임에 관한 사항
- 결혼중개업자가 제공하는 서비스의 내용, 제공방법, 기간 및 시기 등에 관한 사항
- 그 밖에 결혼중개업자가 준수하여야 할 사항

(4) 신상정보제공(제10조의2)

① 혼인경력

② 건강상태(후천성면역결핍증, 성병 감염 및 정신질환 여부 포함)

③ 직업

④ 성폭력, 가정폭력, 아동학대, 성매매 알선 및 강요 관련 범죄경력과 최근 10년 이내의 금고 이상의 형에 해당하는 범죄경력

⑤ 그 밖에 상대국의 법령에서 정하고 있는 사항

(5) 통역 · 번역서비스의 제공(제10조의3)

① 국제결혼중개업자는 이용자와 상대방 간의 원활한 의사소통을 지원

하기 위하여 통역 · 번역서비스 제공

(6) 기록보존(제10조의4)

① 결혼중개계약서
② 국제결혼 개인신상정보 확인서(상대방 언어 번역본 포함) 및 관련 증빙서류
③ 그 밖의 혼인 관련 서류

(7) 부정한 방법의 모집 · 알선 등의 금지(제10조의5)

① 속임수나 부정한 방법으로 국제결혼 대상자를 모집하거나 알선하는 행위
② 부당한 수수료 · 회비, 그 밖의 금품을 징수하는 행위

(8) 미성년자 소개 금지 등(제12조의2)

① 18세 미만인 사람을 소개하는 행위
② 이용자에게 같은 시간에 2명 이상의 상대방을 소개하는 행위
③ 같은 날, 같은 장소에서 2명 이상의 이용자에게 2명 이상의 상대방을 동시 또는 순차적으로 소개하는 행위
④ 결혼중개를 목적으로 2명 이상의 외국인을 같은 장소에 기숙시키는 행위

(9) 국제결혼중개업자의 업무제휴(제14조의2)

① 국제결혼중개업자가 결혼중개를 하면서 결혼당사자의 모집 등과 관련하여 외국 현지에서 활동하는 업체 등과 업무제휴를 할 때에는 서면으로 계약을 체결하여야 한다.

② 국제결혼중개업자가 제1항에 따라 업무제휴 계약을 체결하는 때에는 업무제휴를 하는 업체 등이 다음 각 호의 사항을 준수하도록 하는 내용을 포함하여야 한다.

- 결혼중개계약서의 작성 등
- 외국 현지 법령의 준수
- 거짓 · 과장된 표시 · 광고의 금지
- 개인정보의 보호

표 10-1 문화다양성 관련법

법명	목적	제정일자
국적법	대한민국의 국민이 되는 요건을 정함.	1948. 12. 20.
출입국관리법	대한민국에 입국하거나 대한민국에서 출국하는 모든 대한민국 국민(선원을 제외한다. 이하 국민이라 한다)과 외국인의 출입국의 공정한 관리와 대한민국에 체류하는 외국인의 거주 및 등록에 관하여 규정함.	1963. 3. 5.
외국인고용법	외국인근로자를 체계적으로 도입 · 관리함으로써 원활한 인력 수급 및 국민경제의 균형 있는 발전을 도모함.	2003. 8. 16.
재한외국인 처우 기본법	재한외국인에 대한 처우 등에 관한 기본적인 사항을 정함으로써 재한외국인이 대한민국 사회에 적응하여 개인의 능력을 충분히 발휘할 수 있도록 하고, 대한민국 국민과 재한외국인이 서로를 이해하고 존중하는 사회 환경을 만들어 대한민국의 발전과 사회통합에 이바지함.	2007. 5. 17.
결혼중개업법	결혼중개업을 건전하게 지도 · 관리하고 결혼중개업 이용자의 피해를 예방하여 그 이용자를 보호함으로써 건전한 결혼문화 형성에 이바지함.	2007. 12. 14.
다문화가족지원법	다문화가족 구성원이 안정적인 가족생활을 영위하고 사회구성원으로서의 역할과 책임을 다할 수 있도록 함으로써, 이들의 삶의 질 향상과 사회통합에 이바지함.	2008. 3. 21.
난민법	「난민의 지위에 관한 1951년 협약」(이하 "난민협약"이라 한다) 및 「난민의 지위에 관한 1967년 의정서」(이하 "난민의정서"라 한다) 등에 따라 난민의 지위와 처우 등에 관한 사항을 정함.	2012. 2. 12.

Ⅳ

PART

문화다양성의 실천영역

CHAPTER 11

문화다양성과 문화적 역량

개 요

문화적 역량은 주류문화와 차별성을 갖는 다른 소수집단의 문화를 가진 인구집단의 독특한 욕구를 이해하고 이에 반응하는 능력을 의미하며, 동시에 다른 문화를 가지고 있는 사람들의 욕구에 반응할 수 있는 작업을 실행할 수 있는 능력이다. 여기에서는 이주민들을 위한 문화적 역량을 학습하고자 한다.

학습목표

1. 문화적 역량의 이론적 토대 마련
2. 문화적 역량의 구성요소와 현실적 접목
3. 문화적 역량의 사회복지실천방안 토의

학습내용

1. 문화적 역량의 개념
2. 문화적 역량의 구성요소
3. 문화적 역량의 수준
4. 문화적 역량의 사회복지실천

1 문화적 역량의 개념

1) 문화적 역량의 정의

문화적 역량(cultural competence)은 의학, 간호학, 교육학, 심리학 등 휴먼 서비스 분야에서 사용될 뿐 아니라, 경영학, 마케팅, 국제관계 등 타 분야에서도 중요한 개념으로 인식되고 있으며, 효과적으로 서비스를 제공하는 데 필수적인 요소로 지적되고 있다. 최근에는 사회복지분야 또는 상담분야에서도 관심이 고조되고 있으며, 문화적 역량 개념이 적용되는 분야가 다양한 만큼 학자나 학문분야에 따라 정의되고 있지만, 그 중심 내용은 유사하다(조원탁 외, 2020: 280). 최근 세계화로 인해 다원화되고 있는 현대사회에 적응하기 위해서 개인에게 필요한 역량 규명이 활발하게 이루어지고 있다. 특히, 21세기가 문화의 시대라고 할 만큼 개인과 조직, 국가경쟁력에 문화가 중요한 요소로 등장하면서 문화적 역량에 대한 관심이 증가하여 핵심역량 가운데 하나로 간주하게 되었다.

문화적 역량은 주류문화와 차별성을 갖는 다른 소수집단의 문화를 가진 인구 집단의 독특한 욕구를 이해하고 이에 반응하는 능력을 의미하며, 동시에 다른 문화를 가지고 있는 사람들의 욕구에 반응할 수 있는 작업을 실행할 수 있는 능력이다. 즉, 문화적 역량은 다른 문화를 가진 집단의 욕구를 이해하고, 거기에 적절히 반응하며, 이를 실행할 수 있는 능력을 말한다(박화상 외, 2023: 312).

그동안 문화적 역량은 문화적 민감성(cultural sensitivity), 문화적 인식(cultural awareness), 또는 교차문화적 기법(cross-cultural skills) 등의 용어들과 같은 의미로 사용되었다(Diller & Moule, 2011). 그러나 최근에는 이러한 용어들을 구분하여 사용하는 경향이 나타나고 있다. 문화적 감수성은 다양한 문화들 사이의 차이를 구별하나, 특정 문화 또는 문화집단을 선호하거나 가치를 부여하지 않는다. 문화적 인식은 타 문화집단에 대한 이해를 통해 개인의 태도나 가치가 변화함으로써 개방적인 태도를 가지게 되는 상태를 말한다. 이러한 개념들에 한 단계 더 나아간 것이 문화적 역량이라 볼 수 있다. 문화적 역량은 각 문화가 가지고 있는 장점들을 인정하면서, 소수문화집단에 대한 부정적인 인식으로부터 근본적으로 전환함으로써, 문화적으로 적절한 사고와 행동을 하게 되는 것을 의미한다.

2) 문화적 역량의 필요성

최근 한국사회가 다문화사회로 변화하면서 다양한 직업 분야에서 문화적 갈등상황이 나타나고 타 문화에 대한 편견이나 차별과 같은 문제가 심각한 사회문제로 대두되고 있다. 자신의 문화정체성 확립을 기초로, 타 문화를 이해하고 존중하며, 타 문화집단에 대한 차별에 적절히 대처할 수 있는 새로운 직업 역량으로서 문화적 역량에 대한 관심이 점점 증가하고 있다.

21세기의 급속한 사회경제적 발달이 국가 간 이동과 교류를 촉진시킴으로써 한국사회는 점차 민족, 인종, 종교, 계층 측면에서 다양한 문화집단이 형성되고 있다. 이러한 추세와 함께 최근 이주노동자, 결혼이민자, 북한이탈주민 등이 늘어나면서 한국사회는 급속히 다문화사회로 전환되고 있다. 그동안 한국사회는 단일민족, 단일문화를 강조해 왔기 때문에 한국인들이 다양한 문화적 배경을 가진 사람들과 차별이나 편견 없이 함께 살아가는 데 필요한 능력을 함양하는 것이 시급한 문제이다.

UN 인종차별철폐위원회(UN Committee on Elimination of Racial Discrimination)의 보고서(2007)에서도 한국사회의 배타적이고 자문화 중심적인 성향에 대해 우려를 표하면서 지구촌 구성원으로서 한국 내 이주민 개인과 집단의 기본 인권을 존중하고 보장할 수 있는 전문직의 직업역량과 윤리적 책임을 강조하였다. 특히, 최근 연구들을 통해 한국사회에 유입되는 다문화집단 가운데 한국사회에 적응하는 데 어려움을 겪고 있는 사례들을 볼 때, 이들이 한국사회에 안정적으로 정착하도록 지원하기 위해 전문가들의 문화적 역량에 대한 관심이 절실히 필요한 시점이다.

OECD(2003)에서도 빠르게 변화하는 현대 사회환경에 적극적으로 대처하기 위해서 필요한 핵심역량들을 제시하고 있는데, 그 가운데 문화적 역량을 포함시키고 있다. 문화적 역량은 다양한 문화적 배경을 가진 사람들과 효과적으로 상호작용할 수 있는 능력을 말한다. 다문화의 역사가 오래된 미국의 경우, 일찍부터 교차문화 훈련이 활발하게 이루어져 왔으며, 최근에는 심리학, 문화인류학, 사회언어학, 교육학, 국제경영 등 다양한 분야에서 관심을 가져 학제 간 연구가 진행되고 있다.

한국에서도 기업·교육·복지 분야 등에서 글로벌 인적자원 개발과 직업 분야의 서비스 효과성 증진 등을 위해 기업 구성원, 교사, 사회복지사 등을 대상으로 다문화적 능력을 개발하는 데 관심을 가져왔다. 그러나 아직까지 다문화와 관련된 여러 분야에서 문화 간 훈련에 대한 중요성을 크게 인식하지 못하고 있는 실정이다. 또한 제공되고 있는 교육이나 연수들도 각 국가와 문화의 특성에 대한 피상적 정보전달 수준에 그치는 경우가 대부분이다. 따라서, 한국사회가 다문화사회로 적응해 가기 위해서는 각 분야에서 문화적 역량을 갖춘 전문가나 실천가를 양성하는 것이 매우 중요하다. 최근에는 다양한 민족과 국가 간의 접촉뿐 아니라, 성적 선호, 종교, 성별, 장애, 사회경제적 지위 등과 같이 우리 사회 내에 존재하는 문화집단에 대해서도 다문화적 관점에서 접근할 수 있는 자세가 필요하다는 인식이 증가하고 있다(김경식 외, 2019: 213-214).

3) 문화적 역량의 목표

문화적 역량을 갖춘 사회복지사와 휴먼서비스 전문가는 몇 가지의 중요한 목표를 가져야 한다. 이 목표는 문화적 역량이 적극적이고 발전적이며 계속되는 과정이며, 달성되는 것이라기보다는 달성하기를 열망하는 것을 전제하고 있다. 문화적 역량을 구체적으로 설명하면 다음과 같다(이종복 외, 2014: 193).

첫째, 문화적 역량을 갖춘 사회복지사와 휴먼서비스 전문가는 인간행동, 가치, 편견, 선입관, 그리고 개인적인 한계에 대한 자신의 감정을 적극적으로 알아간다.

둘째, 문화적 역량을 갖춘 사회복지사와 휴먼서비스 전문가는 자신과 문화적으로 다른 내담자의 세계관을 이해하려고 능동적으로 시도한다. 다시 말해서 그들은 내담자가 가지고 있는 인간행동에 대한 가정, 편견, 가치 등이 무엇인지를 물어본다.

셋째, 문화적 역량을 갖춘 사회복지사와 휴먼서비스 전문가는 자신과 다른 문화의 내담자와 일할 때, 적절하고 잘 맞고 섬세한 개입 전략과 기술을 적극적으로 발전시키고 실행한다.

넷째, 문화적 역량을 갖춘 사회복지사와 휴먼서비스 전문가는 조직적이고 제도적인 힘이 문화적 역량의 발전을 어떻게 증진시키거나 부정할 수 있는지를 이해한다.

2 문화적 역량의 구성요소

문화적 역량은 네 가지 요소로 구성된다. 그 내용은 다음과 같다(이성순, 2023: 18 ; 임신웅, 2020: 31).

첫째, 문화적인 지식이다. 다른 집단의 문화가 가진 내용을 알고, 그 문화가 가진 독특성과 보편성을 이해하는 것을 말한다. 각 집단의 문화 및 상징체계는 그 집단이 가진 자연환경과 여러 가지 사회적 · 정치적 · 문화적 배경에 따라 다양하게 해석될 수 있으므로, 그 집단의 문화에 대한 지식을 가지고 있어야만 의사소통 및 상호작용을 원활하게 할 수 있다. 따라서, 여러 집단이 가진 문화를 알아가는 문화적 지식의 역량을 갖추는 것이 매우 중요하다.

둘째, 문화적 감수성이다. 문화적 감수성은 문화적인 개방성 및 수용성과 연관된 것으로 다른 문화를 가진 사람들과 거리낌 없이 가까이하려는 정서적 준비상태 및 태도를 말한다. 즉, 문화적 감수성은 천연적으로 가지고 태어나는 것이 아니라, 계속된 교육과 훈련에 의해 발전하기도 하는 유동적인 능력이다. 문화적인 감수성 향상을 위해 반편견 프로그램, 문화적 감수성 훈련 프로그램, 다문화 인식 전환 프로그램 등을 실시하는 것이 효과적이다. 이러한 훈련을 통해 편견과 고정관념을 버리고, 다른 문화를 가진 사람들과도 거리낌 없이 가까이하기를 계속할 때, 문화적 역량을 갖출 수 있다.

셋째, 실천적 역할수행이다. 즉, 문화적 지식과 감수성을 바탕으로 다른 문화를 가진 사람들과 적극적으로 함께 어울리며, 서로의 역할을 협력적으로 수행해 가는 것이다. 이러한 실천적 역할 수행을 통해 자신의 문화적 역량을 성찰할 수 있으며, 발전시킬 수 있다.

넷째, 상황에 적절히 대처하는 능력이다. 즉, 다른 문화를 가진 사람과 함께 역할을 수행할 때, 상호작용이 이루어지는 맥락을 잘 파악하여 적절히 대처하는 능력을 말한다. 이렇게 상황에 적절히 대처하는 의사소통을 통해 공감과 친밀감이 향상되며, 문화적 차이에 구애받지 않고 자유롭게 교류할 수 있는 문화적 역량을 갖게 된다.

3 문화적 역량의 수준

『문화적으로 유능한 치료시스템을 향하여』 (Cross, 1992)

문화적 역량 정의에 따르면, 다문화 능력에 대한 성취도는 낮은 단계에서 높은 단계까지 하나의 연속선상에 있다. 문화적 능력의 연속적 발달단계의 적용은 전문가의 기술의 검토와 습득에 유용하다. 문화적 역량의 연속적 특징을 6단계로 설명되는 데, 그 내용은 다음과 같다(Cross, 1992).

1) 1단계 : 문화적 파괴성

문화적 파괴성(Cultural destructiveness) 단계는 문화적 역량의 가장 부정적인 단계이며, 문화와 그 문화 내 개인에게 파괴적인 태도, 정책, 실행을 포함한다. 문화 파괴를 실행하는 시스템은 한 인종이나 문화가 더 우수하며, 그들이 인식한 열등한 지위로 '열등한' 인종을 제거하거나 통제해야 한다. 지배집단이 세력이 미약한 인구집단을 속박, 통제, 탈취하고, 체계적으로 파괴한다.

2) 2단계 : 문화적 무능성

문화적 무능성(Cultural incapacity) 단계는 의도적 또는 의식적으로 문화적인 파괴를 하지 않지만, 소수인종이나 그 공동체를 도울 능력이 없다. 이 단계에서 기관이나 개인은 극도의 편견에 잡혀 있으며, 지배그룹의 인종 우수성을 믿고, 열등한 인종과 문화에 대해 온정주의적 태도를 취한다. 이런 기관이나 개인은 자원을 불균등하게 분배하고, 소수인종을 차별한다. 다른 특징은 차별적 고용, 환영하지 않는다는 메시지, 소수인종 출신 클라이언트에 대한 낮은 기대치 등이 포함될 수 있다.

3) 3단계 : 문화적 맹목성

문화적 맹목성(Cultural blindness) 단계는 문화적 역량 단계의 중간점으로서, 기관이나 개인이 조직이나 개인으로서 선입견 없는 믿음을 표현하는 단계이다. 민족성, 인종, 문화에는 차이가 없고 모든 사람이 똑같다는 철학은 문화적 맹목성 단계의 특징이다. 문화적으로 맹목적인 조직이나 개인은 지배문화가 전통적으로 이용한 접근법을 활용하는 것이 특징이며, 그 접근법이 보편적으로 적용 가능하다고 믿는다. 문화적으로 맹목적인 조직은 정보 부족을 겪으며, 종종 필요한 정보를 획득할 수 있는 방법을 인식하지 못한다. 이 기관들이 스스로를 선입견이 없고 소수민의 요구에 즉각 반응한다고 보더라도, 그들의 자기민족중심주의가 태도나 정책, 실행에 반영된다.

4) 4단계 : 문화적 역량 전

문화적 역량 전(Cultural precompetence) 단계는 문화적 역량의 긍정적인 단계를 향한 지점이다. 문화적 역량 전 단계의 기관이나 개인은 소수인종에 대한 서비스에 약점이 있음을 깨닫고, 서비스 측면을 향상시키려고 한다. 문화적 역량 전 단계의 기관은 높은 질의 문화적으로 관련성 있는 서비스를 전달하려고 한다. 그러나 이 단계에서는 소수인종에 대한 의무를 이행하나 실패하게 됨으로써 서비스 접근법이 효과적이지 못하다고 인식하게 된다. 미리 새로운 문화집단을 지원하기 위한 역량이 갖추어졌다고 생각할 위험이 있다.

5) 5단계 : 기초 문화적 역량

기초 문화적 역량(Basic cultural competence) 단계는 다름에 대한 수용과 존중, 문화에 대한 지속적인 자기평가, 다름의 역학성에 대한 조심스런 관심, 문화지식과 자원에 대한 지속적 확장, 소수인종 공동체의 요구를 더 충족시키기 위한 서비스 모델 적용 등이 이루어진다. 기초적 문화적 역량을 가진 기관이나 개인은 소수민족의 지역사회로부터 공식적, 비공식적 네트워크를 형성하여 지속적으로 대화하고, 서비스를 제공하는 데 장단점을 파악하는 능력이 있다.

6) 6단계 : 진전된 문화적 역량

진전된 문화적 역량(Advanced cultural competence) 단계는 문화적 역량 연속체의 가장 진일보한 단계이다. 이 지점에서 기관과 개인은 높은 자부심으로 문화를 유지한다. 문화적으로 역량을 갖춘 선진적인 기관은 문화적 차이에 적응하는 새로운 접근법을 개발하고, 조사와 제3자의 피드백을 위한 시범 프로젝트의 결과를 평가 홍보하고, 그들이 서비스를 제공하는 사람들의 문화적 가치와 신념을 지원하는 조직구조의 변화를 실험함으로써, 문화적으로 적합한(역량 있는) 실천(모델)의 지식기반을 높이려고 노력한다.

4 문화적 역량의 사회복지실천

결혼이주여성을 비롯한 이주민들의 문화적 역량을 증진시키기 위한 다문화 사회복지실천 방안은 다양하게 접근할 수 있다. 이주민들이 자국문화와의 충돌 속에서 한국사회에 적응하기 위해서는 구체적이고 실효성 있는 대책들이 방안으로 제시될 수 있다.

1) 문화 간 차이의 극복

다문화가족을 위한 사회복지실천현장으로는 결혼이민자가족지원센터와 외국인근로자센터가 있고, 북한이탈주민의 정착지원을 위해 지역사회복지관과 인권센터 등 북한이탈주민후원회가 지원하는 민간단체협의회 소속단체가 있으며, 코시안 및 외국인 자녀와 가족 지원을 위해 혼혈아동기관과 복지시설이 운영되고 있다. 이러한 실천현장의 전문인력으로는 사회복지사나 건강가정사, 또는 다른 전공자가 담당하고 있는데, 정규과정에서의 교육은 물론 실무자 대상의 재교육 차원에서도 교육과 훈련이 이루어지고 있지 않은 것으로 보고되고 있다.

문화 간 차이를 극복하는 방안은 다음과 같다(박화상 외, 2023: 313).

첫째, 개인경험과 문화적 가치의 일치를 제안한다. 효과적인 문화 간 차이를 극복하기 위해서는 문화적으로 다양한 내담자를 위해 그들의 인종,

문화, 민족, 성별, 성적 지향의 배경에 부합하는 개입양식을 사용하고 목표를 설정하는 것이다. 예를 들어, 개입체계, 지역사회복지 프로그램, 지역사회 옹호활동, 힘의 차이를 최소화하기, 사회정책 권한 수행활동은 특정 내담자 집단에게 효과적으로 사용될 수 있다.

둘째, 문화 간 차이의 극복 방안으로 인종적 · 민족적 소수집단과 인구사회학적 집단이 다르기 때문에 문화 특수적 전략이 요구된다. 특히, 한국사회는 백인과 흑인, 선진국가 국민과 저개발국가 국민, 한국인과 조선족 등 상응하는 인종 및 민족을 분리시키려는 전략을 오랫동안 펼치고 있다. 즉, 한국사회는 인종 · 민족 차별을 벗어나지 못하고 있다. 이는 결혼이주여성들에게도 적용되고 있다. 그러나 세계는 보편적임을 한국사회는 인식하여야 한다.

셋째, 다양성과 다원성을 중시한다. 한국사회에서 합리적인 생활세계를 가로막는 불합리한 요소로서는 성 · 학연 · 지연 · 혈연 등에 의한 차별, 가족 및 지역이기주의, 가부장적 권위주의, 위계적 관계 등이다. 한국인의 정체성은 가족에서부터 이기적 자아, 지역적 차원에서는 집단정체성, 정치공동체 차원에서는 민족정체성으로 형성된다. 즉, 혈연, 지연, 학연에 따른 차별이라는 굴레를 형성하는 데, 이들은 모두 배타적일 뿐 공공성이 부족하다.

2) 문화적 역량 교육

(1) 교육인력 양성

최근 다문화가족 대상의 서비스기관이 점차 증가하고 있지만, 이들에게 문화적으로 민감한 서비스를 제공할 수 있는 전문인력은 매우 부족한 실정이다. 다양한 문화적 배경의 클라이언트와의 효과적인 사회복지실천을 위해 요구되는 것은 무엇인가? 그것은 문화다양성의 가치를 인정하고 클라이언트의 문화에 대한 이해를 바탕으로 실천기술을 훈련함으로써 문화적 역량을 갖추는 것이다. 문화적 역량 훈련은 사회복지교육 차원에서의 다양성 교육과 밀접한 관련이 있다. 시민교육은 모든 인종·민족, 언어, 문화, 종교적 배경을 지닌 학생들이 자신과 다른 배경을 지닌 타 집단의 사람들과 조화롭게 공존하고 상호작용하며, 자신이 속한 지역사회, 국가, 세계를 더욱 도덕적이고 평등한 민주사회로 발전시키기 위한 지식, 기능, 가치와 태도를 습득하도록 도와주어야 한다. 특히, 그동안 사회적으로 차별받고 소외되었던 유색인종·소수집단 학생들이 한 사회의 시민으로서 그 사회에 활발하게 참여하고, 국가와 세계를 보다 정의롭고 인간적인 공동체로 변화시킬 수 있도록 교육해야 한다(전숙자, 2009: 20).

(2) 증진대책

문화적 역량을 증진시키기 위한 대책은 다음과 같다.

첫째, 사회복지사들에 대한 클라이언트 교육을 강화해야 한다. 무엇보다도 다문화가족과 일하는 사회복지사들은 다문화가족과 문화 간 차이에 대한 이해 부족, 과다한 업무와 관련 지식 부족, 슈퍼비전의 부재와 기관 차원의 지원 부족, 관련 기관 및 실무자 간 정보 공유와 네트워크의 결여 등으로 현장에서 동기가 낮거나 부담스러워 한 것을 알 수 있었다. 이를 극복하기 위해서 사회복지사협회와 같은 전문조직 차원에서 사회복지사 보수교육과 같은 형태로 문화적 역량 교육 및 훈련을 제공하는 방법 등을 모색할 수 있어야 한다.

둘째, 가족중심 사례관리의 슈퍼비전체계 구축이 필요하다. 다문화 실천 현장에서는 결혼이주여성의 배우자와 시부모, 자녀를 포함하는 다문화가족중심 실천에 대한 요구가 증가하고 있고, 다문화가족 사례관리의 중요성에도 불구하고, 인력 부족뿐만 아니라, 전문성의 부족으로 사례관리 접근이 불가능한 상황이다. 결혼이주여성은 입국 초기부터 문화 · 사회 · 언어 · 결혼 등 복합적인 어려움에 대면해야 하기 때문에 이들을 위한 지속적이고 장기적인 지원방안이 필요하다. 다문화가족 중심 사례관리 실천을 위해 사례관리 원칙을 적용하고, 사례회의를 통해 전문성을 유지할 수 있도록 슈퍼비전 체계를 확보하는 것이 무엇보다도 중요하다.

셋째, 다문화가족 관련 실무자들과 사례와 경험을 나누고, 지식과 정보를 상호 공유할 수 있는 네트워크를 구성할 수 있는 집단프로그램의 개발이 필요함을 알 수 있다. 기존의 경우처럼 지역사회 내 다문화 관련 기관 간 행사참여나 반나절 교육에서 탈피하여 정보교환과 자원연계, 다문화가족옹호와 행동개입 등 실질적인 협력과 네트워킹을 가능하게 할 것이다.

3) 사회적 지지체계 강화

(1) 타 문화에 대한 배려

국제결혼을 통해서 한국에 거주하고 있는 결혼이주여성들은 언어소통의 어려움과 자국문화와 한국문화의 환경 차이, 또한 생활습관이나 사고방식의 차이 등 문제점을 경험하게 된다. 특히, 한국어를 모르는 상태에서 결혼한 경우, 결혼 초기에는 의사소통 때문에 부부간 아니면 가족 간에 오해가 생기게 된다. 또한 한국의 전통적인 문화인 남편 중심 생활문화로 인해 문화 간 갈등을 일으키기가 쉽다.

결혼이주여성들은 문화 간 차이나 의사소통 때문에 시댁 부모와 관계에 오해가 생기고 부부간 경제문제 등 여러 가지 어려움을 겪고 있지만, 이러한 어려움을 해결하기 위해 다문화가정 지원기관들을 이용하는 것보다 친구 도움을 요청하는 경우가 많다. 가장 가까이에서 도움을 줄 수 있는 대상이 남편밖에 없어서 남편이랑 보내는 시간이 많고 남편에 대한 만족도가 다문화가족에게 매우 중요한 역할을 한다.

문화 간 차이나 의사소통 때문에 다문화가정 속에 갈등이 생기는 것은 당연하지만, 이러한 갈등을 부부가 서로 이해하면서 긍정적인 미래를 세우고 사회활동에 참여함으로 안전하게 해결할 수 있다. 따라서, 다문화주의적인 이해를 함께 가지고 서로 맞춰가는 것이 성공적인 적응 꼭 필요하며, 이와 동시에 또 다른 다양한 도움이 중요하게 이용할 수 있다.

(2) 문화적응 지원정책

다문화가족지원센터에서 결혼이주여성들의 사회적응에 도움을 주기 위해서 한국어 교육과 부부간 가족통합교육, 육아 교육 자조모임 등 종합 서비스를 제공하고 있으며, 다문화가정에 사회적응 및 경제적 자립지원을 도모할 수 있는 서비스전달체계 운영으로 지원한다. 뿐만 아니라, 다양한 측면에서 결혼이주여성에게 필요한 서비스를 제공하고 있다.

① 다문화가정 지원프로그램

첫째, 한국어 교육은 한국 입국 후 5년 이상 안 되는 결혼이민자와 그들의 자녀(만 19세 미만)를 대상으로 하여 1~4단계로 어휘, 문법, 화용, 문화란 구성으로 한국어 교육을 운영한다.

둘째, 부모교육을 위해서 생애주기별 각 1회 지원하고, 임신 중이나 출산 후 12개월 이하, 육아기(12개월 초과~48개월 이하), 아동기(48개월 초과, 만 12세 이하)를 대상으로 하여 자녀양육 지원을 위한 부모교육, 가족상담 및 정서지원 서비스, 한국생활에 필요한 정보를 제공한다.

셋째, 의사소통이 어려운 결혼이주여성들을 위해 통역, 번역을 전문적으로 할 수 있는 인력을 채용하여 통역, 번역 서비스를 제공한다(다문화가족지원센터).

결혼이주여성 대상 교육과 병행하여 배우자 및 가족 대상 다문화 인식 교육이 반드시 병행되어야 하며, 가족캠프 및 부부캠프도 활용할 수 있다. 결혼이민자가정을 대상으로 정서적 사회적 능력과 기능을 향상시킬 수 있는 체계적이고 효과적인 프로그램이 실시되어야 하고, 이에 앞서 다양한 프로그램이 개발될 필요가 있다. 육아 및 접근성 등의 현실적인 여건상의 문제로 집합교육에 참가하기 어려운 결혼이민자가정을 직접 방문하여 한국어 교육, 가족교육, 상담, 자녀지원, 출산전후도우미 지원 등을 제공하는 서비스를 확대 강화한다. 특히, 농촌지역의 경우 의료시설의 부족으로 모성건강관리가 제대로 되지 않고 있어, 지역병원, 보건소 등과 지원시스템을 구축하여 교육프로그램에 임신, 출산 등에 대한 정보교육과 함께 간단한 건강검진, 산부인과 진료 및 임부체크 등을 실시하여야 한다.

② 결혼이주여성을 대상으로 한 정책과제의 복지와 인권적 측면

첫째, 적절한 통역서비스 제공

현재 운영되고 있는 여성 긴급전화 1366은 영어, 러시아어에 제한되어 있는 3자 통역서비스가 몽골어, 베트남어, 중국어, 일본어 등의 언어권으로 확대되어야 하며, 피해자 상담이 원활하게 이루어질 수 있도록 해당 언어 구사 가능한 상담원이나 통역사를 배치해야 한다.

둘째, 피해여성들을 위한 쉼터 지원

결혼이주여성의 특수성을 고려하여 별도의 쉼터 지원이 필요하다. 기존의 쉼터에서 한국인들과 함께 생활할 경우, 차별피해 사례가 보고되었다.

③ 법 · 제도적 측면

첫째, 인권침해 방지를 위한 제도적 장치 필요

외국인 여성에 대한 폭력이 발생했을 경우, 수사 및 재판 과정에서 인권침해가 일어나지 않도록 조처해야 한다.

둘째, 간이영주권 취득의 허용

일정한 조건이 충족된 외국인 여성에게 자신들이 원한다면 정체성을 지키며 한국에서 살 수 있도록 영주비자를 주는 데 있어서 조건을 완화하여 줄 필요가 있다.

셋째, 여성 관련법과 사회복지 관련법 적용

「성폭력방지특별법」, 「가정폭력방지법」, 「성매매방지법」 등 여성 관련법과 「모성보호법」, 「기초생활보장법」 등 사회복지 관련법의 적용대상을 국제결혼으로 이주한 외국인 여성들에게도 적용하여 수혜를 받을 수 있게 해야 한다.

넷째, 지방자치단체의 결혼이민자에 대한 체계적 관리

지역에 거주하는 결혼이민자에 대한 정확한 실태파악이 이루어져 체계적인 관리가 이루어져야 한다.

4) 문화적 역량 증진을 위한 법제적 개선

「다문화가족지원법」 제3조의3, 특히 3의2에는 다문화가족 구성원의 경제 · 사회 · 문화 등 각 분야에서 활동 증진에 관한 사항을 기본 계획에 수립하도록 규정되어 있으며, 동법 제12조 제2항에도 전문인력의 보수교육을 규정하고 있다. 또한 이를 구체화하기 위한 하위법체계인 '다문화가족지원법 시행규칙' 제9조 제3항에 "보수교육에는 다문화사회의 이해, 다문화가족정책, 비영리기관의 운영관리 등이 포함되도록 하고"라고 규정되어 있다. 그러나 여기에서 말하는 '다문화사회의 이해'는 다문화현상을 어떤 목표지향점 없이 그대로 받아들인다는 의미를 가진다. 그러나 「다문화가족지원법」의 제정 취지에 따를 때, 이러한 목표지향점이 없는 용어는 제도의 취지를 충분히 반영할 수 없다. 다문화사회를 이해하는 것을 넘어 다문화사회가 가지는 문제점을 알고 그 문제를 극복하기 위한 어떤 적극적인 용어설정이 필요하다. 다문화사회의 이해가 그 자체로 필요하다면 이 단어가 가진 의미 이상의 적극적이고 구체적인 용어를 그와 별도로 찾아야 한다.

이에 대한 대안을 제시하면 다음과 같다.

첫째, '다문화가족지원법 시행규칙' 제9조 제3항에 기존의 "다문화사회의 이해, 다문화가족 정책, 비영리기관의 운영관리 등"에 "문화적 역량 증진"이라는 독립된 항목을 삽입하여야 한다. 만약 이러한 구체적인 문구가 삽입되면, 이제 여성가족부장관은 보수교육을 편성할 때, "문화적 역량 증진"을 위하여 필요한 내용을 반드시 교육내용으로 편성하여야 한다. 그렇게 된다면, 보수교육 대상자들은 필연적으로 다문화가족의 문화역량을 키워주는데 필요한 내용을 교육으로 받게 되고, 그 결과로 결혼이민여성들의 한국사회가 가지고 있는 문화적 역량을 증진되게 될 것이다.

둘째, "한국가족문화의 이해"라는 항목을 삽입하여 다문화사회 이전의 한국가족문화를 결혼이주여성들이 이해할 수 있도록 법제적 뒷받침이 필요하다. 한국의 가족문화는 가장 가까운 이웃인 일본과도 다르고, 많은 다문화가족을 이루는 여성 출신국의 가족문화와 다르다. 즉, 한국사회만의 가부장제도, 시어머니 특성, 가족관계 등이 결혼이주여성들에게는 생소할 것이다. 따라서, "한국가족문화의 이해"라는 내용을 교육과정으로 편성하여 그들의 입장에서 한국문화를 이해하고 받아들일 수 있도록 효과적인 교육을 시행하도록 보수교육 대상자를 교육시켜야 한다.

셋째, "결혼이주여성 상담"을 추가하여 보수교육 대상자들이 직접 결혼이주여성과 상담하면서 그들이 한국사회와 한국가정에서 겪는 고민이나 스트레스를 해소할 수 있는 능력을 키워줄 필요가 있다. 문화 속에서 살아가는 동물인 인간은 문화적 갈등상황에서 극단적인 상황에까지 몰릴 수 있다. 이러한 문제를 극복하는 방법은 전문가와 직접 상담하면서 자신의 문제를 토로하는 것이라는 사실은 일반적으로 알려져 있다. 여기서 중요한 것은 전문상담사의 능력으로 그 능력에 따라 상담의 효과는 배가된다. 따라서, 결혼이주여성들이 가지는 문화적 갈등을 극복할 수 있는 보수교육 대상자들의 상담능력이 중요하다.

5) 통합적 접근

한국사회가 다문화사회로 발전함에 따라 결혼이주여성들이 사회 각 방면에 진출하면서 겪게 되는 문화충돌로 인한 사회문제가 되고 있다. 이러한 점에 초점을 맞추어 결혼이주여성들의 문화접촉 시 발생하는 문제점을 해결하기 위해 문화적 역량의 증진을 위해 다문화 사회복지실천 방안을 제시하고자 한다.

국제질서가 세계화의 급속한 진척에 따라 교류의 활성화로 이루어지면서 다문화사회는 각 국가가 겪는 국제사회의 한 양태로 발전하고 있다. 한국사회도 어떤 선진국가에 비해서 결코 뒤지지 않는 다문화사회로 변신하고 있다. 이미 다문화가정의 비율은 한국사회에서 상당한 폭으로 증가하고 있는 실정이다. 특히, 여기서 결혼이주여성 문제는 여러 사회문제를 야기하고 있다. 예를 들어, 결혼이주여성들이 자국문화와는 현저히 다른 임신·출산 과정에 있어서의 문화적응문제를 비롯하여, 가족관계, 부부관계, 자녀교육, 음식문화 등 다문화가정에서 발행하는 다양한 문화 간 차이에 대한 문화적응이 절실히 요구된다.

여성들의 문화적응문제를 해결할 수 있는 방법 중에서 가장 중요한 방법은 남편이 도와주고 이해해 줄 것이다. 더불어 남편만 아니라, 시댁 식구들이 다 함께 이해하고 도와주면서 다 같이 노력해야 한다. 그래야 여성 결혼이민자는 한국사회 속 한 가정구성원으로 사회에 참여하면서 가정을 꾸리기 때문에 사회적 · 심리적 · 문화적 적응에 대한 관심과 노력이 그 가정의 식구들에게 가장 필요하다.

문화 간 차이나 의사소통 때문에 다문화가정 속에 갈등이 생기는 것은 당연하지만, 이러한 갈등을 부부가 서로 이해하면서 긍정적인 미래를 세우고 사회활동에 참여함으로 안전하게 해결할 수 있다. 따라서, 다문화주의적인 이해를 함께 가지고 서로 맞춰가는 것이 성공적인 적응을 위해서 꼭 필요하며, 이와 동시에 또 다른 다양한 도움이 중요하게 이용할 수 있다.

CHAPTER 12

문화다양성 교육

개 요

문화다양성 교육은 여러 차원의 다양성을 포괄하기 위해 가장 빈번하게 확장된 용어로, 인종, 문화, 언어, 사회계층, 젠더 및 장애를 포함하는 광의의 개념이다. 여기에서는 문화다양성 교육의 이론과 실제를 학습하고자 한다.

학습목표

1. 다문화가정의 실태 파악
2. 문화다양성 교육의 대상별 차별화
3. 문화다양성 교육의 대상별 내용 파악

학습내용

1. 문화다양성 교육의 개념
2. 문화다양성 교육의 유형
3. 문화다양성 교육의 영역
4. 문화다양성 대상자별 교육
5. 문화다양성 교육의 방향

1 문화다양성 교육의 개념

1) 문화다양성 교육의 정의

국제결혼의 일상화로 결혼이민자가 다수 발생함에 따라, 다문화가족 자녀의 출생이 많아지고 있다. 다문화가정 아동의 성장에 따라 다문화가족은 한국사회의 중요한 구성원으로서 위치하고 있으며, 사회발전에 기여할 것으로 예상된다(김동진 외, 2018: 281). 이에 따라, 문화다양성 교육이 교육이념이자 실천전략으로 출현한 지 꽤 오랜 시간이 경과하였음에도 불구하고, 문화다양성 교육은 여전히 모호한 개념으로 받아들여지고 있다(구정화 외, 2018: 122).

뱅크스(Banks, 2015)에 따르면, 미국 문화다양성 교육의 역사는 소수인종 및 민족문제에 주목하던 단계를 지나 여성과 장애인 및 그 외 소수집단들로까지 관심 범위가 확장되는 방향으로 발전해 왔다.

슬리터(Sleeter, 2011)에 따르면, 문화다양성 교육은 여러 차원의 다양성을 포괄하기 위해 가장 빈번하게 확장된 용어로, 인종, 문화, 언어, 사회계층, 젠더 및 장애를 포함하는 광의의 개념(an umbrella concept)이다.

이처럼 문화다양성 교육의 개념은 사회변화를 포섭하면서 여전히 진화하고 있다. 몇십 년에 걸친 발전과정에서 문화다양성 교육은 현재 인종, 민족, 언어, 계층, 성, 장애 등 한 사회의 다양성을 모두 아우르는 매우 포괄적인 개념으로 정의되고 있다.

일부에서는 문화다양성 교육을 국제이해교육의 하위영역으로 다루려는 경향이 있는데, 이는 문화다양성 교육의 개념을 협소화하고 올바로 이해하지 못한 데서 비롯된 것이다. 또한 문화다양성 교육을 국제이해교육의 하위영역으로 다루는 것은, 국내의 불평등과 부정의 상태를 강화할 소지가 있고, 자국 내의 문제와 갈등상황을 희석시킬 위험이 있으므로, 문화다양성 교육을 따로 분리하여 개념화할 필요가 있다(조원탁 외, 2020: 307). 문화다양성 교육은 다양한 문화적 특성들 간의 관계를 중심문화와 주변문화로 구분함이 없이 인식하게 하는 것이다. 어떤 문화든지 문화적 가치에서 동등한 자격을 가지며, 다만 서로 다른 차이를 지니고 있을 뿐이라는 사실을 강조한다(장인실 외, 2022: 89).

한국에서 아직까지 문화다양성 교육의 개념을 정립하기 어려운 것은, 문화다양성 교육의 교육이념, 내용측면, 교육단위 등에 대한 논의가 선행되어야 하기 때문이다. 문화다양성 교육은 교육이념에서 단일성과 다양성 사이에서 민족정체성 이념이 문화다양성 교육에서 어떻게 다루어져야 할 것인가에 대한 혼란을 겪고 있다. 내용적 측면에서는 '소수자 적응교육', '소수자 정체성교육', '소수자 공동체교육', '다수자 대상의 소수자 이해교육' 등으로 구분되어 있다. 또한 교육단위 편성 측면에서 분리교육과 통합교육의 쟁점의 문제가 존재한다. 즉, 누구를 대상으로 무엇을 어떤 방식으로 문화다양성 교육을 구현할 것인가에 대한 과제가 있다(공소원, 2020: 36).

문화다양성 교육은 인종이나 성, 민족, 그리고 사회계층 간의 차이에 대한 이해와 자민족 중심적인 사고와 편견을 극복하고 자신들의 개인적인 배경뿐만 아니라, 국내에 거주하는 다른 집단의 배경까지 이해하도록 돕는 교육이다. 또한 다양한 배경을 가진 동들이 공평한 교육적 기회를 가질 수 있도록 교육과정의 변화를 시도하는 총체적인 노력도 포함하고 있다. 따라서, 한 지역이나 국가에서 다민족, 다문화가 공존하는 여러 문화권의 사람들이 조화롭게 살아가기 위한 교육으로 볼 수 있다. 예컨대, 문화다양성 교육은 다양한 문화나 사고방식이 존재하는 것을 당연한 것으로 간주하고, 서로 다른 문화로 인한 행동이나 사고방식의 차이를 수용하고 이해할 것을 강조하고 있는 교육이다.

그러므로 문화다양성 교육은 모든 사람들에게 문화, 언어, 성별, 인종,

사회계층, 장애와 관련된 주제를 다루면서 다문화에 대한 지식, 기술, 태도를 길러주는 교육이다(신재흡, 2024: 154).

2) 문화다양성 교육의 필요성

오늘날 세계는 문명사적 전화기를 맞이하여 급속한 변화를 맞이하고 있다. 세계화, 정보화가 가속화됨으로써 국가 간의 인적·물적 교류를 증대시킴으로써, 모든 한국인으로서 세계의 모든 사람들과 더불어 공존할 수 있는 새로운 가치관과 태도, 사고방식과 행동양식을 요구하고 있다. 다문화시대를 맞이하여 과거 단일민족 문화의 환상에서 벗어나 다문화주의적 입장에서 세계를 인식하고 다인종·다문화 세계에 살아갈 청소년 세대들에게 새로운 다문화교육이 요청되고 있다(최충옥 외, 2012: 41). 한국사회가 당면한 문명사적 변화는 농경사회에서 산업사회를 거쳐 지식정보사회에로의 전환이며, 큰 구조적 변화와 인식의 변화를 요구하고 있다. 한국사회는 세계화, 정보화 추세로 다문화사회에 돌입하여 더욱 가속화될 전망이다. 이러한 상황 속에서 문화다양성 교육은 문화다양성을 존중하고 학생들이 스스로 자아정립과 삶의 방식, 사회적 관계를 형성하는 과정에서 자신들이 속해 있는 문화뿐만 아니라, 서로 다른 문화에 대한 교육의 필요성을 인식하는 데서 출발한다(조원탁 외, 2020: 307).

이러한 다문화교육은 다음의 세 측면으로 그 필요성을 요약할 수 있다.

첫째, 인권의 측면에서 다문화적 배경을 가진 학생 개인에게 교육권과 학습권을 보장하여 민주적 가치관과 태도를 교육할 수 있다. 이는 헌법 질서를 통하여 자유민주국가를 지향하고 있는 국가의 입장에서는 당연히 해야 할 일로 여겨진다. 아울러 인종, 언어, 민족, 종교, 성적 취향 등 개개인이 가진 다양성을 이유로 편견과 차별의 대상이 되는 현실을 개선하기 위해 인권적 측면의 문화다양성 교육이 전개되어야 한다.

둘째, 사회 전체의 측면에서 보면 문화다양성 교육은 사회적 갈등을 줄이고 사회통합에 기여할 수 있는 방안을 제시해 줄 수 있다. 특히, 한국사회와 같이 단일민족을 오랫동안 유지해 온 경우에 다문화가정의 자녀들은 국적과 민족의 불일치를 경험하게 되고, 언어와 문화에서도 이중성을 경험하게 된다. 또한 이들이 한국사회의 근대화 이후 뒤늦게 한국사회의 구성원으로 편입됨으로써 사회적 취약계층에 속할 가능성이 많다는 점을 고려하면, 이러한 사회적 통합을 위한 교육적 노력으로서의 문화다양성 교육은 사회적 갈등을 줄일 수 있는 매우 중요한 것이다.

셋째, 문화적인 측면에서 한국사회에 다양한 문화적 배경들이 섞임으로써 더욱더 건강하고 새로운 문화 창조의 기회를 제공받을 수 있다. 사실 어떻게 보면 오랫동안 단일민족과 단일문화를 유지해 온 한국사회에서 다양한 문화의 유입은 새로운 문화의 창조를 위한 시발점이 될 수도 있다.

그러므로 문화다양성 교육은 개인의 인권적 측면과 사회 전체의 통합적 측면 모두에서 그 필요성을 인정받으며, 나아가 새로운 문화를 창조하는 기반으로 작용할 수 있다.

3) 문화다양성 교육 시 고려사항

문화다양성 교육의 내용을 선정하고 교육할 때 고려사항은 다음과 같다(이종복 외, 2014: 264-265).

(1) 상호의존성

다양한 활동들을 통하여 학생들이 서로 도움을 주고받으며 생활하고 있음을 알도록 유도해야 한다. 다른 사람에게 도움을 줄 수 있고, 동시에 기꺼이 도움을 받을 수 있는 능력을 길러주는 교육내용이 고려되어야 한다.

(2) 유사점 인식

학생들이 다른 사람들을 두려워하거나 불신하지 않는 능력을 갖도록 지도하며, 다른 문화의 사람들을 보는 시각에 편견을 가지지 않는 교육내용이어야 한다.

(3) 다양성 인식

학생들이 주변 상황에서 만나게 되는 다양한 문화와 그 문화에 속한 사람들을 통하여 다양성을 이해하고 인식할 수 있는 교육내용이어야 한다. 또한 모든 사람이 다른 문화를 소유한다는 것을 인식하게 하는 것이 필요하며, 동질성에 대한 가정으로써 사용하는 '우리'라는 말보다 '우리' 내에서의 각 개인은 다를 수 있음을 인식하도록 해 주는 것이 좋다. 뿐만 아니라, 문화의 다양성을 학습할 때에는 학급 내에서 교사와 학생들 사이의 다양성에 대한 탐색으로부터 시작하는 것도 좋은 방법이 될 수 있다.

(4) 인권존중

개인의 가치에 존경심을 갖도록 지도한다. 결국 개인은 인종이나 민족, 성, 계급, 학벌에 상관없이 인간이라는 이유만으로도 모두 소중하므로 존중되어야 하기 때문이다.

(5) 반차별적 접근

다른 능력, 문화, 성을 교육과정을 통해서 보여 주며, 풍요로움과 다양함을 경험하도록 지도한다. 무능력, 문화, 사회적 차이, 종족과 성 등에 대하여 차별하지 않는 태도를 갖도록 하며, 다양한 교육경험을 통해 개성과 생활 경험을 표현할 기회를 제공하고 격려한다.

2 문화다양성 교육의 유형

문화다양성 교육의 유형구분 중 가장 대표적인 깁슨(M. A. Gibson), 그랜트와 슬리터(Carl A. Grant & Christine E. Sleeter), 캐스태그노(A. E. Castagno) 등의 논의를 바탕으로 문화다양성 교육의 다양한 양상을 서술하고자 한다. 그 내용은 다음과 같다.

1) 깁슨의 5유형

깁슨은 1976년 발표된 그의 논문 "다문화교육에 대한 인류학적 관점: 주제 이슈(Anthropological perspectives on multicultural education: Theme Issue)"에서 다문화교육의 5가지 유형을 주장하고 있다.

(1) 소수집단 학생교육

소수집단 학생교육(Education of the Culturally Different, Benevolent Multiculturalism)은 소수집단 학생들에게 동등한 학습 기회를 제공하는 것을 목적으로 한다. 이 유형은 소수집단 학생들이 주류집단의 문화가 지배하는 학교에서 겪는 어려움에 주목하며, 소수집단 학생들이 학업에 실패하는 주된 이유가 소수인종 집단 학생들의 가정문화(home culture)가 학교문화

(school culture)와 불일치하기 때문이라고 주장한다. 이러한 문제를 해결하기 위해서는 소수집단 학생들과 그 가정을 변화시키기보다는 학교문화가 바뀌어야 한다고 생각한다. 이 유형에서 문화다양성 교육의 대상은 학업 실패를 경험하는 소수집단 학생들이며, 문화다양성 교육의 목표는 소수집단 학생들의 학업성취도를 향상시키는 것이다.

(2) 문화의 차이와 이해 교육

문화의 차이와 이해 교육(Education about Culturally Different, Cultural Understanding)은 모든 학생들에게 문화 차이와 다양성의 가치를 가르치는 것을 목적으로 한다. 이 유형에서는 한 사회의 문화다양성이 사회발전에 긍정적인 힘이자 가치 있는 자산이라고 강조하며 주류집단으로의 동화(assimilation)는 물론 소수집단의 분리주의(separatism)에도 반대한다. 학교에서는 다양한 문화공존의 가치와 다른 문화 구성원을 존중하는 태도를 가르쳐야 한다. 이를 통해 모든 학생들이 자기문화에 대해 긍정적인 정체성을 형성하고, 다문화적인 사회가치를 인정하며, 문화적으로 다양한 사회에서 살아갈 능력을 갖추도록 도와야 한다. 또한 인종차별 및 편견을 감소시키고, 사회정의를 증진하는 데 기여해야 한다. 이 유형에서 문화다양성 교육의 대상은 다수집단과 소수집단에 속한 모든 학생들이며, 문화 차이의 이해, 다양성의 존중, 차별과 편견 감소를 문화다양성 교육의 주요 목표로 삼는다.

(3) 문화다원주의 교육

문화다원주의 교육(Education for Cultural Pluralism)은 소수집단 학생들의 권한을 강화하고 문화다원주의를 보존하고 확장하는 것을 목표로 한다. 이 유형에서는 주류사회에 대한 동화(assimilation)와 융합(fusion)을 모두 바람직하지 않은 것으로 보며, 한 사회 내의 차별과 억압을 없애기 위해 소수집단의 권한을 강화하고 다수집단의 권한을 약화시켜 집단 간 힘의 균형을 유지하는 데 관심이 있다. 이런 관점에서 한 사회 내에서 문화다양성을 유지하는 것이 특정 소수집단의 생존을 위해 필수적이라고 보며, 학교교육 프로그램을 통해 문화 다원주의를 유지, 확대해야 한다. 이 유형은 단기적으로는 소수종족집단의 문화를 보호하고 소수집단의 권한을 증진시키고자 노력하지만, 궁극적으로는 주류집단구성원의 권한을 약화시키고 변화시켜야 한다.

(4) 두 문화교육

두 문화교육(Bicultural Education)은 학생들이 두 개의 문화 속에서 성공적으로 생활할 수 있도록 가르치는 것을 목표로 한다. 이 유형 역시 동화 및 융합의 관점에 반대한다. 대신 소수집단이 자기 집단의 고유한 문화를 보존하면서 일종의 대안문화이자 제2의 문화로서 주류문화에도 적응해야 한다. 두 문화교육은 소수집단 학생들뿐 아니라, 주류집단 학생들에게도 적용된다. 이 유형은 모든 학생들을 대상으로 자신이 속한 문화와 그 외의 문화 속에서 성공적으로 살아갈 수 있는 능력을 키워 주고자 한다.

(5) 일상적인 인간 경험으로서의 문화다양성 교육

일상적인 인간경험으로서의 문화다양성 교육(Multicultural Education as the Normal Human Experience)은 모든 사회구성원들에게 한 사회의 다양한 문화를 충분히 누릴 수 있는 역량을 키워주는 것을 목적으로 한다. 이 유형에서는 교육과 문화에 대한 인류학적 관점에 기초하여 문화다양성 교육의 범위를 학교교육으로만 한정하지 않는다. 또 문화를 인종이나 종족집단과 동일시하지 않는다. 특정 종족집단의 구성원도 다양한 문화와 관련된 역량을 지니고 있다. 깁슨은 이 유형이 학생들을 종족 정체성에 따라 획일화하지 않고, 다른 종족집단 학생들 사이의 차이점뿐만 아니라, 유사성도 탐색하도록 돕는다고 강조한다(Gibson, 1976: 16). 이 유형에서는 문화를 소수문화와 주류문화라는 이분화된 도식으로 구분하는 것에 반대한다. 이 유형은 모든 학생들이 자신이 발휘할 수 있는 문화적 역량의 범위를 인식하고, 문화다양성을 충분히 누릴 수 있도록 돕고자 한다.

2) 그랜트와 슬리터의 5유형

그랜트와 슬리터는 2012년 그들의 저서 『성취와 평등을 위한 다문화교육(*Doing Multicultural Education for Achievement and Equity*)』에서 다문화교육의 5가지 유형을 주장하고 있다.

『성취와 평등을 위한 다문화교육』 (2012)

(1) 소수집단 학생들을 위한 교육

첫 번째는 소수집단 학생들을 위한 교육(Teaching the Exceptional and the Culturally Difference)으로, 1960년대에 등장한 이 접근법은 능력 및 인종, 종족 특성이 다른 소수집단 학생들이 주류사회에서 더 효과적으로 성공할 수 있도록 돕는 것을 목표로 한다. 이를 위해 소수집단 학생들에게 학교 및 사회에서 성공하는 데 필요한 요소를 가르칠 때, 이들의 문화적 배경, 언어, 학습 양식 및 능력 등의 차이를 고려하여 가르치고자 한다. 이 접근법은 소수집단 학생들이 학업 실패를 경험하는 이유가 학교에서 성공하는 데 필요한 문화가 결핍되어 있기 때문이라는 기존 주장에 반대하며 등장한 것이다. 이와는 달리, 소수집단 학생들은 가정문화와 학교문화 차이로 인해 학교에서 어려움을 겪고 있으며, 학교가 이러한 문화적 차이를 수용해야 한다. 이 접근법에 따르면, 소수집단 학생들에게 주류집단 학생들과 동일한 인지적 기능과 지식을 가르치되, 다만 가르치는 방식에 있어서 소수집단 학생들의 문화적 차이를 반영하여 가르쳐야 한다.

(2) 인간관계 접근법

두 번째는 인간관계 접근법(Human Relations)으로, 이 접근법은 모든 학생들을 대상으로 소수집단에 대한 편견과 고정관념을 감소시키며, 이질 집단 학생들 사이의 긍정적 감정을 증진시키는 것을 목표로 한다. 이 접근법 역시 1960년대에 등장했지만, 거슬러 올라가 제2차 세계대전 이후에 전개된 '문화 간 문화교육 운동(Intercultural Education Movement)'에 뿌리를 두고 있다. 이 접근법에서는 모든 학생들에 대한 긍정적인 감정, 집단 정체성의 증진, 소수집단 학생들의 자부심, 고정관념의 감소, 편견과 차별의 제거와 관련된 교육활동에 초점을 둔다. 이를 위해 개인 간 차이와 유사성, 다양한 집단의 사회적 기여, 소수집단에 대한 정확한 정보 등을 교육내용으로 다룬다. 교수전략으로는 타자에 대한 수용을 돕기 위해 협동학습, 역할놀이, 간접 및 직접경험 등을 주로 활용한다. 첫 번째 유형이 인지적 영역에서의 변화에 초점을 둔다면, 인간관계 접근법은 정의적 영역에서의 변화를 강조한다.

(3) 단일집단 접근법

세 번째는 단일집단 접근법(Single Group Studies)으로, 이 접근법은 소수집단 학생들이 자신의 집단을 존중하고 사회적 지위를 향상시키는 데 필요한 지식과 신념을 갖는 것을 목표로 한다. 이 접근법은 소수인종집단이 처한 억압적 상황을 인식하고, 이들 집단의 정체성을 제고하며, 소수집단의 사회적 지위를 향상시키기 위해서 사회적 행동을 촉구하려는 노력 속에서 발전하였다. 이를 위해 교육과정에 흑인, 인디언, 여성 등 특정 집단의 역사와 문화에 대한 내용을 포함할 것을 주장하고, 소수집단의 희생과 고통을 가르친다. 단일집단 연구접근법은 위 두 유형과는 달리, 학교에서 제공되는 지식이 중립적이라기보다는 집단 간 권력관계를 반영하는 정치적인 것이라고 주장한다. 또한 소수집단을 다수집단에 적응시키기보다는 주류사회를 변화시키려고 한다. 교수법과 관련해서는 토론 및 자기성찰의 방법을 통해 주류집단의 시각과는 다른 소수집단의 관점에서 현상을 인식할 기회를 제공한다.

(4) 문화다양성 교육

네 번째는 문화다양성 교육(Multicultural Education)으로, 1970년대 초에 출현한 문화다양성 교육 접근법은 학교가 다양성을 수용하고, 학생들에게 동등한 교육기회를 제공하는 것을 목표로 한다. 이 접근법은 인종, 언어, 문화, 젠더(gender), 장애, 그리고 사회계층 등과 연관되어 있다. 이 접근법에서는 억압받는 집단에 대한 편견과 차별의 감소, 모든 집단의 동등한 기회보장과 사회정의를 위한 행동, 집단 간 동등한 권력분배, 모든 학생들에게 도움이 되는 방향으로 학교교육과정을 변화시키는 것 등을 목표로 설정하고 있다. 학교교육의 변화를 위해서는 교육과정 내용뿐만 아니라, 교사들의 인적구성 및 관점에도 변화가 필요하다. 교사들은 모든 학생들이 높은 수준의 학업 성취를 달성할 수 있도록 학생들의 독특한 학습 양식을 찾아내고, 학생들이 가정에서 배운 지식을 학교에서 활용할 수 있도록 노력해야 한다. 이 유형에 따르면, 제시한 세 유형들과는 달리, 학교교육의 일부가 아니라, 학교교육 전반이 다양성을 반영하는 방향으로 바뀌어야 한다.

(5) 다문화 사회정의 교육

다섯 번째는 다문화 사회정의 교육(Multicultural Social Justice Education)이다. 이 접근법은 학생들이 인종, 계층, 성, 능력 등에서 소수집단에 속한 사람들의 이익을 위해 사회적 행동에 참여하도록 준비시키는 것을 목표로 삼는다. 이 접근법은 앞서 제시한 문화다양성 교육접근법을 사회적 행동의 차원으로 확장한 것으로, 1990년대에 이르러 하나의 접근법으로 인정을 받았다. 교육과정 및 교수전략은 네 번째 문화다양성 교육유형과 매우 유사하지만, 억압 및 사회 구조적 불평등에 대한 문제를 더 직접적으로 교육의 내용으로 다룬다는 점에서 다른 접근법들과 차이가 있다.

문화다양성 교육의 5유형의 특징을 목표, 대상, 성격을 중심으로 비교하면(Grant and Sleeter, 2012), 첫 번째 유형은 학업 성취도의 향상이라는 인지적 측면에 초점을 맞추고, 두 번째 유형은 태도의 변화라는 정의적 측면을 강조한다. 하지만 두 유형은 모두 기존의 주류사회를 인정한다는 점에서는 유사하다. 이에 비해, 세 번째, 네 번째, 다섯 번째 유형은 모두 주류사회에 대한 비판적 관점을 내포하고 있다. 다만, 세 번째 유형은 특정 집단의 고통에 주목하지만, 네 번째와 다섯 번째 유형은 다양한 집단에 대한 관심을 포괄한다. 그러나 다섯 번째 유형은 사회 비판적 시각과 참여적 행동을 강조한다는 점에서 세 번째 유형과 성격상 유사한 측면이 있다(박윤경, 2008: 109).

3) 캐스태그노의 이데올로기 4유형

캐스태그노는 2009년 그의 논문 "다문화교육의 이해: 문학에서 발견된 다양한 유형의 종합(Making Sense of Multicultural Education: A Synthesis of the

Various Typologies Found in the Literature)"에서 정치 이데올로기와 연계된 다문화교육 4유형을 주장하고 있다.

(1) 보수주의적 다문화교육

보수주의적 다문화교육은 단일문화주의적(monocultural) 관점을 지니고, 동화주의적 다문화주의를 추구한다. 보수주의는 사회 기득권층의 이데올로기로, 급진적이거나 근본적인 사회변화를 거부하고 관리 가능하고 점진적인 변화만을 추구한다. 보수주의는 사회의 다문화화가 사회 불안과 불안정을 야기한다고 이해하고, 급속한 다문화화를 경계하며, 다문화현상에 대해서도 동화주의정책으로 대응한다. 보수주의적 다문화교육은 보수주의적 다문화주의의 이러한 성향을 교육에 적용한다.

(2) 자유주의적 다문화교육

자유주의적 다문화교육은 특정 사회에 존재하는 인종적이고 문화적인 차이와 차별을 인종 간 그리고 문화 간 정치, 경제, 사회, 문화적 불평등의 결과물이 아니라, 불충분한 교육기회, 즉 교육기회 불평등의 결과물로 이해한다. 자유주의가 사유재산권을 중시하고 결과적 평등이나 실질적 평등을 추구하는 것이 아니라, 단순한 기회의 평등을 추구하는 이데올로기라는 점을 이해하면 자유주의적 다문화교육의 이러한 특징은 이해하기 어렵지 않다.

(3) 좌파 - 자유주의적 다문화교육과 좌파 - 실재론적 다문화교육

좌파 - 자유주의적 다문화교육과 좌파 - 실재론적 다문화교육은 집단 간의 문화적 차이와 차별에 깊은 관심을 지닌다. 이들은 문화 간 불평등이 심각하게 존재하는 현 상황에서 문화 간 차이와 공존만을 강조하는 것은 허울뿐인 주장이라고 인식한다. 특히, 문화 간 '공존'을 강조하는 것은 문화 간에 실질적으로 존재하는 불평등과 차별이 존재하는 현실을 은폐하는 역설적인 결과를 가져온다고 비판한다. 좌파-자유주의적 다문화교육과 좌파-실재론적 다문화교육은 문화 간 차이와 공존을 공허하게 외치는 것보다 문화 간 불평등을 드러내고 이를 극복할 수 있는 방안을 가르치는 교육이 더 중요하다고 주장한다.

(4) 비판적 교육

비판적 다문화교육 혹은 저항적 다문화교육(resistance multicultural education)은 기본적으로 변혁지향적인 정치의식에 기초한 교육으로, 학생들에게 사회정의와 사회비판 의식을 중시해서 가르친다. 이들은 학생들이 자신들의 정치적이고 사회경제적인 지위를 바르게 인식하게 하고, 사회 불평등의 기원과 조건 그리고 그것의 변혁을 위한 비판적 의식을 함양하는 데 주력한다. 예컨대, 서구사회에서 비판적 다문화교육과 저항적 다문화교육은 백인중심주의 문화에 대한 의문과 비판적 검토 그리고 이런 상황의 극복방안 등을 가르치는 데 중점을 둔다. 비판적 다문화교육과 저항적 다문화교육은 학생들로 하여금, 사회 불평등과 차별을 생산하고 확대재생산하는 사회적 구조와 권력관계에 관한 비판적인 인식을 지니게 하고, 이를 바탕으로 해방과 평등지향적인 실천을 추구하게 만드는 교육이다.

3 문화다양성 교육의 영역

역사적으로 서로 경합하며 등장해 온 문화다양성 교육 유형들이 갖는 여러 특성들은 현재 문화다양성 교육의 여러 관심 영역에 반영되어 있다. 이 부분에서는 뱅크스(James A. Banks)와 베넷(Christine I. Bennett)이 구분한 문화다양성 교육의 여러 영역을 검토함으로써, 문화다양성 교육 이론 및 실천의 성격을 특징짓는 핵심적인 요소들을 설명하고자 한다.

1) 뱅크스의 영역 구분

뱅크스는 2015년 그의 저서 『문화다양성 및 교육: 기초, 커리큘럼 및 교육(*Cultural Diversity and Education: Foundations, Curriculum, and Teaching*)』에서 문화다양성 교육의 영역을 내용 통합, 지식 구성 과정, 편견 감소, 평등 교수법 및 학교문화 개선의 다섯 영역으로 구분한다.

『문화다양성 및 교육』 (2015)

(1) 내용 통합(Content Integration)

내용 통합 영역은 교육과정 및 교과서를 구성하거나 교육자료를 선정할 때, 다양한 문화 및 집단과 관련된 사례와 내용을 추출하여 활용하는 것과 관련된 영역이다. 문화다양성 교육에서는 사회의 다양한 집단과 구성원의 역사, 문화, 가치와 관련된 내용을 교육과정에 반영하고자 한다. 문화다양성 교육의 관심 범위를 가장 좁게 설정할 때, 흔히 내용 통합을 떠올린다. 이로 인해 사회나 국어 등을 제외한 많은 교과들이 문화다양성 교육과는 관련이 없다는 오해가 발생하기도 한다. 이 영역에서는 교육과정과 교과서의 내용 선정 및 내용 통합 방식에 특히 관심을 기울인다.

(2) 지식 구성과정(Knowledge Construction Process)

지식 구성과정 영역은 암묵적·문화적 가정, 관점 및 편견들이 지식이 구성되는 과정에 영향을 미친다는 사실을 학생들에게 이해시키고, 지식에 대한 비판적 해석능력을 개발하는 것과 관련된 영역이다. 문화다양성 교육은 지식이 중립적이지 않으며, 한 사회 내의 권력관계를 반영하여 구성되는 것이다. 따라서, 학교에서는 학생들이 지식이 구성되는 과정, 지식 생산자들의 목적과 관점을 확인하는 방법, 스스로 현실을 해석하는 방법들을 가르쳐야 한다. 예를 들어, 콜럼버스의 신대륙 발견을 아메리카 원주민의 관점에서 재해석하는 수업을 통해 지식의 가치내재적인 속성을 비판적으로 인식하도록 돕는다. 지식 구성과정에 대한 비판적 접근을 통해 학생들은 지식의 복수성(multiplicity)을 이해할 수 있을 뿐만 아니라, 하나의 사회현상에 대해서 입장에 따라 다수의 다른 시각이 존재할 수 있다는 점을 이해하는 데 도움을 받을 수 있다.

(3) 편견 감소(Prejudice Reduction)

편견 감소 영역은 교수법과 자료를 활용하여 학생들이 다른 문화집단에 대해 긍정적이고 우호적인 태도와 가치를 발달시키도록 돕는 것과 관련된 영역이다. 편견 형성에 대한 연구 결과에 따르면, 2~3세 정도의 어린아이부터 피부색의 차이를 인식할 뿐만 아니라, 외모, 성, 인종, 나이 등 여러 영역에 대한 편견을 형성한다. 소수집단에 대한 편견을 감소시키고 집단 간의 긍정적인 태도 형성을 돕기 위해 문화다양성 교육에서는 다양한 편견 감소 전략을 활용해 왔다. 예를 들어, 다른 인종이나 종족의 얼굴 모양의 다양성을 인지할 기회를 제공하거나, 비주류 인종집단의 피부색에 대한 선호를 강화하는 방법, 소수집단과 관련된 내용을 교육과정에 포함하고, 인종, 민족적으로 이질적인 집단을 구성하여 협동 학습을 하는 전략들이 대표적이다.

(4) 평등교수법(Equity Pedagogy)

평등교수법의 영역은 소수집단 학생들의 학업성취를 돕기 위해 교사가 자신의 교수법을 수정하는 것과 관련된 영역이다. 이는 소수집단 학생들의 학업실패가 가정문화와 학교문화의 차이에서 비롯된 것이라는 관점을 반영한 것이다. 평등교수법에서는 다양한 집단의 학습양식(learning style)을 교수법에 반영하고 협동학습을 적용하고자 노력한다. 이를 위해서 교사가 다양한 학생들의 문화적 배경을 이해하고, 이들의 특성을 교수전략에 반영할 수 있는 능력을 갖출 것을 강조한다.

(5) 학교문화 개선(Empowering School Culture and Social Structure)

학교문화 개선영역은 다양한 배경을 지닌 학생들이 학교에서 교육적 평등과 문화적 능력을 경험할 수 있도록 학교의 문화와 조직을 재구조화하는 과정과 관련 있다. 이 영역에서는 학교를 구조적 변화의 기본 단위로 설정한다. 학교가 다문화적인 공간으로 변화되기 위해서는 ① 교직원의 태도, 인식, 신념 및 행동, ② 공식적인 교육과정 및 교과내용, ③ 학교가 선호하는 교수 · 학습방법, ④ 학교 언어, ⑤ 교수 · 학습 자료, ⑥ 평가 절차, ⑦ 학교문화와 잠재적 교육과정, ⑧ 상담 프로그램 등에 대한 점검과 개선이 필요하다(Banks, 2015).

2) 베넷의 문화다양성 교육 구성요소

『포괄적 다문화교육』 (2014)

베넷은 2018년 그의 저서 『포괄적 다문화교육: 이론과 실제(*Comprehensive Multicultural Education: Theory and Practice*)』에서 문화다양성 교육의 구성요소를 평등교수법, 교육과정 개혁, 다문화적 역량, 사회정의 교육의 네 영역으로 구분한다.

(1) 평등교수법

평등교수법(Equity Pedagogy)의 영역에서는 모든 학생들에게 공평하고 동등한 교육기회를 제공하는 것에 초점을 둔다. 특히, 소수종족집단이나 빈곤층 학생들의 교육기회 확대 및 학업성취도 향상에 관심을 기울인다. 이를 위해 학교의 전반적인 교육환경을 변화시키고자 한다. 평등교수법은 학생에 대한 교사의 기대, 학생집단편성과 교수전략, 학교교육정책 및 관행, 학교와 지역공동체의 관계, 교실환경 등에 반영되어 있는 잠재적 교육과정의 변화를 시도한다. 교사는 소수집단 학생들에게 교육기회를 공평하게 제공하기 위해 긍정적인 교실 분위기를 만들고, 학생들의 문화에 적합한 교수기법을 사용하기 위해 노력해야 한다.

(2) 교육과정 개정

교육과정 개정(Curriculum Reform) 영역에서는 주류집단 중심적인 교육과정의 문제점을 파악하고 변화시키는 데 초점을 둔다. 즉, 다종족적이고 글로벌한 관점을 교육과정 내용에 포함하여 단일종족 중심적이며 주류집단 중심적인 기존 교육과정의 내용을 확장하고자 한다. 이러한 활동을 위해서는 다양한 집단들의 문화적 차이, 역사, 사회적 공헌에 대한 이해가 요구된다. 동시에 이를 표현할 수 있는 새로운 지식이 필요하다. 교육과정 영역에서는 교육과정의 내용을 변화시키는 것은 물론, 이러한 내용을 주류와 비주류를 포함한 모든 학생들에게 가르치는 것까지를 목표로 삼는다.

(3) 다문화 역량

다문화 역량(Multicultural Competency) 영역에서는 학생들이 다양한 문화 속에서 다양한 방식으로 생각하고, 사고하고, 행동할 수 있는 능력을 개발하는 데 초점을 둔다. 이 영역에서는 학생들이 자기문화에 대한 정체성을 가지고 있으면서도, 문화적 특성이 다른 구성원들과 상호작용하는 방법을 배우고, 동시에 다른 문화적 환경에서도 유능하게 활동할 수 있는 능력을 신장하고자 한다. 다문화 역량이 있는 학생들은 인종, 문화적으로 다른 특성을 가진 구성원들과 상호작용하는 방법을 배우고, 그들을 편안하게 대할 수 있다.

(4) 사회정의 교육

사회정의 교육(Teaching toward Social Justice) 영역에서는 일상생활에서 인종차별, 성차별, 계급차별 등 각종의 차별에 대항하는 행동능력을 키우는 데 초점을 둔다. 사회정의 교육은 특정 집단에 대한 편견과 고정관념을 제거하고 차별적 사고와 행위의 근원을 이해하는 데 주안점을 둔다. 결국 사회정의 교육은 사회적 평등을 가져올 수 있는 사회적 행동에 대해 고려하는 것이다. 이를 위해 학생들은 불평등한 사회구조 및 대중문화 속에 나타나는 인종, 문화, 계급, 성 등의 이미지들에 대해 신중하게 탐구한다.

4 문화다양성 대상자별 교육

1) 학교 대상 문화다양성 교육

학교에서의 문화다양성 교육은 공식적인 교육과정을 바탕으로 다분히 체계적이고 지속적이며, 그 효과 또한 매우 크다. 따라서, 학교에서의 문화다양성 교육은 보다 밀도 있게 다양한 영역으로 프로그램이 만들어져야 하며, 체계적인 교육 훈련을 통한 다문화 인식교육이 이루어져야 할 의무를 가진다. 현존하는 편견과 불평등에 대한 적극적 개선 노력을 강조하는 방향으로 교육과정 및 사회구조의 전면 개혁이 이루어져야 하며, 이를 위해서는 교육과정의 근본적 변화를 강조하는 사회행동(social action) 접근법이 유용하다(banks, 2015).

먼저, 다문화 학교교육의 내용적 측면에서 다루어야 할 부분들을 살펴보면, 한국의 문화다양성 교육은 날로 증대되는 사회의 다원화에 대응하기 위한 전략으로 다양한 문화요소들을 백화점식으로 나열하기보다는 이질적인 문화를 관통하는 보다 보편적이고 핵심적인 원리와 가치들(민주주의, 인권, 평등, 사회정의, 세계시민의식 등)을 강조하는 데 역점을 두어야 한다.

2) 교사 대상 문화다양성 교육

학교현장에서 문화다양성 교육목표를 실천하기 위해서는 세계화의 흐름을 이해하고, 다문화적 소양과 교수학습 능력을 갖춘 교사의 역량 강화가 무엇보다 중요하다. 이는 급격하게 확대되고 있는 다문화사회에서의 문화다양성 교육의 주체는 교사일 수밖에 없으며, 보다 체계적인 문화다양성 교육의 선봉 역할은 교사의 몫이기 때문이다. 학교현장에서 가장 강력한 목소리를 가진 교사의 교육적 힘은 결국 문화다양성 교육의 성공과도 밀접하게 관련된다. 따라서, 문화다양성 교육을 위해서는 교사의 지식이나 태도 가치는 물론 교육적 힘을 발휘할 수 있는 교사의 자질과 능력이 절실히 요구된다. 이에 문화다양성 교육이 교사에게 요구하는 전문성의 요소는 자신의 문화적 태도에 대한 반성 능력, 사회의 문화적 다양성에 대한 이해, 다문화가정 출신 학습자의 특성에 대한 지식, 문화다양성 교육 자료를 개발하고 활용할 수 있는 능력과 효과적인 교수전략 탐색 능력 및 교수에 대한 자신감, 소수자에 대한 관용과 배려, 다문화적 갈등상황 해결능력 등을 강조하고 있다(신재흡, 2024: 151).

문화다양성 교육의 핵심은 교사의 다문화 감수성에 있으며, 교사들에게 다른 문화를 직접 접하고 공부할 수 있는 기회를 제공하거나, 관련 연수를 통하여 다문화 감수성 훈련이 이루어져야 한다고 주장하고 있다. 아울러 학생들에게 불평등, 인종주의, 편견에 민감한 정서를 갖도록 북돋우며 일상생활에서의 편견적이고 차별적인 상황 등을 비판적으로 성찰할 수 있는 능력을 키워주는 교육은 교사 스스로의 인식변화와 방법론적인 훈련이 선행되어야 한다.

3) 다문화가정 대상 부모교육

문화다양성 교육은 일반가정과 다문화가정 모두에서 요구된다. 이 두 구성원 모두가 함께 살아가야 하는 한국사회의 일원이기 때문이다. 따라서, 일반 학부모들에게는 다문화 이해교육을 통해 자신의 자녀와 다문화가정 자녀들이 함께 어울리는 것을 자연스럽게 받아들일 수 있도록 하는 것이 중요하다. 외국인 이주민 다문화가정 학부모들에게는 정주국인 한국문화의 이해교육을 통해 그 자녀로 하여금 한국사회에 잘 적응하도록 지도할 수 있게 한다. 한편, 한국인 다문화가정 학부모들은 그들 배우자의 한국 적응을 도울 뿐만 아니라, 그들 나라의 언어와 문화도 익힘으로써 부부간의 갈등을 줄이고 화합할 수 있도록 해야 한다.

4) 다문화가정 대상 자녀교육

실제적으로 다문화사회에서 비주류로서 생활한다는 것은 매우 고달픈 일이다. 그 구체적 어려움이란 바로 언어 능력의 부진으로 인한 학습 부진, 다른 문화적 배경에서 성장한 탓에 빚어지는 정체성 상실, 같은 또래 다수자집단에게 당하는 집단 따돌림 등으로 인한 문제이다.

다문화가정의 아이들이 겪는 문제점을 교육적으로 인식해야 하며, 실질적으로 다문화가정 및 다문화가정 자녀 지원정책이 체계적으로 이루어져야 한다. 결국 다문화가정 지원정책은 다문화가정 부모에 대한 지원정책만이 아니라, 다문화가정 자녀에 대한 교육지원정책이 되어야 한다. 뿐만 아니라, 모든 이주 아동이 각자의 문화적 정체성을 기반으로 하여 한국문화를 주체적으로 수용할 수 있도록 하는 교육이 되어야 한다.

5 문화다양성 교육의 방향

문화다양성 교육의 실행과정에서 제기되는 한국사회의 문화다양성 교육에 대한 시사점을 살펴보면 다음과 같다(김경식 외, 2019: 83-85).

첫째, 한국사회의 다문화에 대한 논의의 가장 큰 특징은 그 대상의 편향성이다. '다문화'에 대한 논의라고 하기에는 여전히 논의의 내용에 민족주의적 사고가 강하게 작동하고 있다. 한국사회의 '다문화'에 대한 논의와 관련 정책들이 탈북자들이나 결혼이주여성과 그 자녀의 교육문제 등 궁극적으로 한국인으로 포함되는 대상에 관심이 집중되어 있다.

둘째, 현장에서의 문화다양성 교육에 대한 내용 구성과 방향성 문제를 들 수 있다. 학교를 비롯한 각종 현장에서 이루어지는 문화다양성 교육 프로그램의 경우, 주로 결혼이민자와 그 자녀들의 언어 교육과 문화 체험에 치우쳐 있어 문화다양성 교육을 지나치게 협소하게 이해하고 있는 측면이 있다.

셋째, 문화다양성 교육대상 범위의 한정성이다. 문화다양성 교육은, 이주자들을 위한 교육이라는 의미만을 지니지 않는다. 문화다양성 교육을 대상에 따른 범주로 이주민 또는 소수자를 대상으로 하는 문화다양성 교육은, 학교와 사회 적응을 위한 교육적 지원과 배려를 중심으로, 정주자(다수자)를 대상으로 하는 문화다양성 교육은 타자를 받아들이고 평등과 공존의 삶을 모색하는 데 중심을 두는 교육이어야 한다.

그러므로 다문화교육은 각 개인이 다양한 문화적 맥락에서 오는 다양한 관점에서 사회적, 정치적, 경제적인 생활을 경험하고 인식하며, 이로부터 오는 다양성을 자각, 존중하게 되고 궁극적으로 다양한 문화집단 간의 조화로운 상호 교류를 증진하도록 돕는 개념이다. 이것은 다원주의 패러다임의 시대에, 그리고 세계적으로 다양한 집단과의 상호 교류가 더욱 긴밀해지고 있는 현 시점에서 더욱 간절히 요청되고 있는 교육과제이다.

CHAPTER 13

문화다양성 상담

개 요

문화다양성 상담은 문화적 배경, 가치관, 생활양식의 차이로 인해 어려움을 겪는 내담자가 전문적인 훈련을 받아서 문화적 역량과 상담 능력을 가진 상담자에게 조언을 구하여, 서로 신뢰하는 마음으로 편안하게 이야기를 주고받으며, 문화적인 적응문제를 포함한 여러 가지 어려움을 해결해 가는 상호작용의 과정이다. 여기에서는 문화다양성 상담을 학습하고자 한다.

학습목표

1. 상담자와 내담자 간의 관계성
2. 문화다양성에 대한 깊은 이해
3. 상담기법에 대한 토의

학습내용

1. 문화다양성 상담의 개념
2. 다문화가정 상담
3. 문화다양성 상담의 진행과정
4. 문화다양성 상담기법

1 문화다양성 상담의 개념

1) 문화다양성 상담의 정의

상담의 문화다양성 접근방법은 제2차 세계대전 후 신생국들의 출현을 맞아 서로 다른 문화와 그 독특성을 인정하자는 취지로 싹텄지만, 1960년대 이르러 백인들로부터 인종차별을 받는 북미 흑인들의 인권운동으로 급격히 발달했다. 법 아래 동등한 정치적 정의실현의 구현을 위해 다문화주의자들은 교육과 상담과정에서 문화 차이로 인한 피해사례에 주요 관심을 두며, 인권존중의 시민정신으로 다양성을 향한 교육의 필요성이 대두되었다.

문화다양성 상담(치료, Cultural Diversity Counseling, Therapy)은 조력하는 역할이자 과정으로 정의될 수 있다. 내담자의 생활경험 및 문화적 가치와 일관된 상담목표와 양식들을 사용한다. 내담자의 정체성을 개인, 집단, 그리고 보편적 측면을 포함하는 것으로 인정하고, 조력과정에서 개인적, 문화특수적 전략과 역할을 사용하며, 내담자와 내담자 체계를 평가하고 진단하며, 치료할 때 개인주의와 집단주의 간 균형을 맞춘다. 즉, 상담과 심리치료에서 문화다양성 접근은 내담자의 문화적 경험과 가치들을 존중하고, 내담자의 전통적 문화의 기반 위에서 새 문화가치를 수용하며, 발전적인 자아를 형성할 수 있도록 돕는다(조원탁 외, 2020: 323).

일반적으로 상담이란 내담자(client)가 전문적인 훈련을 받은 상담자(counselor)에게 조언을 구하여, 서로 신뢰하는 마음으로 편안하게 이야기를 주고받으며, 적응문제를 포함한 여러 가지 어려움을 해결해 가는 상호작용의 과정이라고 정의할 수 있다. 이러한 상담의 정의를 기반으로 문화다양성 상담을 정의하면, 문화다양성 상담은 문화적 배경, 가치관, 생활양식의 차이로 인해 어려움을 겪는 내담자가 전문적인 훈련을 받아서 문화적 역량과 상담 능력을 가진 상담자에게 조언을 구하여, 서로 신뢰하는 마음으로 편안하게 이야기를 주고받으며, 문화적인 적응문제를 포함한 여러 가지 어려움을 해결해 가는 상호작용의 과정이다(임신웅, 2020: 349).

한국사회에서 문화다양성 상담은 결혼이주여성의 가정폭력 피해 위주로 진행되고 있다. 따라서, 한국적 문화다양성 상담은 대상과 상담영역의 확장이 필요하다. 결혼이주여성과 자녀가 급선무로 우선시하지만, 그 대상은 남편, 시부모까지 확대되어야 한다. 그리고 상담의 영역도 예방적 차원의 접근은 물론, 이들이 경험하는 적응상의 어려움과 심리적인 문제를 해결하는 방향으로 준비되어야 한다(조원탁 외, 2020: 331-332).

2) 문화다양성 상담의 유형

문화다양성 상담의 유형은 내담자의 발달연령, 구성인원, 조력욕구, 문제내용에 따라 다음과 같다(임신웅, 2020: 352-353).

첫째, 내담자의 발달연령에 따라 아동상담(3~12세), 청소년상담(13~18세), 성인상담(19~60세), 노인상담(60세 이상)으로 구분하는데, 이는 일반상담뿐만 아니라, 문화다양성 상담에서도 동일하다. 다만 문화적인 배경, 가치관, 인종, 언어, 종교, 생활양식 등에서 자국민들과 크게 차이를 보이는 다문화 구성원일 경우에는 내담자의 발달연령과 더불어 다양한 문화적 배경을 고려하여 상담해야 한다. 특히, 성인상담의 경우에는 내담자의 발달연령뿐 아니라, 한국에 온 배경, 문화적 특성, 경제적 수준, 연령에 따른 기대수준 등을 다양하게 고려해야 한다.

둘째, 내담자의 구성인원에 따라 개인상담, 집단상담이라고 하는데, 문화다양성 상담에서도 동일하게 구분할 수 있다. 문화다양성 상담에서도 개인의 문화적인 배경과 문화적 역량을 고려한 개인상담을 진행하며, 학교에서 학생들을 대상으로 하는 문화다양성 집단상담을 비롯하여 문화다양성 교육의 한 부분으로써 문화다양성 집단상담을 진행한다. 문화다양성 집단상담의 경우에 내담자의 연령, 문제의 유형, 문제의 심각성 등에 따라 내담자의 숫자가 달라질 수 있지만, 일반적으로 내담자를 8~12명으로 구성하는 것이 바람직하다.

셋째, 내담자의 조력욕구에 따라 문제예방상담, 발달과 성장상담, 문제해결상담으로 구분한다. 문제예방상담은 미래에 일어날 수 있다고 예상되는 것을 사전에 예방조치하여 곤란을 겪지 않도록 하기 위한 상담이다. 문화다양성 상담의 경우에도 문제예방 성격의 상담인 경우가 많은데, 주로 미래 예방적인 차원의 성격을 강하게 지니고 있는 문화다양성 교육을 통해 이루어진다.

넷째, 내담자의 문제내용에 따라 정신건강상담, 진로상담, 성상담, 성장상담, 비행상담, 학습상담, 가족상담, 위기상담, 종교상담으로 구분한다. 문화적인 배경, 가치관, 인종, 언어, 생활양식 등에서 한국의 본토인들과 큰 차이가 나는 다문화 구성원일수록 심리적·정서적인 요소뿐 아니라, 내담자의 생활 전반에 다양한 어려움이 가중되어 있는 경우가 많으므로 문화다양성 상담에 있어서 이런 다양한 영역의 전반적인 상담들이 더욱 필요하다.

상담의 유형은 표 13-1과 같다.

표 13-1 상담의 유형

구 분	내 용
내담자의 발달연령	아동상담, 청소년상담, 성인상담, 노인상담
내담자의 구성인원	개인상담, 집단상담
내담자의 조력욕구	문제예방상담, 발달과 성장상담, 문제해결상담
내담자의 문제내용	정신건강상담, 진로상담, 성상담, 성장상담, 비행상담, 학습상담, 가족상담, 위기상담, 종교상담

자료: 임신웅(2020: 352-353) 재인용.

3) 문화다양성 상담의 원리

문화다양성 상담은 문화적 배경, 가치관, 생활양식의 차이로 인해 어려움을 겪는 내담자(client)가 전문적인 훈련을 받아서 문화적 역량과 상담 능력을 가진 상담자(counselor)에게 조언을 구하여, 서로 신뢰하는 마음으로 편안하게 이야기를 주고받으며, 문화적인 적응문제를 포함한 여러 가지 어려움을 해결해 가는 상호작용의 과정이다. 이를 위해 문화다양성 상담자가 문화다양성 상담을 진행할 때에는 다음과 같은 원리를 따라야 한다.

(1) 진정성을 가진 '개별화'의 원리

문화다양성 상담자는 다양한 문화적인 배경을 가진 내담자들을 똑같이 획일적으로 대해서는 안 되며, 문화적인 배경, 가치관, 인종, 언어, 종교, 생활양식 등의 개성과 개인차를 고려하여 내담자에게 진정성 있는 상담을 전개해야 한다. 이를 위해 문화다양성 상담자는 내담자 및 내담자와 같은 문화적 배경을 가진 집단에 대한 편견을 버려야 한다. 또한 내담자에게 관심을 갖고 내담자의 말을 경청하고, 내담자의 행동에 주의를 기울여 세심하게 관찰하여 내담자의 감정변화를 민감하게 포착해야 한다. 그리고 문화다양성 상담자와 내담자 사이에 견해의 차이가 있을 때에는 내담자의 문화적 역량에 맞추어 적절하고 친절하게 상담을 진행해야 한다.

(2) 공감적 이해를 통한 '라포 형성'의 원리

라포(rapport)는 사람과 사람 사이, 상담자와 내담자 사이에서 상호이해와 공감을 통해 형성되는 신뢰관계와 유대감을 의미한다. 서로의 관심사를 공유하고 공감하며, 상대방에 대해 존중하며 배려하고 이해하며, 같은 경험을 통해 공감대를 만들어 갈 때 라포가 형성되어 간다. 라포가 많이 형성될수록 깊이 있는 상담이 가능하며, 보다 장기적인 신뢰관계로 발전할 수 있다.

문화적인 배경, 가치관, 인종, 언어, 종교, 생활양식 등의 차이로 인해 타인과 관계를 맺는 데 익숙하지 않으며, 사회적인 거리감을 가지고 있는 사람들을 상담할수록 라포를 형성해 가는 것이 매우 중요하다. 따라서, 문화다양성 상담자는 내담자가 마음을 열고 상담에 적극적으로 참여할 수 있도록 우호적이고 온화한 분위기를 만들도록 노력해야 한다. 또한 문화다양성 상담자는 내담자가 기대했던 반응을 보이지 않을지라도 인내심을 가지고 경청해야 하며, 내담자의 정서변화에 민감하여 적절하게 반응하고, 내담자의 반응에 적극적으로 관여해야 한다.

라포(rapport)

면접장면에서 면접자와 피면접자의 상호 신뢰관계를 말한다. 정신치료, 카운슬링, 심리테스트, 케이스워크 등 매개하는 일에서 기반이 되는 조건이다. 특히, 케이스워크에서는 단순한 사무적인 접촉이나 언어적인 의사소통의 수준을 넘어 서로가 흉금을 털어놓고 개별적 세계 또는 정신세계가 서로 통하는 것이 중요하다. 이러한 의미에서 단순한 접촉(contact)이나 소통과는 구별된다.

(3) 무조건적 긍정적 존중을 통한 수용의 원리

수용(acceptance)은 다른 사람 또는 다른 집단의 사상, 문화, 제도, 관습, 주장 · 요구 등을 상대방의 입장에서 생각하고 이해하여, 있는 그대로 받아들여서 공감하는 것을 말한다. 수용(acceptance)의 자세를 가진 문화다양성 상담자는 자신의 문화적인 배경을 가지고 내담자에 대해 편견을 갖거나 차별하지 않으며, 온정적이며, 내담자에게 관심을 갖고, 내담자를 존중하여 정중한 태도를 갖고 경청하며, 변함없는 중립성과 확고하고 긍정적인 태도를 가지며, 내담자의 생활을 이해하여 효과적인 상담을 해 주려는 의지를 가지며, 내담자의 행동이나 특성에 따라 상담자의 말 · 표정 · 행동에 거부반응을 보이거나 비판하지 않는다. 특히, 문화다양성 상담은 다양한 사상 · 문화 · 제도 · 관습 · 주장 · 요구 등을 가진 내담자를 상담하기 때문에 문화다양성 상담자는 항상 수용적인 자세를 가져야 하며, 무조건적 긍정적 존중의 태도를 가져야 한다.

(4) 자기결정의 원리

문화다양성 상담은 문화적 배경, 가치관, 생활양식의 차이로 인해 어려움을 겪는 내담자가 전문적인 훈련을 받아서 문화적 역량과 상담 능력을 가진 상담자(counselor)에게 조언을 구하여, 서로 신뢰하는 마음으로 편안하게 이야기를 주고받으며, 문화적인 적응문제를 포함한 여러 가지 어려움을 해결해 가는 상호작용의 과정이기 때문에, 기본적으로 내담자에게 문화다양성 상담자의 조언이나 도움을 통해 자신의 힘으로 문제를 해결해 나갈 수 있는 능력이 있다는 것을 전제로 한다. 따라서, 문화다양성 상담에서는 모든 최종결정권을 내담자가 갖는데, 이것을 '자기결정의 원리'라고 한다.

물론 문화다양성 상담을 할 때, 상담자와 내담자의 의견이 다를 수 있고, 상담자의 입장에서 생각할 때 내담자가 내린 결정이 이해가 되지 않을 때가 있다. 그러할지라도 일방적으로 지시를 내리기보다는 내담자가 충분히 생각하고 결정할 수 있도록 조언해 주고, 격려해 주며, 기다려 주어야 한다.

(5) 비밀보장의 원리

상담은 상담자와 내담자가 서로 신뢰하는 마음으로 함께 어려움을 해결해 가는 과정이다. 따라서, 신뢰적인 관계를 형성하기 위해서 상담자는 어떤 경우에라도, 상담을 통해 알게 된 내담자의 비밀을 보장해 주어야 한다. 특히, 문화다양성 상담에서 상담자는 내담자가 자신의 비밀을 이야기할 수 있는 유일한 존재인 경우가 많은데, 문화다양성 상담자가 섣불리 문제를 해결하려고 타인에게 내담자의 비밀을 이야기할 경우에 상담자와 내담자의 신뢰 관계가 깨지는 것은 물론, 내담자의 어려움이 더 가중되기도 한다. 따라서, 문화다양성 상담자는 내담자의 비밀을 항상 철저히 보장해 주어야 한다.

2 다문화가정 상담

1) 다문화가정 상담 개요

20세기 후반 이후 한국사회는 다문화사회로 급속히 전환되고 있다. 다른 문화적 배경을 가진 외국인들이 국내에서 활동할 뿐만 아니라, 결혼을 통해 입국하여 살고 있는 이민자들이 소수 특정한 사람들에 그치지 않고 농촌 및 일부 지역에서도 일반화된 현상이 되었다. 이들은 서로 언어적, 문화적 배경이 다른 다문화가정을 형성하고 있으며, 이로 인한 또 다른 어려움을 안고 살아가고 있다(신재흡, 2024: 25).

지금까지 다문화가정을 돕는 프로그램이 주로 언어교육이나 문화교육에 집중되어 이루어졌으나, 최근 발생하는 다양한 다문화가정의 문제는 위기상담적 개입으로 해결해야 할 필요성이 커지고 있다. 다문화가정은 일반상담과는 달리 다문화적 역동성을 이해하며 진행되어야 하고, 내담자에 대한 문화적 차원의 배경, 가치관, 가족 제도 및 체계와 역사를 알고 접근해야 상담의 효과를 볼 수 있다. 다문화가정을 위한 상담은 개인의 심리적 문제나 관계적인 어려움이 단순한 개인심리의 내적인 요인이나 관계적인 상이성에서 파생되는 것뿐만 아니라, 문화적 갈등요인이 내재되어 있다는 사실을 알아야 한다.

다문화가정의 갈등 유형은 의사소통의 장애 및 오해, 경제적 활동에 대한 차이, 의식주에 해당하는 기본적인 일생생활 및 가치관의 차이, 풍습의 차이에서 오는 갈등, 가족관계의 어려움 등 매우 다양하다. 따라서, 다문화가정 상담자는 단순히 전통적인 상담자의 역할만이 아니라, 좀 더 확장된 복지적 개념을 가지고 상담에 임해야 할 필요가 있다. 다문화가정 상담자는 사례에 따라 다양한 역할을 수행해야 한다. 때때로 다문화가정 상담자는 개인의 심리적 문제를 다루어 주는 심리치료사의 역할, 가족의 구조와 관계적 역기능을 분석하고 개입하는 가족치료사의 역할, 문화적 차이나 갈등의 요인을 중재하는 교사의 역할, 문화적 적응을 위해 필요한 사회적 자원을 연결하는 복지사의 역할을 수행하여야 한다(신재흡, 2024: 131).

2) 다문화가정 상담사의 자질과 역할

다문화가정 상담자가 되기 위한 전문적 자질을 살펴보면, 첫째, 인간발달과 가족관계 및 문화적 영향에 대한 이해이다. 둘째, 다양한 가족상담이론에 대한 지식, 그리고 세 번째는 공식적 과정으로서의 다문화가정 상담을 구조화하고 효율적인 절차와 개입기술을 통해 체계적으로 진행할 수 있는 능력 등이다.

다문화가정 상담자가 전문적인 자질을 갖추기 위해서는 위의 세 가지 영역에 대한 적절한 학습과 훈련이 필요하다. 이를 위해 다문화가정 상담자는 가족발달단계이론, 가족체계이론, 가족발달의 과제, 다양한 가족상담의 이론, 의사소통이론, 가족과 문화이론 등에 대한 전문적 지식을 습득해야 한다. 또한 다문화가족들을 위한 기관에서의 현장실습과 상담실무를 통한 훈련과정을 필요로 한다. 더 나아가 다문화가정 상담사례에 대한 전문가의 지도감독은 다문화가정 상담전문가로서 성장하는 매우 중요한 요소라고 할 수 있다.

다문화가정 상담자는 다음과 같은 역할을 수행해야 한다(김경식 외, 2019: 74-75).

첫째, 다문화가정 상담자는 사람들이 서로 다른 견해를 가질 수 있다는 인식과 다른 사람이 지니고 있는 가설과 가치관에 대한 명확한 이해를 위해 노력해야 한다.

둘째, 다문화가정 상담자는 자신의 문화적 특성을 고수하면서도 다른 세계관을 환영하고 이해하며 칭찬할 수 있는 능력을 함양하도록 노력해야 한다.

셋째, 다문화가정 상담자는 개인과 상황에 영향을 주는 자료들과 역사적, 사회적, 종교적, 정치적, 경제적 힘의 영향에 대한 인식을 할 수 있어야 한다.

넷째, 다문화가정 상담자는 특정한 심리적 이론에 대한 순응의 강요가 아닌 특정한 사람의 삶의 상황에 융통성 있게 반응할 수 있는 능력을 습득하여야 한다.

다섯째, 다문화가정 상담자는 잘못된 가설과 편견 그리고 정보를 발견하고 버릴 수 있는 자세를 지녀야 한다.

여섯째, 다문화가정 상담자는 차이점과 유사점, 그리고 특성과 공통성의 가치를 인정해야 한다.

일곱째, 다문화가정 상담자는 다른 사람들의 역사적 전통에 대한 가치를 탐구하고 자신의 전통에 적용해 볼 수 있어야 한다.

여덟째, 다문화가정 상담자는 이전에 인식하지 못했던 의미와 실체의 새로운 영역을 발견하려는 호기심이 필요하다.

3) 다문화가정 자녀 상담 시 고려사항

문화다양성 상담자가 내담자와 상담을 할 때, 일정한 방향성이 없이 순간적인 감정과 미시적인 판단에 의해 상담을 하면 오히려 내담자를 혼란스럽게 할 수 있으며, 어려움을 더 키울 수도 있다. 이로 인해, 다양한 어려움을 겪고 있는 한국사회의 다문화가정 자녀들을 상담하는 상담자에게는 항상 염두에 두고 고려하며, 일정한 지향점을 가지고 나아가는 올바른 방향성이 있어야 한다. 다문화가정 자녀 상담 시 고려사항은 다음과 같다(임신웅, 2020: 366-369).

(1) 결혼이민자의 자국문화 고려

다문화가정 자녀들을 상담할 때는 결혼이민자의 문화를 함께 고려하여, 이 자녀가 현재 보이고 있는 행동이 결혼이민자의 입장에서는 어떻게 이해되고 평가되는지를 파악해야 한다. 그 이유는 상담자가 이상하게 생각하는 다문화가정 자녀의 행동이 결혼이민자의 문화에서는 올바른 것으로 이해되는 경우도 있기 때문이다. 만약에 결혼이민자가 가르친 행동에 대해 상담자가 교정을 요청한다면, 다문화가정의 자녀는 매우 혼란스러워 할 것이며, 이는 정체성의 혼란을 가져다줄 수 있다. 만약에 다문화가정의 자녀가 현재 보이고 있는 행동이 결혼이민자의 문화에서는 올바른 것으로 판단되나 한국의 학교 및 한국사회에서 생활하는 데 오해를 불러일으키거나 어려움을 가중시키는 것이라면, 상담자는 다문화가정의 자녀와 부모에게 이 부분을 충분히 설명해 주고 현명한 판단을 내리게 해야 한다.

(2) 지속적 언어습득 프로그램 시행

다문화가정의 자녀가 겪고 있는 여러 가지 문제들 중에 상당수가 언어적인 문제, 즉 한국어의 미숙함과 연관이 있다. 한국어 능력이 부족하면 의사소통에 어려움을 겪을 뿐 아니라, 대인관계에 어려움이 따르고, 수업의 내용을 이해하고 학습발달을 이루어 가는 데도 어려움을 겪는다. 이러한 문제들이 부정적인 정서를 갖게 할 뿐 아니라, 놀림과 소외와 학교폭력의 원인이 되기도 하여 결국 사회적인 적응에 지장을 준다. 따라서, 문화다양성 상담자는 다문화가정 자녀가 겪고 있는 다른 모든 문제보다 앞서서 또는 병행하여 지속적으로 언어 발달을 이루어갈 수 있도록 지원해야 한다.

(3) 저소득층 및 소외계층의 특성 파악

가정에서 생활하는 다문화가정의 자녀는 자신이 학교생활을 하면서 겪고 있는 문화적인 차이와 여러 가지 어려움들 외에도 저소득층 또는 소외계층이 겪어야 하는 어려움을 동시에 겪고 있다. 따라서, 한국적 상담을 하는 문화다양성 상담자는 문화적인 차이에 대한 심리적·정서적인 부분의 상담뿐 아니라, 한국 다문화가정이 처한 어려운 경제적 형편에서 오는 특성과 이로 인해 다문화가정 자녀들이 겪어야 하는 이중적 어려움의 특성들을 잘 고려하면서 상담을 진행해 가야 한다.

(4) 돌봄과 훈육 사이의 합리적 판단

다문화가정 자녀를 사회적인 편견과 차별로부터 보호하기 위해서 각별한 관심과 애정을 기울이다 보면, 다문화가정 자녀가 교사의 관심과 보살핌에 기대어 과제를 게을리하거나, 수업에 태만하게 임하거나, 학교 및 학급의 규칙을 위반하고도 당연시하거나, 동료 학생들 앞에서 군림하려고 하는 경우가 있다. 이는 다문화가정의 자녀뿐 아니라, 교사에게 지속적으로 각별한 관심과 애정을 받고 있는 학생들에게서 종종 나타나는 현상이다.

이럴 때 교사가 잘못된 행동에 대해 지속적으로 묵인하거나 방치하게 되면, 오히려 다문화가정의 자녀가 잘못된 길로 가는 것을 방치하는 결과를 초래하게 된다. 따라서, 교사는 한국적 상담을 효율적으로 실시함으로써 위로와 격려 또는 훈육과 교칙 적용을 상황에 맞게 합리적으로 판단하여 지혜롭게 병행해야 한다.

(5) 사회적인 지지체계 활용 병행

현재 한국정부를 비롯한 여러 기관들이 다문화가정 자녀들을 지원하기 위해 다양한 법과 정책 및 지원프로그램을 실행하고 있다. 전국 지방자치단체에 산재한 관련 단체는 다문화가족지원센터를 포함하여 총 244개소에 이르고 있다(한국건강가정진흥원 홈페이지, 2024). 다문화가족지원센터에서는 여성가족부의 지원을 받아 다문화가족 구성원들이 한국에서 안정적인 가족생활을 영위하고, 사회구성원으로서의 역할과 책임을 다할 수 있도록 지원사업들을 펼치고 있다. 즉, 다문화가족을 위한 교육·상담, 결혼이민자 및 자녀를 위한 한국어 교육 및 다문화자녀 방과 후 돌봄사업, 다문화가족 지원서비스 정보제공 및 홍보, 다문화가족지원 관련 기관·단체와의 서비스 연계, 일자리에 관한 정보제공 및 일자리의 알선, 다문화가족을 위한 통역·번역 지원사업, 그 밖에 다문화가족 지원을 위하여 필요한 사업 등이다. 따라서, 문화다양성 상담자는 한국정부와 기관 및 민간단체가 다문화가정 자녀들을 지원하는 다양한 서비스를 파악하여 내담자인 다문화가정 자녀와 부모에게 가장 적합한 지원 서비스를 연계해 주는 역할을 해야 한다. 이렇게 상담과 지원을 병행함으로써 보다 효과적이고 효율적인 한국적 문화다양성 상담을 실행할 수 있다.

(6) 강점 개발 중심의 관점 보유

2006년 4월 한국정부가 '다문화, 다민족 사회로의 전환'을 선언하면서, 결혼이주여성 및 다문화가정 자녀들을 위한 지원정책을 체계적으로 실행해 왔다. 하지만 다문화주의 정책보다 동화주의에 가까운 사회통합 정책들을 많이 실행해 왔다. 이에 따라, 다문화가족들이 가진 생리적 욕구와 안전의 욕구는 일정 정도 해결해 줄 수 있었지만, 사회적 욕구 · 존경의 욕구, 자아실현의 욕구를 충족하도록 이끌어주기에는 부족한 면이 있었다. 따라서, 한국정부는 다문화가족들을 사회적 약자로 여기고 돌봄에 집중하는 사회통합 정책들을 실행하기보다는 실제로 살아가는 데 도움이 되는 효율적인 지원정책과 함께 다문화가족들의 강점을 개발해 주는 방향으로 정책을 펼쳐가야 한다.

한국적 문화다양성 상담을 실행하는 문화다양성 상담자도 내담자인 다문화가족 및 다문화가정의 자녀들을 돌봄의 대상으로만 여길 것이 아니라, 다문화가족 및 다문화가정의 자녀들이 갖고 있는 다양한 문화적 · 경험적 · 언어적 · 개인적 특성과 자질 등의 강점을 개발해 주어, 이들이 한국사회에서 긍정적인 역할을 수행하면서 보람을 느끼고 살아갈 수 있도록 인도해 주어야 한다. 이럴 때에 다문화가족 및 다문화가정의 자녀들이 한국사회에서 사회적 욕구 · 존경의 욕구, 자아실현의 욕구를 충족하며 행복한 삶을 영위해 갈 수 있고, 그들이 글로벌 시대에 한국의 큰 인적자산이 될 수 있다.

3 문화다양성 상담의 진행과정

문화다양성 상담의 진행과정을 살펴보면 다음과 같다(임신웅, 2020: 372-373).

1단계에서 '상담자의 문화적 역량을 점검하며 높여 간다'는 것은, 상담자가 인간의 상호작용에서 벌어지는 많은 일들 속에 포함된 문화적 차이를 알아차리고, 수용하고, 존중하게 되는 것을 말한다. 또한 문화적 차이로 인해 갈등이 발생할 때, 소수집단의 입장에 서서 그들의 필요를 충족시킬 수 있는 자원과 문화적 지식을 지속적으로 개발해 가는 것을 의미한다.

2단계에서 '문화적으로 적절한 상담관계를 형성한다'는 것은, 내담자가 상담자에게 무엇을 요구하는지, 내담자가 상담자와 어떤 관계를 맺기 원하는가를 탐색하여 적절한 관계를 설정하고, 이에 맞게 알맞은 라포를 형성하며 상담을 진행해 가는 것을 의미한다. 단, 상담자가 내담자와 사적인 관계를 맺거나 지나치게 친밀한 관계를 형성하거나 상담 이후의 관계를 약속하는 것은 하지 말아야 한다.

3단계에서 '내담자의 세계를 이해하면서 문제를 진단한다'는 것은, 내담자가 겪고 있는 어려움의 내용, 강도, 빈도, 문제를 일으키는 원인과 맥락 등을 개인적인 수준에서 진단할 뿐 아니라, 이주민으로서 겪는 여러 가지 어려움들과 문화적 · 정치적 · 종교적 요인들까지도 진단하는 것이다. 특히, 개인적인 수준에서 문제를 진단하기 위해서 가정환경, 병리적 문제, 특별한 문화적 차이 등을 내부자적 관점에서 진단해야 하며, 필요에 따라서는 표준화된 심리검사를 통해 내담자의 성격 · 방어기제 · 문제행동의 요인 등을 파악해야 할 때도 있다.

4단계에서 '필요한 도움을 충분히 받을 수 있도록 지지체제를 구축한다'는 것은, 내담자가 직면한 문제에 매몰되지 않고, 문제를 해결해 가며, 긍정적인 정체성을 가지고 사회에서 역할을 수행해 갈 수 있도록 도와주는 여러 개인이나 집단을 만들어 주는 것을 의미한다. 이는 주로 개인 간의 협력이나 기관들과의 연계를 통해 이루어진다. 교사 및 동료 학생들을 포함한 학내 지지체제, 학부모 지지체제, 지역사회 및 기관과의 지지체제 등을 구축해 주어야 한다.

5단계에서 '심리상담을 실시한다'는 것은, 전문적인 훈련을 받은 상담자가 내담자와 마음을 열고 상담을 목적으로 깊은 대화를 나누는 것을 말한다. 이를 통해, 상담자가 내담자의 심리적인 상태를 보다 세밀하게 알 수 있고, 내담자에게 가장 알맞은 상담기법 및 지원체제를 구축할 계획을 세울 수 있다. 일반적으로 개인심리상담을 하는 경우가 많지만, 상황에 따라서는 집단상담으로 접근하는 것이 더 효과적이고 효율적일 수 있다.

6단계에서 '의사결정에 함께 참여한다'는 것은, 심리상담 과정의 의사결정, 지원체제 선택, 심리상담의 지속여부 선택 등의 의사결정을 할 때, 다문화가정 학부모 내담자가 참여하는 것을 말한다. 다문화가정 학부모 내담자가 의사결정에 자유롭게 참여할 수 있도록 의사결정 전에 가족의 승인을 얻는 것이 좋으며, 필요하다면 가족구성원 중에 일부를 상담과정 및 의사결정 과정에 참여시키는 것도 고려해야 한다.

7단계에서 '상담이 끝난 후에도 추수지도(follow-up)를 실시한다'는 것은, 정해진 상담과정이 종결된 후에도 상담자가 내담자의 문제해결과 성장을 위해 계속해서 노력하는 것을 말한다. 특히, 다문화가정 학부모나 자녀들은 상담에서 내려진 결론을 실행해 가는 과정에서 예상치 못했던 어려움에 직면할 수 있다. 따라서, 상담자는 계속해서 내담자의 진전을 검토하고, 그들이 계속해서 상담을 해야 할 필요성을 느낄 때에는 상담을 다시 진행할 수 있다는 것을 알려주어야 한다.

표 13-2 상담 진행과정

단계	진행과정 내용
1단계	상담자의 문화적 역량을 점검하며 높여간다.
2단계	문화적으로 적절한 상담관계를 형성한다.
3단계	내담자의 세계를 이해하면서 문제를 진단한다.
4단계	필요한 도움을 충분히 받을 수 있도록 '지지체제'를 구축한다.
5단계	심리상담을 실시한다.
6단계	의사결정에 함께 참여한다.
7단계	상담이 끝난 후에도 추수지도를 실시한다.

4 문화다양성 상담기법

문화다양성 상담자는 문화다양성 상담을 하는 전문가로서 효과적이고 효율적인 문화다양성 상담을 할 수 있는 상담기법(counseling skill)을 갖추어야 한다. 문화다양성 상담기법은 다음과 같다(장인실 외, 2022: 276-288 ; 김경식 외, 2019: 86-95).

1) 공감이해

'공감적 이해'란 상대방의 사적인 세계를 마치 자신의 것처럼 느끼는 것을 말한다. 따라서, 문화다양성 상담에서의 공감적 이해란, 상담자가 다문화가정 부모와 자녀의 입장이 되어서 이들의 세계를 이해하고 마치 상담자의 일처럼 느끼는 것이다. 문화다양성 상담자가 내담자에게 공감적 이해의 자세를 보여 주면 대부분의 내담자는 자신이 상담자에게 이해받는다는 느낌을 갖게 되고, 이는 상담에서 절대적으로 중요한 라포를 형성하는 요인이 되어 내담자가 상담자를 신뢰하고 상담에 참여할 수 있게 한다.

2) 존중

'존중'이란 행동결과에 상관없이 한결같은 믿음으로 내담자를 전적으로 믿고 신뢰하는 것을 말한다. 따라서, 문화다양성 상담에서의 존중은 다양한 문화를 가진 내담자가 기존의 문화체계에서는 이해되지 않거나 거부당할 행동을 할지라도, 한결같은 믿음으로 상대방의 존재를 전적으로 믿고 신뢰하는 것을 말한다. 내담자가 자신의 행동 여부와 상관없이 상담자가 항상 자신을 존중해 준다는 것이 믿어질 때, 상담자가 원하는 것을 선택하고 행동해야 한다는 의무감과 가식적인 행동에서 벗어나 마음을 열고 진심으로 상담에 참여하게 된다.

3) 순수성

'순수성(일치성)'이란 상담자가 순간순간 경험하는 자신의 감정이나 태도를 내담자에게 있는 그대로 진솔하게 인정하고 개방하는 것을 말한다. 따라서, 문화다양성 상담에서의 순수성은 문화다양성 상담자가 다양한 문화를 가진 내담자들과 함께 상담을 진행하면서, 느끼고 경험하는 상담자의 감정이나 태도를 내담자에게 있는 그대로 진솔하게 인정하고 개방하는 것을 말한다. 이러한 상담자의 순수성을 통해 내담자도 상담자에게 순수성을 갖게 된다. 그러나 상담자는 순수성을 유지하면서도, 내담자의 치료와 성장을 촉진하기 위해서 높은 수준의 자각, 자기수용, 자기신뢰, 인간에 대한 애정을 갖는 것이 중요하다.

4) 질문

'질문'은 상담과정에서 내담자의 문제, 내담자가 처한 상황, 내담자의 변화 가능성을 탐색하기 위해 사용한다. 문화다양성 상담에서도 상담자가 내담자의 문제, 내담자가 처한 다양한 상황, 내담자의 변화 가능성을 탐색하여 내담자에게 있는 여러 가지 문제들을 극복하고, 문화적 역량을 갖게 하는 데 사용한다.

상담자가 내담자에게 동일한 내용에 대해서 질문을 하더라도, 개방적인 질문으로 하느냐 폐쇄적인 질문으로 하느냐에 따라서, 내담자의 대답과 자기탐색 정도가 달라진다. 상담영역의 확장, 정보의 탐색, 진솔성 및 신뢰관계의 확보 등을 위해서는 개방적인 질문이 효과적이며, 내담자와 충분히 상담을 진행한 후에 내담자에게 정보의 확실성을 보장받고 싶거나 내담자의 결단을 촉구해야 할 때는 폐쇄적인 질문을 하는 것도 필요하다.

5) 재진술

'재진술'이란 어떤 상황이나 사건 등에 대해서 내담자가 말하는 내용을 상담자가 그대로 반복해 줌으로써, 내담자가 자신이 한 말을 객관적인 입장에서 더 깊이 생각하고 느끼고 확신할 기회를 갖게 하는 것이다. 한국어로 원활하게 의사소통을 하지 못하는 내담자와 상담을 할 경우에 재진술을 통해 내담자가 상담자의 말을 정확히 듣고 이해했는지 확인할 수 있으며, 상담자가 내담자의 말을 정확히 듣고 이해했는지 확인할 수 있다. 내담자가 한국어로 정확히 표현하기 어려웠던 내용을 상담자가 재진술해줌으로써 내담자가 한국어를 습득하는 데도 도움을 줄 수 있다.

재진술을 할 때는 핵심적인 내용에 초점을 맞추어 간결하게 표현해야 하며, 상담자의 가치판단을 주입시키려고 하기보다는 내담자가 말한 내용을 있는 그대로 표현해 주어야 하며, 상담자가 내담자의 말을 정확하게 표현한 것인지에 대해서 내담자의 피드백을 구해야 한다.

6) 구조화

'구조화(structuring)'는 효율적인 상담을 하기 위해서 상담자가 내담자에게 상담과정, 상담방식, 제한조건, 방향, 상담 시간과 공간, 내담자의 행동, 상담자의 역할 등에 대해 구체적인 정보를 주는 것을 말한다. 단, 구조화를 진행할 때, 내담자가 지키기 어려운 사정이 있다면, 상담자의 여건이나 효과적인 상담과정을 방해하지 않는 범위 내에서 서로 적절하게 조율하여 결정할 수 있다. 상담 초기에 구조화가 부드럽고 확고하게 이루어지면, 내담자는 상담자가 체계적인 계획을 가지고 있다는 것을 알고 상담자를 신뢰하게 된다.

7) 역할연습

'역할연습'이란 내담자가 겪고 있는 현실적인 문제의 장면을 상담자와 내담자가 실제에 가깝게 연출하는 '모의행동' 과정을 말한다. 이러한 역할연습을 통해 내담자는 자신의 현실적인 상황을 보다 객관적으로 생각하고 느낄 수 있게 되며, 자신의 숨겨진 감정이나 생각을 행동으로 옮겼을 때 어떤 일이 발생할 것인지를 미리 예측해 볼 수 있게 된다.

8) 확장과 초점 맞추기

(1) 확장

위기에 처한 내담자는 소용돌이에 빠져서 정서적, 행동적, 인지적 반응이 점점 더 엄격해져 위기에 적응할 수 있는 자신의 능력을 제한하게 된다. 반응과 대안은 줄어들게 되고, 위기를 통제하려고 노력하면서 기능의

폭이 더 좁아진다. 이런 이유로 위기상담자는 다른 정서적, 인지적 관점과 행동의 대안이 고려될 수 있도록 내담자의 좁은 시각을 확장(expansion)하고, 제한된 정서와 지각을 개방하고, 위기를 다른 관점에서 볼 수 있도록 돕고 위기에 대한 해석을 달리하도록 도와야 한다.

인지의 제한과 그로 인한 정서적·행동적 반응의 압박은 위기를 더욱 재난으로 여기고, 자신을 더 깊고 심각한 위기로 몰아가고, 심지어 불행한 결과로 고통받는다고 본다. 이것은 흑백논리이고, 이것 아니면 저것인 '당위적' 사고이며, 강력한 강화능력을 갖고 있어서 비합리적인 추측을 재난의 측면으로 재빨리 묶어버린다. 내담자가 비합리적인 운영방법을 마음에 두게 되면, 심리적으로 가리개를 한 것과 같아 환경을 지각할 때 오로지 위기만을 포함하는 협소한 시각을 갖게 된다. 위기해결을 위한 그들의 노력은 일반적으로 효과적이지 않은 한두 개의 행동적 해결책으로 줄어들게 된다. 이런 행동이 효과가 없음에도 불구하고, 다른 대안을 모르기 때문에 그것들을 계속 반복한다.

위기에 처한 사람들은 종종 새롭고 다른 행동을 만들어 낼 수 없을 뿐 아니라, 과거에 비슷한 상황에서 효과적이던 행동을 잊어버린다. 정상적인 상황에서 대부분의 사람들은 사건의 의미를 지각하도록 하는 환경적 단서를 이해할 수 있다. 그러나 위기상황에서 이 능력은 위태로워지고 사람들은 단서를 잘못 읽고 잘못 해석한다. 환경을 잘못 읽고, 잘못 해석함으로써 내담자의 신념은 구속을 받게 되어 그들은 더욱 사건에 대한 비합리적 진술을 하며, 그들의 반응은 점점 더 협소하고 더 부적응적인 정서태도와 행동반응을 하게 된다. 내담자는 사건에 대해 다른 해석이 있다는 것을 인정하지 않는데, 그런 내담자는 위기를 해결하는 방법을 오직 한 가지로 보기 때문에 함께 일하기가 힘들다. 그들은 다른 대안이 있을 수 있다는 것에 마지못해 동의하지만 "그래요. 그렇지만 그것은 나에게는 해당되지 않아요."라고 말하면서 그 대안을 도외시할 것이다. 이전 내담자에게는 다른 관점을 갖도록 시도함으로써 지각에서의 모순을 지적한다.

(2) 초점 맞추기

'초점 맞추기'는 확장의 반대 개념으로, 위기에 처한 내담자의 통제력 상실과 신경질적인 반응을 차단하는 것이다. 이 기법은 기본적으로 객관적 사실이나 실제 상황에 근거하지 않은 인지적 반응을 설명하는 데 사용된다. 위기에 대해 지나치게 협소한 지각을 갖고 있는 내담자, 위기에 대하여 과잉일반화, 재난화, 과장, 개인화, 낙인, 흑백논리 등 지나치게 확대되고 왜곡된 반응을 하는 내담자들이 위기에 대해 보다 침착하고 합리적인 방식으로 초점을 맞출 수 있도록 돕는 것이다. 초점 맞추기의 핵심은 내담자가 자신의 왜곡된 지각을 조정하고 수정하도록 돕는 것이다. 위기개입에서 중요한 점은, 위기사건과 관련하여 나타나는 주변의 다양하고 불필요한 간섭과 개입, 심리적 불안, 두려움, 공포, 위축감, 분노 등과 관련된 상황으로 인한 혼란스럽고 복잡한 것들에서 좀 떨어져서 위기를 위기 자체로만 볼 수 있도록 왜곡된 생각을 떨쳐내고 마음의 평온을 먼저 찾는 것이다.

참고문헌

1. 국내문헌

1) 단행본

강장미 외(2023). 『사회복지학개론』. 서울: 박영스토리.
강혜영(2020). 『다문화와 건강: 문화다양성과 문화역량』. 서울: 현문사.
강희성 외(2021). 『사회복지와 문화다양성』. 경기: 양성원.
경북인성문학 교육연구소(2020). 『다문화 사회의 이해』. 서울: 동문사.
곽호경 외(2023). 『지역사회복지론』. 서울: 박영스토리.
곽호경 외(2024a). 『노인복지론』. 서울: 중앙북스.
곽호경 외(2024b). 『사회복지와 문화다양성』. 서울: 동문사.
곽호경 외(2025). 『노인생활건강』. 서울: 중앙북스.
구소연 외(2021). 『사회복지조사론』. 서울: 조은.
구정화(2018). 『다문화교육의 이해와 실천』. 경기: 정민사.
구제영 외(2023). 『사회복지와 문화다양성』. 서울: 박영스토리.
국회입법조사처(2009). 「다문화정책의 추진실태와 개선방향」. 서울: 국회국회입법조사처.
권붕 외(2018). 『사회복지개론』. 경기: 수양재.
권재일 외(2010). 『다문화사회의 이해』. 경기: 동녘.
김경식 외(2017). 『다문화사회와 다문화교육』. 서울: 신정.
김경식 외(2019). 『다문화사회의 이해』. 서울: 신정.
김광억 외(2005). 『종족과 민족: 그 단일과 보편의 신화를 넘어서』. 경기: 아카넷.
김근홍 외(2013). 『사회문제론』. 서울: 신정.
김동진(2018). 『다문화복지론』. 경기: 공동체.
김민선 외(2022). 『장애인복지론』. 서울: 박영스토리.
김민정 외(2024). 『사회복지실천론』. 서울: 박영스토리.
김범수 외(2010). 『다문화사회복지론』. 경기: 양서원.
김병년 외(2022). 『복지국가론』. 서울: 동문사.
김병조 외(2015). 『한국의 다문화 상황과 사회통합』. 경기: 한국학중앙연구원출판부.

김보기 외(2016). 『사회문제론』. 경기: 양서원.
김보기 외(2019). 『사회복지실천론』. 경기: 양성원.
김보기 외(2019b). 『인간행동과 사회환경』. 경기: 양성원.
김보기 외(2020). 『상담이론과 실제』. 서울: 하나의학사.
김보기 외(2021a). 『가족상담 및 가족치료』. 서울: 조은.
김보기 외(2021b). 『사회복지실천기술론』. 서울: 정원.
김보기 외(2022a). 『사회복지정책론』. 서울: 박영스토리.
김보기 외(2022b). 『복지국가론』. 서울: 동문사.
김보기 외(2023). 『인간행동이해를 위한 심리학』. 서울: 박영스토리.
김보기 외(2024). 『사회복지와 문화다양성』. 서울: 동문사.
김선미(2008). 『다문화교육의 이해』. 서울: 한국문화사.
김성곤(2002). 『다문화시대의 한국인』. 서울: 열음사.
김수목 외(2021a). 『사회복지행정론』. 서울: 조은.
김수목 외(2021b). 『사회복지조사론』. 서울: 조은.
김수목 외(2022). 『인간행동과 사회환경』. 서울: 박영스토리.
김수목 외(2023). 『지역사회복지론』. 서울: 박영스토리.
김순양(2013). 『한국 다문화사회의 이방인』. 서울: 집문당.
김안나 외(2008). 『사회통합을 위한 사회적 배제계층 지원방안 연구』. 서울: 한국보건사회연구원.
김안나(2021). 『한국 이민자 복지정책 연구』. 서울: 집문당.
김양미(2020). 『사례와 법제로 살펴보는 다문화사회와 문화다양성』. 경기: 지식공동체.
김영철 외(2021). 『정신건강론』. 서울: 조은.
김영철 외(2022a). 『인간행동과 사회환경』. 서울: 박영스토리.
김영철 외(2022b). 『장애인복지론』. 서울: 박영스토리.
김영철 외(2023a). 『사회복지학개론』. 서울: 박영스토리.
김영철 외(2023b). 『사회복지행정론』. 서울: 박영스토리.
김영철 외(2024a). 『가족복지론』. 서울: 박영스토리.
김영철 외(2024b). 『사회복지실천론』. 서울: 박영스토리.
김영철 외(2024c). 『노인복지론』. 서울: 중앙북스.
김영철 외(2024e). 『사회복지법제와 실천』. 서울: 중앙북스.
김용만(2015). 『다문화 한국사』. 서울: 살림.
김윤배(2004). 『다문화가족의 이해』. 서울: 동문사.

김제선(2022). 『문화다양성과 다문화 사회복지』. 경기: 어가.
김진열 외(2019). 『한국사회 다문화현상의 이해』. 서울: 높이깊이.
김춘수(2022). 『이주와 노동』. 서울: 한국학술정보.
김태수(2009). 『한국사회의 외래인 배제』. 경기: 인간사랑.
김혜란 · 최은영(2013). 『성서에서 만나는 다문화 이야기』. 대전: 대장간.
김혜숙 외(2022). 『장애인복지론』. 서울: 박영스토리.
김혜영 외(2021). 『사회복지와 문화다양성』. 서울: 학지사.
김홍찬(2024). 『한국의 다문화와 이민정책 담론』. 경기: 한국학술정보.
김효준 외(2022). 『복지국가론』. 서울: 동문사.
남부현 외(2023). 『이민정책론』. 서울: 법문사.
노영애 외(2024). 『사회복지정책론』. 서울: 중앙북스.
문용식(2005). 『문화이해』. 서울: 예영커뮤니케이션.
문화콘텐츠기술연구원(2009). 『한국사회의 소수자들: 결혼이민자』. 서울: 문화콘텐츠기술연구원.
박경일(2020). 『사회복지정책론』. 경기: 공동체.
박미정 외(2021). 『정신건강론』. 서울: 조은.
박미정 외(2023). 『사회복지와 문화다양성』. 서울: 박영스토리.
박미정 외(2024). 『노인복지론』. 서울: 중앙북스.
박미정 외(2025). 『노인생활건강』. 서울: 중앙북스.
박병현(2008). 『사회복지와 문화』. 서울: 집문당.
박서진 외(2023). 『심리학』. 서울: 박영스토리.
박성혁(2016). 『다문화 관련 법률 및 제도』. 서울: 집문당.
박원진 외(2018). 『지역사회복지론』. 경기: 수양재.
박유미 외(2021). 『가족상담 및 가족치료』. 서울: 조은.
박종란 외(2020b). 『노인복지론』. 서울: 교학도서.
박종란 외(2021). 『사회복지현장실습』. 서울: 조은.
박종현(2006). 『기독교와 문화』. 서울: 크리스천헤럴드.
박주현 외(2022). 『다문화사회의 이해와 실천』. 서울: 창지사.
박한준 · 김보기(2014). 『사회복지정책과 이데올로기』. 경기: 한국선교연합회.
박현승 외(2023). 『사회복지와 문화다양성』. 서울: 박영스토리.
박현승 외(2024a). 『사회복지실천론』. 서울: 박영스토리.
박화상 외(2023). 『사회복지와 문화다양성』. 서울: 박영스토리.
방기연(2020). 『다문화상담』. 경기: 공동체.

배경임 외(2022). 『다문화 사회 지역사회와 사회통합』. 경기: 공동체.
백선기(2004). 『대중문화: 그 기호학적 해석의 즐거움』. 서울: 커뮤니케이션스.
법률연구회(2024). 『2024 다문화가정(이혼, 혼인) 실무』. 서울: 법률정보센터.
서정자 외(2021). 『사회복지행정론』. 서울: 조은.
서정자 외(2022). 『복지국가론』. 서울: 동문사.
서정자 외(2023). 『심리학』. 서울: 박영스토리.
서현자 외(2017a). 『상담이론과 실제』. 서울: 하나의학사.
서현자 외(2017b). 『인간행동과 사회환경』. 서울: 박영스토리.
서현자 외(2024). 『노인복지론』. 서울: 중앙북스.
석동현 외(2022). 『저출산 고령화 한국이민정책론』. 서울: 박영사.
석인선(2019). 『한국사회의 다문화현상 이해』. 부산: 석당.
성정현(2020). 『사회복지와 문화다양성』. 경기: 공동체.
송윤선 외(2019). 『다문화가족복지와 상담』. 경기: 공동체.
송형철 외(2018). 『발달심리학』. 경기: 양성원.
신재흡(2021). 『다문화사회와 교육』. 서울: 동문사.
신재흡(2024). 『다양성 · 소통 · 상호작용 · 결속 시대의 다문화 교육』. 서울: 동문사.
양근숙(2024). 『다문화교육의 이론과 실천』. 서울: 동문사.
양명득(2009). 『다문화 사회 다문화 교회』. 서울: 한국장로교출판사.
양영수 외(2021a). 『사회복지조사론』. 서울: 조은.
양영수 외(2021b).『사회복지행정론』. 서울: 조은.
양옥경 외(2019). 『통일과 사회복지』. 서울: 한국장로교출판사.
양준의 외(2022). 『복지국가론』. 서울: 동문사.
양준의 외(2023). 『심리학』. 서울: 박영스토리.
양준의 외(2024b). 『사회복지와 문화다양성』. 서울: 동문사.
양준의 외(2024b). 『사회복지정책론』. 서울: 동문사.
양준의 외(2025a). 『인간행동과 사회환경』. 서울: 중앙북스.
양철수 외(2018). 『노인복지론』. 경기: 수양재.
양철수 외(2018). 『인간발달』. 경기: 양성원.
양철수 외(2019). 『노인복지론』. 경기: 양성원.
양철수 외(2020). 『사회복지와 문화다양성』. 서울: 교학도서.
양춘 외(2003). 『현대사회학』. 서울: 민영사.
염연숙 외(2024). 『사회복지실천론』. 서울: 박영스토리.
오경석 외(2007). 『한국에서의 다문화주의』. 경기: 한울아카데미.

우수명 외(2021). 『사회복지와 문화다양성』. 경기: 양서원.
원용진(2016). 『대중문화의 패러다임』. 서울: 한나래.
유네스코(2010). 『다문화사회의 이해』. 서울: 동녘.
유두련(2024). 『한국의 다문화와 다문화가족 담론』. 경기: 한국학술정보.
유홍옥 외(2011). 『다문화교육』. 경기: 양서원.
윤진순 외(2022). 『사회복지정책론』. 서울: 박영스토리.
윤진순 외(2022). 『장애인복지론』. 서울: 박영스토리.
이근홍(2015). 『인간행동과 사회환경』. 경기: 공동체.
이기용 외(2022). 『다문화사회와 교육』. 경기: 양성원.
이미나 외(2022). 『다문화가족 복지상담 사례관리』. 서울: 동문사.
이상원 외(2022). 『사회복지정책론』. 서울: 박영스토리.
이성미(2012). 『다문화정책론』. 서울: 박영사.
이성순(2017). 『다문화사회복지론』. 경기: 양서원.
이성순(2023). 『한국사회의 다문화현상 이해』. 경기: 양서원.
이수진 외(2024). 『사회복지실천론』. 서울: 박영스토리.
이수진(2023). 『사회복지행정론』. 서울: 박영스토리.
이순주 외(2022). 『사회복지정책론』. 서울: 박영스토리.
이영숙 외(2023). 『외국인을 위한 대학전공 한국어 어휘 찾기』. 서울: 동문사.
이용주 외(2022). 『장애인복지론』. 서울: 박영스토리.
이정례 외(2023). 『사회복지행정론』. 서울: 박영스토리.
이정은(2021). 『사회복지와 문화다양성』. 경기: 공동체.
이종복 외(2014). 『다문화사회의 이해와 복지』. 경기: 양서원.
이종열 외(2013). 『한국 다문화사회의 이슈와 정책』. 서울: 조명문화사.
이찬욱(2014). 『한국사회와 다문화』. 서울: 경진출판.
이척희 외(2022). 『사회복지정책론』. 서울: 박영스토리.
이평화 외(2023a). 『사회복지와 문화다양성』. 서울: 박영스토리.
이평화 외(2023b). 『지역사회복지론』. 서울: 박영스토리.
이평화 외(2024). 『사회복지정책론』. 서울: 중앙북스.
이현미 외(2021). 『가족상담 및 가족치료』. 서울: 조은.
이현숙 · 김영애(2023). 『사회복지와 문화다양성』. 경기: 한국방송통신대학교출판문화원.
임신웅(2020). 『새로운 다문화사회의 이해』. 경기: 교육과학사.
임은미 · 구자경(2019). 『다문화 사회정의 상담』. 서울: 학지사.

임은택 외(2021). 『사회복지행정론』. 서울: 조은.
임현수 외(2024). 『사회복지정책론』. 서울: 중앙북스.
장미야(2024). 『한국 다문화사회복지와 다문화교육 담론』. 경기: 한국학술정보.
장선아 외(2022). 『사회복지개론』. 서울: 조은.
장선아 외(2023a). 『사회복지와 문화다양성』. 서울: 박영스토리.
장선아 외(2023b). 『심리학』. 서울: 박영스토리.
장운계 외(2021). 『사회복지조사론』. 서울: 조은.
장윤수 · 김영필(2016). 『한국 다문화사회와 교육』. 경기: 양서원.
장인실(2022). 『다문화교육』. 서울: 학지사.
장재윤(2018). 『문화적 다양성과 창의성』. 경기: 양서원.
장하성(2007). 『다문화 청소년이해론』. 경기: 양서원.
장한업(2020). 『상호문화교육』. 서울: 박영사.
장한업(2020). 『상호문화교육』. 서울: 박영사.
장혜령 외(2021a). 『사회복지조사론』. 서울: 조은.
장혜령 외(2021b). 『사회복지행정론』. 서울: 조은.
전숙자 외(2009). 『다문화사회의 새로운 이해』. 서울: 그린.
전승혜 외(2021). 『가족상담 및 가족치료』. 서울: 조은.
전은경 외(2023). 『사회복지학개론』. 서울: 박영스토리.
정민기 외(2023). 『사회복지학개론』. 서울: 박영스토리.
정민기 외(2024). 『가족복지론』. 서울: 박영스토리.
정서영 외(2017a). 『인간행동과 사회환경』. 경기: 양서원.
정서영 외(2017b). 『상담이론과 실제』. 경기: 양서원.
정서영 외(2018). 『상담심리학』. 경기: 양성원.
정서영 외(2020). 『상담이론과 실제』. 서울: 하나의학사.
정은(2014). 『인간행동과 사회환경』. 서울: 학지사.
정정자 외(2022). 『사회복지정책론』. 서울: 박영스토리.
정태석 외(2014, 2023). 『사회학』. 서울: 한울아카데미.
정행복 외(2022). 『장애인복지론』. 서울: 박영스토리.
정현경 외(2021). 『정신건강론』. 서울: 조은.
조경자 외(2021a). 『이민 · 다문화복지론』. 서울: 동문사.
조경자 외(2021b). 『한국사회의 다문화현상 이해』. 서울: 동문사.
조성철 · 김보기(2014). 『복지국가 위기론』. 경기: 한국선교연합회
조영순 외(2023). 『사회복지행정론』. 서울: 박영스토리.

조원탁 외(2016, 2020). 『다문화사회의 이해와 실천』. 경기: 양서원.
조은순 외(2024). 『사회복지실천론』. 서울: 박영스토리.
지은구 외(2016). 『최신사회문제론』. 서울: 학지사.
진시원 외(2020). 『다문화교육』. 서울: 동문사.
차윤경(2011). 『다문화』. 서울: 대교.
천정웅 외(2015). 『현대사회와 문화다양성 이해』. 기: 양서원.
최명민 외(2015). 『문화적 다양성과 사회복지』. 서울: 학지사.
최선화 외(2014). 『사회문제와 사회복지』. 경기: 양서원.
최성환(2021). 『문화다양성과 교육』. 서울: 경진.
최순자(2022). 『상호주의적 관점 다문화 이해와 실제』. 경기: 공동체.
최영은(2016). 『다문화사회의 국가 정체성과 다문화 정책』. 성남. 경기: 북코리아.
최옥채 외(2015). 『인간행동과 사회환경』. 경기: 양서원.
최충옥 외(2012). 『다문화교육의 이론과 실제』. 경기: 양서원.
최현미 외(2008). 『다문화가족복지론』. 경기: 양서원.
최혜지(2019). 『이주민의 사회적 배제』. 서울: 집문당.
한신애 외(2018). 『사회복지행정론』. 경기: 수양재.
허영식(2015). 『다양성과 간문화』. 서울: 박영사.
현승일(2012). 『사회학』. 서울: 박영사.
홍문종 외(2011). 『한국 다문화사회의 쟁점과 진단』. 서울: 역락.
황미혜 · 권영은(2023). 『이민정책론』. 경기: 한국학술정보.
황미혜 · 손기섭(2018). 『한국의 다문화 역사 이야기』. 경기: 한국학술정보.

2) 논문

강현정(2009). "노년기 사회적 배제". 한서대학교 대학원. 박사학위논문.
김규식(2017). "여성 결혼이민자 한국사회 정착화 과정 및 지원정책 연구". 가천대학교 대학원. 박사학위논문.
김명희(2019). "중앙아시아 이주노동자의 한국생활 적응에 관한 사례연구". 경인교육대학교 교육전문대학원. 석사학위논문.
김미영(2013). "저소득 가정의 사회적 배제, 가정자원 및 탄력성의 구조방정식 모형". 숙명여자대학교 대학원. 박사학위논문.
김민정(2014). "농촌 결혼이주여성의 고부갈등 경험: 중국, 베트남, 필리핀 결혼이주여성의 시부모와의 동거경험을 중심으로". 한서대학교 대학원. 박사학위논문.

김병조 외(2015). 『한국의 다문화상황과 사회통합』. 경기: 한국학중앙연구원출판부.
김보기(2007). "칼빈주의 문화관의 문화모형". 서울기독대학교 대학원. 박사학위논문.
김보기 · 박원진(2019). "분석심리학을 적용한 상담과정과 기법에 관한 연구". 『산업진흥연구』, 4(1), 37-78.
김보기 · 박유미(2020). "아들러의 개인심리학을 적용한 상담과정과 기법에 관한 연구". 『산업진흥연구』, 5(3), 89-96.
김선녀(2013). "한국 이주 몽골인의 문화적 역량과 문화적응스트레스의 관계: 사회적지지의 조절효과를 중심으로". 서울기독대학교 대학원. 박사학위논문.
김수진(2019), "사회적 배제, 가정생활스트레스, 우울의 종단적 관계: 노인부부가구의 성별차이를 중심으로". 이화여자대학교 대학원. 박사학위논문.
김영철 · 김서호(2021). "고령사회 노인빈곤 극복의 일자리사업을 통한 적극적 경제활동 방안 고찰". 『산업진흥연구』, 6(1), 55-62.
김영철 · 이평화(2023). "초고령사회 노인의 경제 배제 극복을 통한 인간관계만족도 증진 연구". 『산업진흥연구』, 6(1), 55-62.
김영환(2020). "지역사회 통합돌봄(Community Care) 현황과 추진 방향에 관한 연구 - 외국 사례 고찰을 중심으로". 인제대학교 대학원. 석사학위논문.
김용신(2009). "한국사회의 다문화교육 지향과 실행전략". 『사회과교육』, 48(1), 13-25.
김용신(2011). "다문화 소수자로서 외국인 노동자의 이주 정체성 = 글로벌 정의는 가능한가?". 『사회과교육』, 50(3), 17-27.
김정식(2015). "여성결혼이민자의 삶의 질 결정요인: 문화적응스트레스, 사회적지지, 부부적응 중심으로", 서울기독대학교 대학원. 박사학위논문.
김한식(2017). "노인들의 세계시민의식이 다문화 감수성에 미치는 영향에 관한 연구". 동국대학교 대학원. 박사학위논문.
김현아(2007). "새터민의 적응유연성 척도개발". 『상담학 연구』, 8(1). (2007): 63-83.
김현아(2013). "북한이탈 성인학습자의 진로탐색 이행과정 연구: 사이버대학 경험자를 중심으로". 『진로교육연구』, 26(2), 156-159.
김현옥(2020). "다문화가정 아동의 심리적 적응을 위한 집단미술치료의 효과에 관한 연구". 『산업진흥연구』, 5(1), 63-72.
김형준(2017). "여성결혼이민자의 사회적 지위와 생활만족도에 영향을 미치는 요인". 중앙대학교 행정대학원. 석사학위논문.
노사정(2019). "결혼이주여성 한국생활적응 실태분석 및 지원정책 개선방안 연구". 동국대학교 대학원. 석사학위논문.

노수림 외(2024). “중고령 성인의 자기통제력이 외로움에 미치는 영향: 사회적 배제와 좌절된 소속감의 매개효과”. 『한국심리학회지 건강』, 29(1), 127-156.

명진(2016). “한국과 일본의 이주민 사회통합정책 비교 연구”. 전남대학교 대학원. 박사학위논문.

문진영(2004), “사회적 배제의 국가 간 비교연구: 프랑스, 영국, 스웨덴을 중심으로”, 『한국사회복지학』, 56(3), 253-277.

박남주(2024). “지역사회 통합돌봄 선도사업의 성과분석과 개선방안 : 천안시 사례를 중심으로”. 단국대학교 대학원. 박사학위논문.

박동욱(2022). “사회통합과 헌법: 국민연금의 헌법적 의무를 포함하여”. 서울시립대학교 대학원. 박사학위논문.

박찬욱(2013). “사회통합의 방향: 한국정치의 과제”. 『저스티스』, 134(2), 61-93.

박한준 · 김보기(2014). “중년층의 인구사회학적 특성이 주거만족도에 미치는 영향”. 『한국복지실천학회지』, 6(2), 163-183.

박혜숙 · 김보기(2013). “아동학대의 발생원인과 유형별 분석을 통한 조치방안 연구”. 『21세기사회복지연구』, 10(2), 287-311.

박현승(2022). “초고령사회 노인학대의 발생원인 및 유형 분석을 통한 개선방안 연구”. 『산업진흥연구』, 7(1), 35-42.

배지연 외(2006). “사회적 배제와 우울에 관한 탐색적 연구”. 『노인복지연구』, 통권(33), 7-27.

서범석(2010). “다문화교육정책의 현황과 발전방향 탐색”. 한양대학교 대학원. 박사학위논문.

서현자(2018). “다문화 이주민의 한국생활적응에 영향을 미치는 요인에서 사회적 지지의 매개효과 연구”. 대한신학대학원대학교. 박사학위논문.

송형주(2015). “세계화 시대 이주여성과 이민정책”. 고려대학교 대학원. 박사학위논문.

신광영(2010). “사회적 배제에 대한 개념적 논의”. 『한국사회학연구』, 제2호, 1-28.

심창학(2001), “사회적 배제 개념의 의미와 정책적 함의: 비교관점에서의 프랑스를 중심으로”. 『(계간)한국사회복지학』, 44, 178-208.

양철수(2019). “프로이트의 정신분석이론에 나타난 사회복지 연관성 연구”. 『산업진흥연구』, 4(1), 29-44.

유진희(2014). “다문화가정 이주여성의 경제활동 참여경험에 관한 연구”. 숭실대학교 대학원. 박사학위논문.

이경재 · 김보기(2014). “칼빈의 기독교사회복지에 나타난 이념과 실천에 관한 연구". 『한국복지실천학회지』, 6(2), 163-183.

이민경 · 김보기(2013). "에릭슨의 심리사회적 이론에 나타난 청소년기의 아이덴티티의 분석 연구". 『한국복지실천학회지』, 5(2), 85-104.

이수진(2019). "문화다양성에 기반한 유아 다문화교육 프로그램 개발 및 효과". 대구대학교대학원. 박사학위논문.

이승림(2018). "인권침해가 이주노동자의 삶의 질에 미치는 영향 연구". 중부대학교 대학원. 박사학위논문.

이평화 · 김보기(2022). "프로이트 정신분석을 적용한 상담과정과 상담기법에 관한 연구". 『산업진흥연구』, 5(1), 51-58.

이척희(2020), "노인문제 해결을 위한 노인의 경제적 배제의 극복에 대한 사회복지정책 방안 연구". 『산업진흥연구』, 5(1), 125-136.

이척희 · 노재철(2020). "「독거노인 종합지원대책」에 나타난 제도적 지원의 문제점 및 해결방안에 관한 연구". 『산업진흥연구』, 5(3), 67-78.

이척희 · 노재철(2020). "인구구조 변화에 따른 노인복지법적 대응 방안". 『산업진흥연구』, 5(4), 73-79.

이척희 · 노재철(2021). "인구구조 변화(저출산 · 고령화)에서 외국인력 도입을 위한 이주노동자의 법제도적 개선방안 연구". 『산업진흥연구』, 6(1), 79-86.

정경자(2020). "노인 일자리 사업을 통한 노인경제활동 참여의 구축방안 연구". 『산업진흥연구』, 4(1), 89-98.

정수일 · 김보기(2016). "사회문제측면에서 본 노인문제의 해결방안에 관한 연구". 『산업진흥연구』, 1(1), 109-120.

정예리(2011). "해체가족 여성결혼이민자와 그 자녀의 삶: 필리핀 여성을 중심으로". 중앙대학교 대학원. 박사학위논문.

정정순(2011). "결혼이주여성의 임신 · 출산과 문화적응". 인제대학교 대학원. 박사학위논문.

정현경(2022). "에스핑-앤더슨의 복지국가체제를 중심으로 한국형 복지국가의 준거틀에 관한 연구". 『산업진흥연구』, 7(2), 43-50.

조성철 · 김보기(2014). "노인에 대한 사회적 배제의 형태 및 사례연구" 『21세기사회복지연구』, 11(2), 163-188.

조인수(2018). "북한이탈주민의 직업문화충돌과 직업적응과의 관계 분석". 경기대학교 대학원. 박사학위논문.

최권태(2023). "사회적 배제가 정신장애인의 건강 관련 삶의 질에 미치는 영향". 광주대학교 사회복지전문대학원. 박사학위논문.

최정원 · 김보기(2016). "공적 사회복지 전달체계에 나타난 조직운영 상의 실태분석을 통한 극복요인 연구". 『산업진흥연구』, 1(1), 79-30.

최혜지(2011). "다문화 실천인력의 다문화 경험과 문화적 역량에 대한 탐색적 고찰". 정신보건과 사회사업』, 37, 405-439.

하진기(2017). "다문화 청소년의 인성제고를 위한 멘토와 멘토링의 상관관계 연구". 동국대학교 대학원. 박사학위논문.

한윤희(2010). "여성결혼이민자의 한국 식생활 적응요인 및 식행동 연구". 한양대학교 교육대학원. 석사학위논문.

2. 외국 문헌

Banks, J. A. and Banks, C. A. M.(2001, 2004). Critical pedagogy, critical race theory and anti-racist education: implications for multicultural education. In C. A. M Banks. (Eds.). *Handbook of research on multicultural education*(2nd ed.). SanFrancisco: Jossey-Bass.

Banks, J. A.(2004, 2015). *Cultural Diversity and Education: Foundations, Curriculum, and Teaching* (6 edition). Routledge.

Banks, J. A.(ed.) and Banks, C. A. M.(ed.)(2019). *Multicultural Education: Issues and Perspectives* (10th Edition). Wiley.

Barro, R(1992). Regional Growth and Mgrarion: A Japan-United States Comparison. *Journal of the International and Japanese Economies, 6*: 312-346.

Bennett, C. I.(2001). Genres of research in multicultural education. Review of *Educational Research, 71:* 171-217.

Bennett, C. I.(2018). *Comprehensive Multicultural Education: Theory and Practice* (9th ed). Pearson.

Berry, J. W. & Sam, D. L.(1997). Acculturation and Adaptation. In J. W. Berry, M. H. Segal & C. Kagitcibasi (Eck). *Handbook of Cros-cultural Psychology. Volume 3 ; Social behavior and applications* (2nd ed.). Needham Heights, MA: Allyn and Raron. do: 291-326.

Berry, J. W. et al.(1988). Comparative studies of acculturative stress. *International Immigration Review, 21*: 491-511.

Berry, J. W. et al.(1989). Acculturation attitudes in plural societies. *Applied*

Psychology, 38: 185-206.

Berry, J. W.(1980). Acculturation as varieties of adaptation. In A. Padilla (Ed.). *Acculturation: Theory, models and findings*. Boulder. Co.: Westview: 9-25.

Berry, J. W.(1990). Psychology of acculturation. In J. Berman (Ed.), *Cross-cultural perspectives: Nebraska symposium on motivation*. Lincoln: University of Nebraska Press: 201-234.

Berry, J. W.(1997). Immigration, acculturation, and adaptation. *Applied psychology: An International Review,* 46.

Burchardt, T. J. et. al.(2002), Introduction. *Understanding Social Exclusion*. edited by J. Hills, J. Le Grand and D. Piachaud. Oxford: Oxford University Press.

Castagno, A. E.(2009). Making Sense of Multicultural Education: A Synthesis of the Various Typologies Found in the Literature. *Multicultural Perspectives, 11*(1): 43-48.

Castles, S. & Mille, M. J.(2003). *The Age of Migration: International Population Movements in the Modem World* (3rd ed.). New York: Guilford press.

Cross, T. L.(1989, 1992). *Towards a Culturally Competent System of Care*. Washington, DC: Georgetown University Child.

de Haas, H.(2020). *The Age of Migration, Sixth Edition: International Population Movements in the Modern World* (Sixth Edition). The Guilford Press.

Diller, J. V. & Moule, J.(2004, 2011). *Cultural competence: A primer for educators* (2 edition). Cengage Learning.

Elder, D.(2007). *Becoming Culturally Competent*. International Symposium of Multicultural Family Center at Pyeongtaek University: 167-182.

Fantini, A, E.(2001). *Exploring Intercultural Competence: A Construct Proposal*. NCOLCTL. Fourth Annual Conference.

Fantini, A. E.(2000). *A central concern: Developing intercultural competence*. In: SIT Occasional papers series, 1, Brattleboro VT: School for international training.

Florida, R(2002). *The Rise of the Creative Class*. Basic Books.

Gibbon, J. M.(1939). *Canadian Mosaic. The Making of A Nation*. McClelland & Stewart.

Gibson, M. A.(Guest Editor).(1976). Anthropological perspectives on multicultural education: Theme Issue. *Anthropology and Education Quarterly, 7*(4).

Giddens, A.(2009, 2013, 2017, 2021) *Sociology* (8 edition). Cambridge: Polity Press.

Grant, C. A. and Sleeter, C. E.(2012). *Doing Multicultural Education for Achievement and Equity* (2nd Edition). Routledge.

Haas, Hein de, Castles & Mark J. Miller(2020). *The Age of Migration: International Population Movements in the Modern World* (Sixth edition). The Guilford Press.

Inglis(2009). The Contribution of Multicultural Policies to Social Integration. *Ansan Multicultural Forum September*: 9-11.

Kymlicka, W and Banting, Keith(2006). Immigration, Multiculturalism, and the Welfare State. *Ethics and International Affairs 20*(3).

Kymlicka, W.(1989). *Liberalism, Community and Culture*. Oxford: Clarendon Press.

Kymlicka, W.(1995). *Multicultural Citizenship: A Liberal Theory of minority Rights*. Oxford, UK: Clarendon Press.

Kymlicka, W.(1999). Liberal Complacencies in Joshua Cohen, Matthew Howard, and Martha C. Nussbaum. eds. *Is Multiculturalism Bad for Women?* Princeton: Princeton University Press.

Kymlicka, W.(2001). *Politics in the Vernacular: Nationalism, Multiculturalism and Citizenship*. Oxford: Oxford University Press.

Kymlicka, W.(2007). *Multicultural Odysseys: Navigating the New International Politics of Diversity*. Oxford. UK: Oxford University Press.

Kymlicka, W.(2010). The Rise and Fall of Multiculturalism?: New Debates on Inclusion and Accommodation in Diverse Societies in Steven Vertovec and Susanne Wessendorf. eds. *The Multicultural Backlash: European Discourses, Policies and Practices*. London: Routledge.

Lewis, O. et al.(1978). *NEIGHBORS: LIVE W/REVOL*. University of Illinois Press.

Lum, D.(2005). *Cultural competence, practical stages, and client systems: A case study approach*. Belmont. CA: Brooks/Cole Thomson Higher Learning.

Lum, D.(2007). *Culturally competent practice: A Framework for Understanding Diverse Groups and Justice Issue*. CA: Brooks/Cole Thomson Higher Learning.

Lum, D.(2008). The case for Culturally competent Practice in Korea. 『평택대학교 다문화가족센터 국제 심포지엄자료집』: 31-42, 61-74.

Mill, J. S.(1972). *Utilitarianism, Liberty, Representative Government*. edited by H. B. Acton. London: J. M. Dent & Sons Ltd.

Mill, J. S.(2019). *On Liberty*. Independently published.

Miller, D.(1995). *On Nationality*. New York: Oxford University Press.

Miller, D.(2002). Liberalism, Equal Opportunities and Cultural Commitments. 1n Paul Kelly ed. *Multiculturalism Reconsidered: 'Culture and Equality' and its Critics*. Cambridge: Polity Press.

Mills, C. W.(2007). Multiculturalism as/and/or Anti-Racism? in Anthony Simon Laden and David Owen. eds. *Multiculturalism and Political Theory*. New York: Cambridge University Press.

Morgan, L.(1877, 2021). *Ancient Society: Or Researches in the Lines of Human Progress from Savagery, Through Barbarism to Civilization*. Left Of Brain Onboarding Pty Ltd.

OECD(2003). Definition and Selection of competencies: Theoretical and conceptual foundations (DeSeCo)-Sumimary of the final report. OECD Press. Trimble (Eds.). *Counseling across cultures* (4th ed.): 21-46.

Page, S, E.(2008). *The Difference. How the Power of Diversity Creates Better Groups, Firms, Schools, and Societies*. Princeton. NJ: Princeton University Press.

Parekh, B(1999). A Varied Moral World in Joshua Cohen, Matthew Howard, and Martha C. Nussbaum. eds. *Is Multiculturalism Bad for Women?* Princeton: Princeton University Press.

Parekh, B.(1993). The Cultural Particularity of Liberal Democracy in David Held. ed. *Prospects for Democracy: North, South, East, West*. Cambridge: Polity Press.

Parekh, B.(1998). Cultural Diversity and Liberal Democracy in Gurpreet Mahajan. ed. *Democracy, Difference and Social Justice*. Delhi: Oxford University Press.

Parekh, B.(2005). Dialogue between Cultures in Ramón Máiz and Ferran Requejo. eds. *Democracy, Nationalism and Multiculturalism*. London: Frank Cass.

Parekh, B.(2006). *Rethinking Multiculturalism: Cultural Diversity and Political Theory* (2nd ed). Red Globe Press.

Pyles, L. & Kim, K.(2006). A multilevel Approach to Cultural Competence: A study of the community response to underserved domestic violence victims. *Families in Society, 87*(2): 221-230.

Redfield, R. et al.(1936). Memorandum on the study of acculturation. *American Anthropologist, 38*: 149-152.

Said, E. W.(1994). *Culture and Imperialism*. Vintage.

Schwartz, S. H.(1994). *Beyond individualism/ collectivism: new cultural dimensions of values*. Thousand Oaks. CA: Sage. 85-119.

Sleeter, C. E. and Grant, C. A.(1987). An analysis of multicultural education in the United States. *Harvard Educational Review, 57*: 421-444.

Sleeter, C. E.(1990). An analysis of multicultural education in the U. S. In N. M. Hildago, C. L. McDowell, and E. V. Siddle (Eds.). *Facing racism in education*. Cambridge. MA: Harvard Educational Review.

Sleeter, C. E.(1992). *Keepers of the American dream*. London: Falmer Press.

Sleeter, C. E.(1995). *An analysis of the critiques of multicultural education*. In J.A. Banks and C.A.M. Banks (Eds.). Handbook of research on multicultural education. New York: Macmillan.

Sleeter, C. E.(2020). *Transformative Ethnic Studies in Schools: Curriculum, Pedagogy, and Research*. Teachers College Press.

Storey, J.(1993) *An Introductory Guide to Cultural Theory and Popular Culture*. Univ. of Georgia Pr. 박모 역(1999). 『문화연구와 문화이론』. 서울: 현실문화연구.

Sue, D. W. et al.(2005, 2016). *Multicultural Social Work Practice* (2 edition). Wiley.

Taylor, C.(1994). *Multiculturalism: Examining the Politics of Recognition*. Princeton University Press.

Taylor, C.(1994). The Politics of Recognition in Amy Gutmann. ed. *Multiculturalism: Examining the Politics of Recognition*. Princeton: Princeton University Press.

Taylor, C.(2012). "Interculturalism or multiculturalism?" *Philosophy and Social Criticism, 38*: 4-5.

Turner, G.(1992). *British Cultural Sudies: An Introduction*. Routledge, chapman and Hall, Inc. 김연종(2001). 『문화연구입문』. 서울: 한나래.

Tylor, E. B.(1864, 2020). *Primitive Culture: Primitive Culture: Researches into the Development of Mythology, Philosophy, Religion, Language, Art, and Custom. Vol. 1*. hansebooks.

UN Committee on Elimination of Racial Discrimination) Report(2007).

Wallerstein, I.(1979). *The Capitalist World-Economy*. Cambridge: Cambridge University Press.

Weaver, H. N.(2004). *Explorations in Cultural Competence: Journeys to the Four Directions*. Belmont. CA: Brooks Cole.

Williams, R.(1976, 2014). *Keywords: A Vocabulary of Culture and Society*. Oxford University Press.

Wilson, N.(2009). *New York's Melting-Pot Culture*. PowerKids Press.
Wood, P.(2003). *Diversity: the invention of a concept*. Encounter Books.
Wren, T. E.(2012). *Conceptions of Culture: What Multicultural Educators Need to Know*. Rowman & Littlefield Publishers.

3. 기타

국회입법조사처(2009). 「다문화정책의 추진실태와 개선방향」. 서울: 국회.
문화체육관광부(홈페이지, 2024).
법무부 · 통계청(2020). 「2019년 이민자 체류실태 및 고용조사 결과」.
여성가족부 등(2019). 「결혼이주여성 인권보호대책」.
여성가족부(2018a). 「다문화가족 관련 연도별 통계」.
여성가족부(2019a). 「2018년 전국 다문화가족 실태조사 연구」.
여성가족부(2019b). 「제4차 다문화가족정책 기본 계획(2023~27)」.
여성가족부(2019c). 「제3차 다문화가족정책 기본 계획(2018~22) 2019년도 시행계획(중앙부처)」.
여성가족부(2022). 「2021년 전국 다문화가족 실태조사」.
통계청(2023a). 「2022년 다문화 인구동태 통계」.
통계청(2023b). 「2023년 이민자 체류실태 및 고용조사 결과(고용 · 구직 경험 · 교육 · 소득과 소비 · 한국어능력 · 체류사항 · 전문취업 및 유학생)」.
통계청(2024a). 「내 · 외국인 인구추계: 2022~2042년」.
통계청(2024b). 「2023년 이민자 체류실태 및 고용조사 결과(체류자격별 외국인의 한국생활)」.
한국건강가정진흥원(홈페이지, 2024).

찾아보기

AUTHORS

저자소개

김보기

성균관대학교 신문방송학과 학사, 석사, 박사과정(문화연구 전공)
서울기독대학교 일반대학원 신학과 박사(Ph.D)
서울기독대학교 일반대학원 사회복지학과 박사(Ph.D)
한국상담복지학회 회장 / 칼빈신학상담연구원 원장
서울기독대학교 겸임교수 · 주임교수 / 대한신학대학원대학교 대학원장 · 교수
국제문화대학원대학교 대학원장 · 교수 / 서울한영대학교 강사 / 순복음대학원대학교 강사

〈저서〉 사회복지와 문화다양성, 심리학, 상담이론과 실제, 사회복지실천론, 인간행동과 사회환경, 사회문제론, 가족상담 및 가족치료, 사회복지실천기술론, 유아리더십론, 사회복지정책과 이데올로기, 사회복지정책론, 사회복지정책과 이데올로기, 복지국가론, 복지국가사상(근간), 사회학(근간), 한국사회의 다문화현상 이해(근간)

곽호경

경희대학교 경영학 석사
Caroline University(LA, U.S.A) 경영학박사. 뇌인지융합 전공
서울사회복지대학원대학교 치매예방관리 교수
브레인창조경영문화연구소 대표
뉴로피드백 두뇌훈련 전문. 한국치매예방본부 치매예방관리사
서울시교육청 평생교육지원단 문해교육전담
한국신지식인 인증(창의교육부문, 2022)
대한민국 문화교육 대상(2022)
자원봉사교육 청소년분야 대상

〈저서〉 사회복지와 문화다양성, 노인복지론. 노인생활건강, 지역사회복지론

〈논문〉 소근육운동프로그램이 노인의 인지기능, 우울 및 뇌파활성도에 미치는 영향(한국스포츠학회, 2022). Study on the Effects of Small Muscle Exercises and Neurofeedback Training on Cognitive Functions, Depression, and Regional Brain Wave Activity in Elderly with Mild Cognitive Impairmen, Caroline University(2023)

김기명
창신대학교 학점은행과정 사회복지 학사
중부대학교 원격대학원 사회복지 석사
동아대학교 경영대학원 석사
경성대학교 일반대학원 경영학 박사
(사)한국풍수명리연합회 대표 / 서라벌대학교 장례풍수과 학과장
동부산대학교 장례행정복지과 학과장 / 동부산대학교 취업처장, 입학처장
부산과학기술대 장례행정복지과 학과장 / 부산과학기술대 풍수명리행정복지과 학과장
부산과학기술대 입학관리 처장, 평생교육원장

〈저서〉 장례학개론, 장례학경영론, 상조경영개론, 사회복지개론, 사회복지행정론, 사회복지상담론, 풍수학개론

석지현
New Jersey Paramus Bergen Community College
백석대학교 보건복지대학원 석사
수도국제대학원대학교 상담심리학 박사(Ph.D)
부천대학교 사회복지학과 교수 / 글로벌 이노에듀 사이버대학 교수
수원지방법원 안양지원 조정위원 / 수원지방법원 자녀양육 전문강사
수원지방법원 협의이혼 상담위원 / 지앤현 심리상담센터 대표

〈저서〉 사회복지와 문화다양성

양준의

단국대학교 행정법무대학원 사회복지학과 석사
서울기독대학교 일반대학원 사회복지학과 박사(Ph.D)
서울시 간호조무사회 송파구회장 / 하나케어센터 방문간호실장
대한힐링교육센터 경인본부장 / 휴넷평생교육원 교수
부천시 정신건강복지센터 교육강사 / 부천시 장애인종합복지관 교육강사
한국상담복지학회 교수 · 선임연구위원

〈저서〉 사회복지와 문화다양성, 사회복지정책론, 심리학, 사회복지개론, 사회복지행정론, 사회복지조사론, 미래유망자격증, 공공기관 합격노하우, 신중년 도전과 열정, 신중년 N잡러가 경쟁력이다. 평생 현역을 위한 도전과 열정

이기원

국제문화복지 사회교육학과 교육학석사/사회복지학박사(Ph.D.)
행복가정드림(심리상담)센터 대표
전) 명지대학교 아동심리상담학과 겸임교수
전) 숭실대학교 대학원 복지경영학과 겸임교수
전) 국민대학교 대학원 사회복지학 시간강사
목포과학대학교 복지학부 교수

〈저서〉 사회복지실천기술론, 인간행동과사회환경, 정신건강사회복지론, 노인복지론, 평생교육론 외

사회복지와 문화다양성 개정판

초 판 1쇄 발행 / 2020년 9월 15일
초 판 2쇄 발행 / 2022년 3월 7일
개정판 1쇄 발행 / 2025년 2월 1일

•

공저자 / 김보기 · 곽호경 · 김기명
석지현 · 양준의 · 이기원
발행인 / 이 중 수
발행처 / **동 문 사**

•

서울특별시 서대문구 홍제원 1길 12
(홍제동 137-8)
Tel: 02)736-3718(대), 736-3710, 3720
Fax: 02)736-3719
등록번호: 1974.04.27. 제9-17호
가격: 25,000원

•

ISBN: 979-11-6328-610-3 (93330)
E-mail: dong736@naver.com
www.dongmunsa.com